青年法学学术著作
资助出版项目

青年法学学术著作
资助出版项目

盲从模仿行为的法律问题研究

The Study on the Legal Issues of Slavish Imitation

廖斯 著

法律出版社
LAW PRESS·CHINA
—— 北京 ——

图书在版编目(CIP)数据

盲从模仿行为的法律问题研究 / 廖斯著. -- 北京 : 法律出版社, 2023

ISBN 978-7-5197-7531-5

Ⅰ. ①盲… Ⅱ. ①廖… Ⅲ. ①知识产权法－研究－中国 Ⅳ. ①D923.404

中国国家版本馆 CIP 数据核字（2023）第 021568 号

盲从模仿行为的法律问题研究
MANGCONG MOFANG XINGWEI DE FALÜ WENTI YANJIU

廖 斯 著

责任编辑 宋丽娜
装帧设计 李 瞻

出版发行 法律出版社
编辑统筹 法律教育出版分社
责任校对 王晓萍
责任印制 刘晓伟
经　　销 新华书店

开本 710 毫米×1000 毫米 1/16
印张 17 **字数** 223 千
版本 2023 年 4 月第 1 版
印次 2023 年 4 月第 1 次印刷
印刷 三河市兴达印务有限公司

地址:北京市丰台区莲花池西里 7 号(100073)
网址:www.lawpress.com.cn
投稿邮箱:info@lawpress.com.cn
举报盗版邮箱:jbwq@lawpress.com.cn
销售电话:010-83938349
客服电话:010-83938350
咨询电话:010-63939796

书号:ISBN 978-7-5197-7531-5
定价:62.00 元

青年法学学术著作出版基金
资助出版说明

法律出版社作为全国规模最大的法律专业出版机构，一直秉承“为人民传播法律”的理念，与学术界共同推动法学研究的繁荣与发展。2018 年 5 月，法律出版社设立青年法学学术著作出版基金，用于资助法学学术著作出版和奖励优秀法学图书，旨在支持优秀法学学术著作出版，扶持具有较大潜力的青年学者。

经过法律出版社学术委员会委员推荐、专家匿名评审和法律出版社编辑委员会评审，共有 8 部作品获得法律出版社第四届(2021 年)青年法学学术出版基金资助。

期待更多年轻法律人的优秀学术作品！

法律出版社

2022 年 5 月

序

在知识产权法学领域，对盲从模仿行为的研究历来是重点之一。它既涉及知识产权与公有领域之间的界限问题，还关系到一国的自主创新能力和经济发展水平，可以说这既是一项学理性研究，也是一项实务性研究，还是一项战略性研究。但是，对盲从模仿行为的研究也是知识产权法学的难点之一。一直以来，我国法学界研究这一领域的学者较少，大部分相关成果自发表至今已逾 10 年，且整体上缺乏系统性。近年来，随着盲从模仿现象开始频繁出现在我国市场竞争中，对盲从模仿行为的深入研究已愈显迫切。廖斯博士的《盲从模仿行为的法律问题研究》一书正是在这一背景之下完成的。

本书是我国鲜有的专门研究“盲从模仿行为”的法学专著，是由廖斯博士在其法学博士论文的基础上修改、完善而成。本书从盲从模仿所形成的社会现象入手，考察盲从模仿现象产生、演化的过程与原因，并在此基础之上，围绕“盲从模仿行为是什么”“是否对盲从模仿行为施以法律规制”“我国应如何规制盲从模仿行为”三个核心问题依次展开论述。

与既有成果相比，本书在以下三个方面具备创新之处：

首先,本书系统地对盲从模仿行为本体进行了探讨。通过对盲从模仿现象的根源追溯,作者系统地分析了盲从模仿行为的外在特征与内部规律,结合本书对不同国家及地区的规定、不同学者观点的分析,盲从模仿行为的各项构成要件被逐一厘清。由此,本书对盲从模仿行为的定义将更具实用性和准确性。

其次,本书明确了盲从模仿行为应受法律规制的原因,并指出了这种规制的例外。本书采用法哲学与法经济学分析方法,第一次明确地指出“盲从模仿行为是否应受规制”与其所处市场的竞争(或垄断)程度有关。值得说明的是,作者在这一分析中选择博弈论作为其法经济学分析工具,这一方法上的创新使本书相较既有成果更具说服力和科学性。

最后,本书根据盲从模仿行为的特点,在我国现行《反不正当竞争法》基础上,设计出一种规制盲从模仿行为的可行路径。在本书之前,许多研究也曾提出类似的规制思路,但坦率而言,这些规制思路总体上缺乏具体性和可操作性。而本书相对更为务实,其以现行《反不正当竞争法》的有关规定为基础,根据盲从模仿行为的构成要件与规制例外,设计出“一般条款+专门条款”的立法建议;既兼顾了当下规制盲从模仿行为的制度需求,也为未来对该行为的类型化规制提出了有益的理论方案。

本书的作者廖斯博士是一位兼具法律实务经验和学术研究水平的青年学者。作为他的硕士与博士研究生导师,我对他这些年的进步感到欣慰。在法律实务方面,廖斯博士重返校园之前,就曾在法律实务的一线岗位工作过 5 年,有丰富的工作经验。他先后在深圳市中级人民法院知识产权庭任法官助理、在知名律师事务所担任专职律师等。在攻读硕士与博士学位期间,他也积极地将所学知识与技能用于法律实务之上。在学术研究方面,廖斯博士对知识产权领域的喜爱是他在学术道路上不断进取的动力。硕博期间,他先后在多个核心期刊、网站平台和学术会议上发表论文成果十余项,并作为我的学术助手参与和协助我主持的多项国家级与省部级课题研究工作。本书作为廖斯博士的重要研究成果之一,已获得法律出版社 2021 年度青年法学学术著作出版基金资助;这不仅是学界对本书学术价值的认可,也是对他学术研究能力的肯定。

作为一本法学专著,本书问题导向突出,逻辑结构合理,论证思路清晰,运用方法得当,结论令人信服,词句表述到位。尽管还有进一步完善的空间,但本书仍是一部值得推荐的知识产权法学学术作品。希望本书的出版能够成为廖斯博士学术道路上的"里程碑"与新开始,同时期待本书的面世能够吸引更多的知识产权法学者及实务界人士,在盲从模仿行为这一研究领域奉献智慧与力量!

吴汉东

2022 年 6 月 10 日

前　言

人类有别于其他自然生物之处在于拥有智慧。数千年以来,人类凭借着自然演化而来的智慧,建立起人类社会,缔造出人类文明,书写下了人类历史,一步步从原始的刀耕火种走到了现今的智能时代。在此意义上,“智慧”的价值显然不止于人类的理性与感性、逻辑与情感,更在于“创新”——技术创新提高认识和改造世界的能力,思想创新推动人类文明不断演进,制度创新则促进社会的公平与秩序良好发展。然而对于当下中国,相比于在技术、思想与制度上所取得的成就,创新在经济中所发挥的作用越来越明显,创新成果往往更能受到市场的青睐,进而为创新者带来更高的利益。

然而,创新也面临诸多现实挑战,特别是“创新成果”。从市场竞争的角度来看,创新成果是创新者智力劳动的产物,相较于现有产品具有更大的市场竞争优势。但是,创新成果所包含的作品、发明创造等具有非物质性特征,这便意味着创新成果一旦进入市场领域,便再难受到创新者的控制。质言之,任何能够接触到该创新成果者皆在客观上能够使用之,包括但不限于学习、借鉴、模仿,乃至抄袭与盗用。

应当承认,创新并不是一个"从无到有"的过程,人类对知识的应用同时伴随对现有知识和他人创新成果的学习和借鉴,由此便形成"模仿"。根据经济发展理论,"创新"与"模仿"是一对美妙的矛盾,它们能够在相互转化之中不断促进创新成果推向市场、满足需求进而造福社会,由此,"模仿"并不必然地与"创新"相对立,也不必然对市场秩序造成破坏。然而,当这种模仿超出了"认知"的范围后,性质可能就产生变化了。从现实来看,某些竞争者不愿意投入人力和物力参与创新,而是寄希望于对他人在市场上的创新商业成果加以全盘照搬或无差别地再现,并寄希望于将这些"不劳而获"或"坐享其成"的成果用于市场竞争,这种行为与以学习和借鉴为目的的模仿存在本质上的不同,前者在实质上只是一种"无差别再现",毫无创新要素可言。如果允许人们通过这种"不劳而获"实现市场利益,不仅对那些为创新成果付出了实质性劳动的经营者而言是不公平的,还会对整个市场创新的积极性造成严重的负面影响。

鉴于这种模仿行为既不利于创新,又给市场的良性竞争造成损害,许多国家、地区均制定了相应的法律对其加以规制。其中,知识产权特别法规制便是其中一种主要救济途径。不过,这种"知识共享、产权垄断"的制度有严格的适用限制,即超出该特别法规定范围的客体,均属于公有领域的范畴,任何人可以任意使用。但是,随着人类文化与技术的不断创新,知识产权特别法的客体是不断增加的,"集成电路布图设计"和"植物新品种"等客体的出现即是实证。由此便提出一个新的问题:某种创新成果因不属于知识产权特别法规定的客体,从而不能获得相关保护,可是这种成果往往凝结了较高的创新智力劳动,如果因其不属于现有知识产权特别法的客体而否认它的价值、不对其予以保护,便会出现这样一种显失公平的"不劳而获"现象,即当这种创新成果推向市场时,其他经营者能够无差别地照搬该项创新成果并经营获利。随着技术和市场的共同发展,这种"完全照搬"的行为愈加频繁,乃至形成一种经济现象。德国在19世纪末注意到此种现象,并最早将其命名为“奴性模仿”(Sklavische Nachahmung),此后有中国学者将其翻译为“盲从模仿”,形象地将中文的“盲目跟从”融合在内。盲从模仿的存在揭示了这样一种矛盾:特定创新成果在严格适用特定知识产权法时不被认为是应受保护的,但允许任何人对特定创新成果随意使用将等同于助长“不劳而获”的行为与风气,这会严重打击创新者的积极性。如果不能在知识产权法中找到可以协调此种矛盾的机制,将形成制度僵化,这显然不利于科技、文化的发展与进步。

实际上,自19世纪末至今,许多国家和地区也面临过或正在面临盲从模仿之问题,其中一些国家和地区还针对这种情况建立了相应的法律制度予以规制,譬如德国、美国、瑞士、日本等。仔细考察可见,上述都是在技术上领先且市场经济较为发达的国家,从这个意义上可以认为,技术领先且市场经济较为发达的国家更关注盲从模仿行为带来的法律问题,尤其是探讨如何对可能成为新型知识产权客体的创新成果设置相应保护的问题,而这一点对于当下技术和经济水平达到一定高度、要求进一步发展的我国而言也同样重要。遗憾的是,尽管我国学者先后于1990年前后和2010年前后对盲从模仿问题施加了适当关注,但迄今为止仍未见有深入且系统的研究著述。具体而言,我国学者既有研究大多集中在前文提及的发达国家和地区如何规制盲从模仿行为方面,至于盲从模仿发生的原因、如何作出准确的界定、是否以及如何对其予以规制等问题则鲜见专论。

有鉴于此,本书将按以下四个层面之思路展开论述。其一,厘清盲从模仿现象从被发现到演化至今的历史过程,探索其产生的规律和基本原因,即回答“从何来”的问题。其二,明确盲从模仿行为分别在道德和法律、知识产权法和竞争法之间的边界为何,寻求盲从模仿行为的法律属性、准确定义以及构成要件,即回答“是什么”的问题。其三,论证盲从模仿行为的应受规制性问题,从法哲学和法经济学的角度寻求学理支持,即回答“为什么”的问题。其四,辨析盲从模仿行为在我国现行法律制度的适用问题,并根据盲从模仿行为的特点试图构建相应的规制方式以维护我国市场竞争的良性秩序,即回答“怎么做”的问题。与此相对应,本书正文部分总共分为以下七个章节:

第一章为“溯源论”,回答的是盲从模仿行为“从何来”的问题。质言之,是对盲从模仿现象的产生与演化进行的历史考察。本章从著名经济学家约瑟夫·熊彼特的经济发展理论出发,以该理论中引申出来的“模仿—创新”发展路径以及有关国家和地区的发展状况分别为理论与现实背景,探究有关国家和地区自 19 世纪末至今的经济发展中,盲从模仿行为产生与演化的历史过程及其基本规律。“溯源论”中的考察并非简单地回答“盲从模仿行为发生于何时、何地以及有何表现”,而是站在历史的高度来评价盲从模仿现象产生的原因以及演化的规律,为本书后文的研究与论述提供事实性基础。

第二章与第三章共同回答盲从模仿行为“是什么”的问题。其中,第二章为“边界论”,对盲从模仿行为的边界范畴展开论述。其首先考察盲从模仿行为的法理边界,辨析盲从模仿行为到底只是一种超出道德限度而不违法的行为,还是一种超出“模仿自由”这一法律限度的行为;其次,在明确“盲从模仿属于超出法律边界的行为”之性质的基础上,进一步回答盲从模仿行为属于公法还是私法范畴的问题。第三章为“本体论”,在第二章节厘清盲从模仿行为边界范畴的基础之上,对该行为的定义、构成以及具体性质展开论述。该章从域外对于盲从模仿行为的不同表述之分析展开,寻求其他国家和地区对于盲从模仿行为的定义及规定之共性,结合盲从模仿行为的客观表征之情况,得出盲从模仿行为的准确定义及其构成要件。

第四章与第五章共同回答盲从模仿行为“为什么”应受法律规制这一问题。其中,第四章为“正义论”,从法哲学的角度对盲从模仿行为加以辨析。其以市场竞争中的模仿自由之正义性出发,分别从“对个体的正义”(个体正义)和“对市场之正义”(公共正义)两方面展开论述。前者揭示盲从模仿行为对个体正义的侵害性;后者基于市场效率之考察,发现盲从模仿行为表现在市场竞争中会因市场环境之不同而呈现“两面性”——在“竞争”的市场中呈现出对市场秩序的破坏,但在“垄断”的市场中则呈现出对整体效率的促进。第五章为“效率论”,即从法经济学的视角进一步论证盲从模仿行为的应受规制性。该章中,笔者结合博弈论的有关方法,以市场竞争中经营者的决策为考量出发点,指出盲从模仿行为在何种情况下应当受到规制:首先,其证明在市场处于合理竞争时,盲从模仿行为作为经营者个体的理性将最终导致市场集体的不理性;除非对其附加相当的法律成本,否则市场效益不能达到最优。其次,证明在市场处于竞争不足、存在“垄断”的状态时,经营者采取盲从模仿的行为策略反而能够适度提高竞争、打破垄断,有利于市场效益达到最优,而此时的盲从模仿行为没有被规制的必要。

第六章和第七章共同回答盲从模仿行为“应受何种规制”的问题。其中,第六章为“规制论”,以对我国现行知识产权特别法、民法与反不正当竞争法制度的考察为出发点,探讨现行法制度是否包含对盲从模仿行为的规制,从而证明我国现行法虽然提供诸多的规制路径;但这些规制路径既不能很好地减少盲从模仿行为带来的对市场及个人的负面影响,也不能为盲从模仿行为有利于市场竞争方面的功能提供制度性引导。第七章为“构建论”,首先,其延续第六章之思路,提出在现行《反不正当竞争法》第 2 章诸条款无法直接适用于规制盲从模仿行为的情况下,可在反不正当竞争法的框架内构建一种“一般条款+专门条款”的规制思路,并根据本书所论述的盲从模仿行为之构成要件设计该“专门条款”;其次,以前述规制思路为基础分析可能的法律实效,包括有关条款的具体适用方式以及举证责任分担等,进而平衡各方利益,保证制度的公平性与有效性。

此外,本书将分别从学理角度、实践角度、制度角度和人权角度四个方面,就盲从模仿行为的法律问题研究得出相关结论。

目 录

第一章
溯源论:“模仿—创新”路径下的盲从模仿

任何类型的法学研究都不能回避这样一个命题,即作为上层建筑的法律制度由一定的经济基础所决定,并在一定条件下反作用于经济。在本书的视角之下,作为研究对象的盲从模仿行为正是源于市场竞争,与经济发展密切相关。因此,对盲从模仿行为的研究显然不能局限于法律制度的条框之内,还应将其置于市场竞争,乃至一国经济发展的背景与环境之中,审慎地考察其产生缘由和发展历程,这是对盲从模仿行为予以正确价值评价的事实基础。

在本书之前,我国知识产权法学研究领域鲜有专门探讨盲从模仿行为的著述,但这并不意味着“盲从模仿”是近年来才被关注的,恰恰相反,盲从模仿作为一种社会现象在 19 世纪末期的市场竞争中便已经出现。彼时,西方发达国家不仅在科学技术领域取得了长足的进步,更关注科学技术与工业生产相结合,既促进经济发展,也提升综合国力。盲从模仿所形成的社会现象正是在这一时代背景之下出现的：一些市场主体在获取更高经济利润的动机的驱使之下，对那些已进入市场的、含有创新成果的相关产品、技术、商业方法等进行照搬、盗用乃至完全模仿，使创新者难以期待凭借创新成果获得市场竞争优势，并在市场范围内形成产品或服务的同质化现象，引起市场的非效能竞争。因此，在进一步考察盲从模仿行为的相关法律问题之前，笔者认为有必要站在历史考察之高度，先行对盲从模仿现象的产生、演化之客观事实予以梳理，找出盲从模仿的形成原因，以此为本书后文深入探讨盲从模仿行为正义性与合理性的必要前提。

本章中，笔者将更多地把“盲从模仿”作为一种社会现象进行探讨，为行文方便，笔者将以“盲从模仿现象”指代之。

第一节　经济学视域下的“模仿”与“创新”

在经济学的视域下，模仿与创新之间具有十分紧密的联系——模仿是创新的基础，而创新是模仿的目的；当下的经济发展以“创新”为关键，“模仿—创新”路径更被认为是其中的核心要素。从表象上看，作为模仿行为之一的盲从模仿并不以创新为目的，由此，盲从模仿不仅与创新无甚关联，还可能对特定国家或社会的经济发展产生负面影响。本节中，笔者将以模仿和创新之间的关系为切入点，阐释经济学意义上的“模仿—创新”路径及相关的经济发展理论，以期作为本章下一节考察盲从模仿行为的理论基础。

一、经济发展理论中的“模仿—创新”路径

（一）约瑟夫·熊彼特“经济发展理论”中的“创新”

经济学上对于经济发展（增长）理论的探讨，实质是为了探寻促使国家与社会经济水平提升的根本动力。根据经济史学的研究，有关探讨自第一

次工业革命时起即被广泛关注,并在此后不断地发展。[1] 传统经济学在研究特定国家如何促进其经济增长时,大多将目光放在资本积累、人口问题、劳动分工和社会分配等因素上。譬如,亚当·斯密(Adam Smith)认为国家经济增长的主要动力在于劳动分工、资本积累等;[2]托马斯·罗伯特·马尔萨斯(Thomas Robert Malthus)则指出“人口按几何级数增长而生活资源只能按算术级数增长”,认为节制人口是保证经济增长的措施;[3]大卫·李嘉图(David Ricardo)则认为政府应当限缩权力范围、减轻社会税务承担,以此促进经济增长。[4] 尽管以阿弗里德·马歇尔(Alfred Marshall,也译阿尔弗雷德·马歇尔)为代表的新古典学派经济学家在探讨经济增长问题时将生产技术、创新等影响因素考虑在内[5],但是仍然没有脱离“在稳定环境下最大限度利用现有经济资源”的思想,大多把上述涉及技术、创新等因素认为是一种“外生”的“干扰”。[6]

与上述观点不同,约瑟夫·熊彼特(Joseph Schumpeter)在其著作中曾系统地阐述了他的“创新理论”。约瑟夫·熊彼特认为,持传统经济学论的学者在描述经济生活时,假定存在一种“循环流动”的均衡,即认为经济生活中的元素——资本、劳动、产品等——年复一年地遵循同样的渠道循环往复;但是,现实的经济生活并非此类的静止状态,并不仅仅是循环往复的生产过程,诸如技术革新、发明创造等“生产性革命”会不断地出现并进入经济生活

[1] 参见刘伟、范欣:《现代经济增长理论的内在逻辑与实践路径》,载《北京大学学报(哲学社会科学版)》2019 年第 3 期。

[2] 参见[英]亚当·斯密:《国富论》,陈星译,陕西师范大学出版社 2006 年版,第 159~168 页。

[3] 参见[英]托马斯·罗伯特·马尔萨斯:《人口原理》,王惠惠译,陕西师范大学出版社 2008 年版,第 49~52 页。

[4] 参见[英]大卫·李嘉图:《政治经济学及赋税原理》,郭大力、王亚南译,译林出版社 2011 年版,第 78~80、156~164 页。

[5] 参见[英]阿弗里德·马歇尔:《经济学原理》,廉运杰译,华夏出版社 2005 年版,第 385~392 页。

[6] 参见[美]埃里克·冯·希普尔:《创新的源泉——追循创新公司的足迹》,柳卸林、陈道斌等译,知识产权出版社 2005 年版,第 1 页。

之中,而这种“革命”的出现及其伴随而来之现象是传统经济学所无法解释的,质言之,传统经济学所认为的“经济增长”并不是“经济发展”,前者仅能解释经济水平在“量”上的增加,而不能揭示其“质”的飞跃。〔1〕

对此,约瑟夫·熊彼特提出了著名的“创新理论”,这一理论被认为是构成他所提出的“经济发展理论”之核心。〔2〕 具体而言,创新理论可以被归纳为以下三个方面:

首先,创新是一种“创造性破坏”(creative destruction)的过程。〔3〕 在这一过程中,创新得以建立起一种“新组合”——包括生产新产品、研发新技术、开辟新市场、控制新的供应来源,以及构建企业新组织结构五种情况,〔4〕而实现这一“新组合”是企业家的职能,企业家通过将这种“新组合”引入生产体系,并确保其能创造出新的价值,进而通过竞争淘汰乃至消灭“旧组合”,最终推动整个国家或社会的经济发展。〔5〕

其次,创新是在生产过程中由内部变化而来的,并非由外部强加的。具言之,创新由作为生产者的企业家自主发起,而非由市场需求(包括消费者的需求,或者因战争、灾难等非社会因素而产生的需求)所决定。质言之,企业家引入这种“新组合”是出于其作为生产经营者的内在需要,既可能是出于对更高利润的追求,也可能是为了获得某种快乐或成就,还可能是为垄断

---

〔1〕 参见[美]约瑟夫·熊彼特:《经济发展理论——对于利润、资本、信贷、利息和经济周期的考察》,何畏等译,商务印书馆1990年版,第68~70页。

〔2〕 参见崔人元:《创新是推动发展的灵魂》,载[美]熊彼特:《经济发展理论》,孔伟艳等编译,北京出版社2008年版。

〔3〕 有学者将“创造性破坏”表述为“不断地从内部使原来的经济结构发生变化,在破坏结构的同时创造新的结构”之过程。参见[美]泰勒·考恩:《创造性破坏——全球化与文化多样性》,王志毅译,世纪出版集团、上海人民出版社2007年版,第21页;陶冶、张世龙、于俭:《重新认识熊彼得的创新理论》,载《经济论坛》2009年第13期。

〔4〕 参见[美]约瑟夫·熊彼特:《经济发展理论——对于利润、资本、信贷、利息和经济周期的考察》,何畏等译,商务印书馆1990年版,第73~74页。

〔5〕 参见[美]约瑟夫·熊彼特:《经济发展理论——对于利润、资本、信贷、利息和经济周期的考察》,何畏等译,商务印书馆1990年版,第82~105页。

市场或打破垄断。[1]

最后,作为一种“生产性革命”,创新具有突发性和间断性的特点,是流转渠道中自发和间断的变化。创新的这一特点使其所引致的经济活动处于非连续性变化的过程当中,不断追求达到(当然永远也不可能达到)均衡,[2]譬如,某位企业家通过开发一种技术或革新一种产品使特定市场中的经济活动产生了一种新的均衡位置,其他企业家尝试通过模仿手段加入竞争,形成一种“蜂聚”或“群集”,此种“蜂聚”或“群集”的模仿者将创新引入不同的部门或者不同的产业,并在此基础上研发出新的技术或产品,替代在先的创新,实现更迭,从而出现新的均衡。[3] 创新所呈现的特性也允许约瑟夫·熊彼特对其有关经济周期(business cycle)[4]的理论作出解释。

(二)创新理论的发展:“创新”与“模仿”的关系

约瑟夫·熊彼特的创新理论无疑是具有划时代意义的。他从客观现实出发,考虑到创新对于经济发展的“质”的推动作用,将“创新”作为引起经济变动的一种重要内因纳入考量,这一点是同时代其他经济学家如约翰·凯

---

〔1〕 参见[美]约瑟夫·熊彼特:《经济发展理论——对于利润、资本、信贷、利息和经济周期的考察》,何畏等译,商务印书馆1990年版,第70~75页。

〔2〕 参见[美]约瑟夫·熊彼特:《经济发展理论——对于利润、资本、信贷、利息和经济周期的考察》,何畏等译,商务印书馆1990年版,第71~72页。

〔3〕 参见代明、殷仪金、戴谢尔:《创新理论:1912-2012——纪念熊彼特〈经济发展理论〉首版100周年》,载《经济学动态》2012年第4期。

〔4〕 一般认为,经济周期是宏观经济运行的重要特征,指经济运行中周期性出现的经济扩张与经济紧缩交替更迭、循环往复的一种现象,它包括危机、萧条、复苏和高涨四个阶段(另有说法认为经济周期可分为“扩张”与“收缩”两个阶段)。约瑟夫·熊彼特认为经济周期是企业创新的结果,是由“引入创新的频率变化而产生的波动造成的”,企业家通过创新提高了劳动生产率、产品品质、市场占有率等刺激了经济的增长,并呈现繁荣的迹象;而在创新逐渐普及后,生产率、产品品质等趋于平等,特定的创新所带来的优势逐渐消失并且没有新的创新活动出现,那么经济活动将呈现衰退的迹象。此外,约瑟夫·熊彼特还通过创新理论将经济周期呈现的长、中、短三种周期类型统一起来进行解释,认为大的基本创新引起长周期波动,较小的创新引起短周期波动,且作用机理是相同的。参见[美]约瑟夫·熊彼特:《经济发展理论——对于利润、资本、信贷、利息和经济周期的考察》,何畏等译,商务印书馆1990年版,第284~304页;崔友平:《经济周期理论及其现实意义》,载《当代经济研究》2003年第1期;吴晓波、张超群、窦伟:《我国转型经济中技术创新与经济周期关系研究》,载《科研管理》2011年第1期。

恩斯(John Keynes)等人没有完全重视的,特别是从 20 世纪 40 年代中期开始,随着信息技术革命的开启,大量新技术、新产品等如约瑟夫·熊彼特所言之“新组合”进入经济生活,各自融入市场竞争,世界各国也开始沿着经济快速发展的轨道前进,此时,相比于传统经济学的其他理论,约瑟夫·熊彼特的创新理论无疑更具有前瞻性与生命力。

但是,约瑟夫·熊彼特的创新理论并非无可挑剔,该理论因客观条件和时代背景而存在诸多局限,其中之一即在于该理论没有对与创新紧密关联的“模仿”行为及其作用作进一步的阐明;相对地,在约瑟夫·熊彼特的创新理论中也不能很好地解释“创新”与“模仿”之间的关系。[1] 有学者认为,约瑟夫·熊彼特“创新理论”之所以存在上述局限,是因为该理论把创新作为唯一的核心,将模仿放在次要位置。换言之,“模仿”被约瑟夫·熊彼特视为一种“外生变量”,不被认为能够与创新“相提并论”,从而否认——或至少回避——创新与模仿之间存在的关系。[2]

事实上,模仿是生物的本能,生物幼体在学习复杂行为时,往往先对成年生物的活动进行模仿,并且在此基础上完成对这一行为的掌握。这对于人类而言亦是如此,“模仿”是人类之间最为基本的互动行为之一,而对特定行为的模仿甚至能产生新的行为模式,此即为创新。从这个意义上讲,创新总不会凭空出现,寻求创新的企业家无不始于对前人的模仿,凭借在“巨人的肩膀”上吸收到的灵感,有意识地在模仿过程中增添新的东西获取新的成果,以实现更高的价值(通常是市场价值),甚至有学者认为创新是一种“率先的模仿”。[3] 由此,反观约瑟夫·熊彼特创新理论中所提出的五种“新组合”,亦无不是建立在对“旧组合”的模仿之上;经济活动中出现的“新组合”

---

〔1〕 参见张凤海、侯铁珊:《技术创新理论述评》,载《东北大学学报(社会科学版)》2008 年第 2 期。

〔2〕 参见任寿根:《模仿经济学》,中国财政经济出版社 2003 年版,第 5 页。

〔3〕 参见陈东升:《创新就是率先模仿》,载《深圳特区报》2002 年 3 月 28 日,C2 版。转引自任寿根:《模仿经济学》,中国财政经济出版社 2003 年版,第 3 页。

拥有比"旧组合"更突出的稀缺性，因而具有更高的价值，能够获取更高的利润；同样逻辑之下，企业家为了追求比当下更高的价值，同样要对这些"新组合"加以模仿，以致实现额外的"新组合"。

总结而言，在经济发展理论中，创新与模仿之间存在这样一种关系：任何时候的创新都会引起模仿，在获取更高经济利益的驱使之下，模仿将可能转化为新的"创新"；循此逻辑，不以创新为目的的模仿，均不是符合创新发展理论的"模仿"，不会带来更高的经济利益。

二、促进"模仿—创新"路径有效运行的条件

根据前述，"模仿—创新"路径所描述的模仿与创新之间的过程必然要建立在一定条件之上，条件成就时，"模仿—创新"路径将更具效率地促使模仿与创新相互转化，从而极大地提高经济发展的速度与质量；相反，条件不成就时，模仿与创新之间的促进或转化效率将大大降低，甚至互成阻碍，更不用说加快创新、促进经济发展。由此引出的下一个问题是，在"模仿—创新"路径之下，何种条件能够促进"模仿—创新"之路径的有效运行，加快创新的效率？综观现有研究，影响"模仿—创新"路径的条件可以分为经济条件和制度条件，以下试分点述之。

（一）经济条件：宏观的市场竞争与微观的企业规模

继约瑟夫·熊彼特之后，经济学家们对创新理论的研究拓展到更广泛、具体的层面。其中，最引人注目的则是将创新理论拓展到市场竞争领域的研究视角。具言之，这一视角把市场竞争的强度、企业规模的大小和垄断程度的强弱归入考察范围，并考察三者之间的关系，得出以下三点论断：其一，市场竞争的强度越高，创新的动力也就越强；其二，企业的规模越大，通过技术创新所开辟的市场就越大；其三，市场的垄断程度越强，创新就会越持久。[1]

---

〔1〕 参见张凤海、侯铁珊：《技术创新理论述评》，载《东北大学学报（社会科学版）》2008年第2期。

如前所述,“模仿—创新”路径是经济发展的重要途径之一,这一路径将必然地体现在市场之中,对它的考察也应当回归到市场之内。因此,沿着上述思路,通过竞争强度、企业规模及垄断程度这三个条件对“模仿—创新”路径作考察,显然是具有现实意义的。[1] 不过,上述三个条件中的“竞争强度”与“垄断程度”实际上是市场竞争的不同状态,二者具有相关性:市场的竞争强度越高,市场的垄断程度就越低;反之,市场竞争强度越低,市场的垄断程度越高。结合上述论断,笔者认为“市场竞争”与“企业规模”是左右“模仿—创新”路径的两种经济条件。

第一,市场竞争。假定初始的市场是完全竞争的,竞争者之间的信息——包括竞争者提供产品与服务的信息以及能够获取的市场信息等——也是完全互通的,此种情况下的市场竞争强度将处于最高状态。在这一市场竞争状态下,同类别商品、服务之间的差异是无限小的,相互之间不会因为差异而造成价格差异,进而形成商品或服务的同质化。在这种情况下,竞争者要想获得更大的经济利益,只能寻求在竞争者内部作出根本性的改变,即为创新。创新使特定商品或服务出现有别于一般商品或服务的差异——并且这种差异往往是创新带来的积极后果,由此,特定竞争者得以凭借这种创新成果在市场的同类竞争中建立起领先优势。不过,在完全竞争的市场环境之下,对创新成果的模仿也接踵而至,大量的照搬与复制使创新成果被快速推广到整个市场之中,此时的创新成果将不再被定义为“创新”,市场因此而达到新的“均衡”。相反,假定初始市场被一个或数个达成协议的垄断者垄断,不存在其他竞争者,此时的市场将不可能存在市场需求导致的创新:对于垄断者而言,垄断带来的收益已经足够高,花费额外的成本去创新显然不符合其对利益最大化的追求;对于消费者或其他潜在竞争者而言,在现有技术基础上进行创新无疑可以打破垄断,但是在垄断的市场环境下,模

---

[1] 参见代明、殷仪金、戴谢尔:《创新理论:1912-2012——纪念熊彼特〈经济发展理论〉首版100周年》,载《经济学动态》2012年第4期。

仿乃至创新所要付出的成本极高，即便完成创新也会面临技术难以推广、创新成果被垄断者轻易模仿的风险。质言之，市场竞争是影响"模仿—创新"路径促进经济发展的重要因素与条件之一，市场的竞争强度和垄断程度足以影响模仿与创新的相互转化。

第二，企业规模。模仿与创新之间的促进与转化也受到企业规模大小的影响，一般认为，企业规模越大，其资金投入与技术水平越高，模仿与创新所占的成本比重则越低，市场竞争力也就越强；反之，企业规模越小，资金投入和技术水平的支持较少，其在模仿与创新中投入的成本所占比例也就越高。并且小规模的企业关注的市场有限，所获取的市场信息也有限，因此从整体上看，小规模企业的创新代价较大，所带来的市场竞争优势并不突出。

综上可见，经济学视角下的模仿与创新之间的促进与转化主要受"市场竞争"与"企业规模"这两种条件的影响，其中前者更为宏观，偏重对市场整体创新的影响，后者则更为微观，偏重对企业个体创新的影响。

（二）制度条件：对创新的激励与对模仿的约束

仅采用前述的"经济条件"来回答"何种条件能够促进'模仿—创新'路径的运行"显然是片面的。上述基于经济学的分析旨在明确模仿和创新之间的促进与转化如何受"市场竞争"与"企业规模"两种因素的影响，至于如何有效地利用这两种条件以促使"模仿—创新"路径的良好运行，仅仅依据经济学理论是无法回答的。为保证"模仿—创新"路径得以有效运作，从而引导和激励创新的出现以促进特定国家或地区的经济发展，"制度"之调整成为除前述"经济条件"之外的另一因素。

与前述"经济条件"不同，"制度"视角的考察更多着眼于对有关行为的激励或约束。对于"模仿—创新"路径而言，"激励创新"是经济发展的核心要求，对于阻碍创新的模仿行为所施加的必要约束也是"激励创新"的应有之举。因此，笔者认为，构成"模仿—创新"路径有效运行的"制度条件"，应当以“激励创新”为制度的目的与意义,同时以“约束模仿”为制度的必要手段。

第一,该制度应以“激励创新”为目的。对此,先后有两个学派予以肯定:其一,以兰斯·戴维斯(Lance Davis)和道格拉斯·诺斯(Douglass North)为代表的学者提出“制度创新理论”。该理论认为,经济增长的关键在于“设定一种能对个人提供有效刺激的制度”〔1〕,通过确定产权、保护个人通过创新而获得的专有收益,使贡献创新者能就其所付出的、用于创新的劳动达到利益最大化,减少这一过程中的不确定性,如此将能在很大程度上促进经济的发展。〔2〕 其二,以克里斯托弗·弗里曼(Christopher Freeman)和理查德·尼尔森(Richard Nelson)为代表的学者则提出“国家创新系统理论”。该理论认为,创新不只是企业家的孤立行为,为了实现经济发展,国家有必要制定相应的政策与战略,将政府职能与技术创新相结合,形成一种国家创新系统。〔3〕 这一系统的构成是相当复杂的既包含各种制度因素、技术行为,也包含致力于公共技术知识研究的大学和科研机构,还包含政府部门中负责投资和规划等工作的机构。国家创新系统以技术为主导,辅以组织创新、制度创新等,通过制定相关的政策与战略作出有利于优化创新的资源配置。〔4〕 上述两种观点共同指出,激励创新不应是企业个体的“冒险”,而应是国家层面的“职责”——国家应当通过制定相关的法律制度以及构建有效的政策或战略,形成激励创新的系统机制。

第二,有关制度应以“引导模仿”为手段。有学者在考察发展中国家如

〔1〕 张凤海、侯铁珊:《技术创新理论述评》,载《东北大学学报(社会科学版)》2008年第2期。

〔2〕 参见[美]兰斯·E.戴维斯、[美]道格拉斯·C.诺斯:《制度变迁与美国经济增长》,张志华译,格致出版社、上海人民出版社2019年版,第53~76页。

〔3〕 参见李永波、朱方明:《企业技术创新理论研究的回顾与展望》,载《西南民族学院学报(哲学社会科学版)》2002年第3期。

〔4〕 参见[美]理查德·R.尼尔森、[美]内森·罗森伯格:《技术创新与国家体系》,载[美]理查德·R.尼尔森编著:《国家(地区)创新体系比较分析》,曾国屏等译,知识产权出版社2012年版;张凤海、侯铁珊:《技术创新理论述评》,载《东北大学学报(社会科学版)》2008年第2期。

何通过创新实现经济赶超时，即提出"模仿—创新"的经济发展过程应当包含的三个阶段，即"资本积累期"、"吸收模仿期"和"自主创新期"。[1] "资本积累期"是模仿与创新的基础，这一时期在于"对资本的积累、对要素的投入和对相关技术的引入"[2]。"吸收模仿期"为发展中国家经济发展过程中最为关键的一环，由于创新需要极大的成本，有关国家在这一阶段主要在于吸收和模仿所引进的先进技术，在这种吸收与模仿的基础之上作适当的创新，如此形成一个"模仿—创新"路径的良好促进。随着经济与技术的进步，模仿的成本也逐渐上升，特定国家若片面地强调模仿将使技术难以进步、创新意识减退，进而囿于经济发展的瓶颈。因此，"吸收模仿期"后，发展中国家应在特定领域或行业迈向第三个阶段，即"自主创新期"。[3] 由此可见，模仿行为是创新得以推广、激励乃至启发新的创新过程的关键。如前所述，创新活动必然引起模仿行为，"模仿—创新"的路径要求这种模仿应当是一种对后续创新具有激励和启发作用的行为，而不是毫无建设性可言的照搬或者挪用行为。然而，在完全竞争的市场条件下，对创新进行照搬式模仿显然是追求利益最大化的结果，不会激励创新的发生；在完全垄断的市场条件下，模仿行为被严格地控制，对创新成果的任何模仿行为将被视为对创新垄断者权利的侵害，此种条件下的创新将难以产生其他竞争者的模仿行为，更不用说通过模仿行为来激励或启发创新。上述论证充分说明了模仿行为的适当与否在很大程度上决定了创新能否持续，从而决定了以创新为核心的经济发展能否良好运行。因此，模仿的"适当性"问题应当是特定国家或地区制定相关制度时的必要考量，具体而言，即构建什么样的制度体系能够引导模仿行为以启发创新，设计什么样的制度条款能够适当地约束不当模仿

---

〔1〕 也有学者认为应当是五个阶段："起飞阶段"、"模仿阶段Ⅰ"、"模仿阶段Ⅱ"、"创新阶段Ⅰ"和"创新阶段Ⅱ"，但笔者认为其与"三阶段"说相比仅是侧重不同，此仅作注提示。参见魏枫：《模仿陷阱、自主创新与经济赶超》，载《中国软科学》2014 年第 5 期。

〔2〕 尹翔硕、尹翔康：《资本积累、模仿与创新——从美国和日本的经济发展看落后国家如何赶超》，载《复旦学报（社会科学版）》2001 年第 4 期。

〔3〕 参见魏枫：《模仿陷阱、自主创新与经济赶超》，载《中国软科学》2014 年第 5 期。

行为以减少对创新的妨碍，从而促进“模仿—创新”路径能够更有效率地提升经济发展水平。

第二节 盲从模仿的产生与演化：基于制度的考察

前文的经济学考察揭示了“模仿—创新”路径，以及何种条件足以影响这一路径的效率；但本书作为法学论著，关注重点在于制度层面，即在于探索通过何种制度手段来约束不当的模仿行为以促进创新。

如前所述，不当模仿行为的存在将会抑制甚至阻碍创新活动的进行。而在诸多不当模仿之中，又以对他人创新成果进行照搬、盗用并用以同类竞争为最甚，此类模仿行为中，模仿者实际上没有在原有创新成果的基础上作任何实质性的更改或投入任何相关努力，即俗话所云之“不劳而获”。并且，这种不劳而获对于激励创新而言毫无帮助，在不受约束的情况下，会有更多模仿者加入不劳而获的行列。对于此类不当模仿行为，国内外学者有不同的称谓〔1〕，以郑友德教授为代表的、国内最先引入这一概念的学者们形象地将这一行为称为“盲从模仿行为”〔2〕，而由这一行为所形成的社会现象也可被称为“盲从模仿现象”。对此，笔者认为有必要先行对盲从模仿行为的产生与演化作相关历史考察，厘清客观的历史和时代背景有助于下文对于“盲从模仿”的边界、定义以及其他方面的探讨。

根据客观的社会历史、时代背景并结合各国约束模仿行为的制度演变，笔者认为，盲从模仿的产生与演化之历程可大致分为以下三个阶段，以下分

---

〔1〕 鉴于目前尚未有“盲从模仿”之准确定义，这一行为在各个国家、各个学者中可能有不同的称谓，笔者谨慎起见，此处仅采用“称谓”一词代指；下文中除特别说明外，均采用“盲从模仿”之表述。

〔2〕 郑友德、刘平：《盲从模仿行为与非专利技术保护初探》，载《中国工商管理研究》1995年第11期。

点述之。

一、20世纪初期:基于善良风俗的竞争利益保护

第一阶段为20世纪初至“二战”前后,而这一阶段正值第二次工业革命后期。[1] 第二次工业革命大大提高了生产力水平,西方有关国家的创新活动比以往更加活跃,创新成果的出现也更为频繁。在此驱动之下,模仿行为也随之出现。彼时,西方发达国家市场上的创新成果不断涌现,而与此相对地,直接照搬这些创新成果、推出同质化商品或服务的不当模仿行为也层出不穷,这种“此一创新、彼一照搬”的行为迅速演化为一种特别的社会现象,很快引起了有关国家的重视。在这一阶段中,特定国家通过建立相关制度或作出司法判例加以初步调整,试图对这种社会现象予以压制。

彼时,不当模仿行为大大冲击了创新者的利益,随之而来的粗制滥造、妨碍市场秩序的问题也颇为突出,因此,对模仿者进行必要的约束逐渐成为创新者在制度层面的需求。与之相对应的是,西方国家的知识产权法律制度已逐步建立,保护知识产权的国际公约如《保护文学和艺术作品伯尔尼公约》(以下简称《伯尔尼公约》)、《保护工业产权巴黎公约》(以下简称《巴黎公约》)等也相继签订并生效,有关知识产权保护的国际与国内法律制度共同回应了保护创新成果和智力劳动的这一制度需求。因此,彼时的相关法律制度更倾向于保护创新实践者的利益,凡冒犯创新者的不当模仿行为可被纳入知识产权法规制范围的,均被西方各国适用相应法律所约束。

盲从模仿行为尽管也是不当模仿行为之一,却难以为知识产权法律制度所完全调整。究其原因,知识产权法所保护的客体相对有限,如果严格按照法律的规定,除了明确的知识产权法客体外,对其他客体的盲从模仿是不

---

〔1〕 根据有关历史常识,第二次工业革命大致起源于19世纪60年代后期,终止于20世纪四五十年代。第二次工业革命也被称为“电气革命”,因为这一时期,随着1866年德国企业家维尔纳·冯·西门子(Werner von Siemens)发明了发电机,诸多电器被发明了出来,逐渐替代原有的以蒸汽为动力的机器并被用于实际的生产生活,大大提高了生产力。

受法律禁止的。但是,这些创新成果也并非凭空出现或唾手可得,它同样源于创新者的智力劳动,对这种创新成果如不提供任何救济,显然会导致更高层面的不公平。由此,这一阶段的西方各国大多基于保护商业道德与善良风俗的目的,开始尝试适用竞争法制度以约束盲从模仿,其中,又以受第二次工业革命影响最为深远的德国和美国最具代表性。

(一)德国:禁止有违善良风俗的"坐享其成"

从现有资料来看,德国是最早形成盲从模仿现象的国家。19 世纪上半叶,英国在第一次工业革命的洗礼下成为工业强国,科技、文化等创新成果大大推动其经济发展水平,并随着英国的海外殖民统治而流转到世界各地。与之形成鲜明对比的是,彼时的德国仍然是一个以农业为主导的国家,工业生产十分落后,其受到了来自英国的巨大影响,于是自 19 世纪中叶开始,德国工业对英国的许多创新成果盲从模仿,包括照搬英国产品的种类、样式,盗用英国产品的外观、名称,乃至对英国品牌进行傍名销售,以至于在很长一段时间里,德国在工业上的"抄、仿、盗、傍"多次受到来自英国政府层面的抵制。[1] 不过,随着第二次工业革命的影响和德意志帝国的统一,德国于 19 世纪后半叶开始快速发展,逐渐摆脱了依赖盲从模仿他人创新成果来发展工业的"旧路子",大力引导其国内工业在模仿的基础上实现创新。由此,德国在科技和经济领域的自主创新不断涌现,最终于 20 世纪初迈入了资本主义强国之列。

从制度的角度来看,德国从主要倚仗"模仿"的落后农业国到开启广泛"创新"的领先工业国,除了设立相关的知识产权特别法用以保护知识产权人的创新成果及努力外,还通过竞争法律制度来限制不公平的竞争行为。

德国是最早对不公平竞争行为采取立法规制的国家之一,其 1896 年施

[1] 由于当时的德国所仿冒仿造的产品质量低劣,甚至影响到了英国本国的市场秩序,以至于英国 1887 年制定的《贸易品牌法》要求从德国进口的商品必须明确标明"德国制造",以此区别于当时质量更优一等的英国商品。参见郑友德:《用心去感受德国知识产权法的脉动》,载郑友德:《知识产权与公平竞争的博弈——以多维创新为坐标》,法律出版社 2011 年版。

行的第一部《反不公平竞争法》中就有明确的相关规制。不过，彼时的该法仅对某几种严重的不公平竞争行为进行了规制，很快即被发现不符合德国对于市场竞争的保护需要，于是，德国于 1909 年对该法进行重新修订。[1] 1909 年德国《反不公平竞争法》第 1 条即明确规定："凡在商业交易中以竞争为目的违背善良风俗者，可请求其不作为和损害赔偿。"有学者认为，该条是 1909 年德国《反不公平竞争法》的一般条款，其所述"违背善良风俗"之行为包括"妨害（竞争）自由"、"阻碍竞争"、"违法占先"和"坐享其成"四种情况。其中，该法对"以不劳而获的方式全盘照搬式地模仿同业竞争者之智力成果"行为的限制具有鲜明的时代特点，在法律层面上对"坐享其成"进行明确的解释。[2] 由此，以盲从模仿为代表的不当模仿行为在 1909 年德国《反不公平竞争法》中被认为是一种"违背善良风俗"的不公平竞争行为，为了排除其对本国公平竞争环境和激励持续创新活动的妨碍，不当模仿受到该法的严格限制。[3] 不过需要指出的是，彼时的 1909 年德国《反不公平竞争法》所规制的"不当模仿"是一个更宽泛的概念：既包括本书所探讨的盲从模仿，也包括"仿冒"，换言之，有关模仿行为只要构成"违背善良风俗"这一要件就应当受到规制，而无论该模仿行为针对的是智力成果还是经营性标识。[4]

（二）美国：禁止以"不劳而获"为目的之"盗用行为"

第二次工业革命使美国国力得到了极大提升，在 19 世纪后半叶，特别是 1865 年南北战争结束之后，美国发展的重心逐渐从资本积累和战争转移到技术模仿与创新活动。与德国相类似，美国通过模仿彼时的英国等其他国家的先进技术，实现了从模仿创新到自主创新的跨越，并于 20 世纪初超过了

---

〔1〕 参见林燕平：《德国反不正当竞争法的发展与启示》，载《法学》1996 年第 9 期。

〔2〕 参见郑友德、焦洪涛：《论技术创新与模仿的知识产权法律调节》，载郑友德：《知识产权与公平竞争的博弈——以多维创新为坐标》，法律出版社 2011 年版。

〔3〕 参见郑友德、刘平：《盲从模仿与非专利技术保护初探》，载《中国工商管理研究》1995 年第 11 期。

〔4〕 参见郑友德、万志前：《德国反不正当竞争法的发展与创新》，载《法商研究》2007 年第 1 期。

英国、德国等传统的技术强国,逐渐占据世界的主导地位。[1]

鉴于创新为美国带来的发展,美国对于模仿行为的态度开始发生转变,这种转变尤其体现在 20 世纪 20 年代前后的诸多制度变化当中,其中又以 1918 年国际新闻社(International News Services)案和 1922 年美国《关税法》的修订最具代表性。

1. 1918 年国际新闻社案

本案发生在"一战"期间,原告美国联合通讯社(Associated Press,以下简称美联社)与被告国际新闻社同为美国国内的新闻媒体,二者在报道"一战"战况、提供战事新闻上展开了激烈竞争。由于"一战"的主要战场在欧洲大陆,美联社组织了大批战地记者前往欧洲战场实地采写新闻报道,同时投入了大量的财力建设收集新闻的设备与渠道;在获取新闻后,美联社便将这些新闻提供给与其合作的成员报社,以供这些成员报社在每天凌晨时印成报纸出版。由于彼时的通讯系统尚不发达,美国的东部地区和中西部地区之间存在时差,国际新闻社利用这两项"优势",在美联社的新闻刚刚出版后,即快速地将新闻抄录、改写甚至原封不动地照搬,随即发送给国际新闻社在美国中西部地区的合作报社,如此一来,刊载有国际新闻社提供的"新闻报道"的报纸便能够在美国的中西部地区与美联社的合作报纸同时甚至比其更早地出版。[2] 美联社随即提起诉讼,指控国际新闻社对其采集的新闻进行"抄录"和"改写"的行为构成侵权和不正当竞争。[3]

该案上诉至美国最高法院,大法官皮特尼(Justice Pitney)在考察了国际新闻社的行为后,作出了如下著名的论断:"在从事涉案行为时,被告(国际新闻社)承认它所使用的新闻材料是由原告(美联社)通过组织和投入劳动

---

〔1〕 参见尹翔硕、尹翔康:《资本积累、模仿与创新——从美国和日本的经济发展看落后国家如何赶超》,载《复旦学报(社会科学版)》2001 年第 4 期。

〔2〕 参见李艳:《从私法的角度规制知识产权滥用问题》,法律出版社 2013 年版,第 229~230 页。

〔3〕 See International News Services v. Associated Press, 248 U. S. 215 (1918).

力、技术与金钱而得来的,原告可以凭借这些材料获得报酬。被告将上述材料进行盗用且以自己名义进行出售的行为,是在其未播种的地方进行收获(to reap where it has not sown);被告将上述材料提供给原告下属成员的竞争对手,是攫取他人播种所得之收成并据为己有的行为。”〔1〕由于新闻报道不受美国版权法的保护,美国最高法院最终将其视为一种准财产,从而支持了美联社的诉讼请求,认定国际新闻社构成“盗用”(misappropriation)之不正当竞争。〔2〕

国际新闻社案是构成美国竞争法律制度的重要判例之一,它明确市场竞争中以不劳而获、坐享其成的方式盗用(盲从模仿)他人劳动成果的不合法性。该案影响深远,被认为是美国采用“盗用之诉”规制盲从模仿行为的起点,至今仍受到理论界和实务界的关注。〔3〕

2. 1922 年美国《关税法》的修订

1922 年美国《关税法》的修订是其规制不当模仿行为的另一制度变化。

美国关税委员会于 1918 年作出的一项对进口产品与国内工业之间竞争情况的调查结果显示,进口产品存在包括不当模仿在内的多项不正当竞争行为,使美国国内工业受到损失。于是,美国于 1922 年对其《关税法》进行修改,对前述不当模仿在内的诸项不正当竞争行为进行限制,规定“若此类行为的影响或趋势足以消灭或实质性损害美国国内工业,或者妨碍此种工

〔1〕 该段判决原文为:“[...] In doing this defendant, by its very act, admits that it is taking material that has been acquired by complainant as the result of organization and the expenditure of labor, skill, and money, and which is salable by complainant for money, and that defendant in appropriating it and selling it as its own is endeavoring to reap where it has not sown, and by disposing of it to newspapers that are competitors of complainant's members is appropriating to itself the harvest of those who have sown.” See International News Services v. Associated Press, 248 U. S. 215 (1918). 同时参见李明德:《美国知识产权法》(第 2 版),法律出版社 2014 年版,第 677 页。

〔2〕 See International News Services v. Associated Press, 248 U. S. 215 (1918).

〔3〕 See W. Edward Sell, *The Doctrine of Misappropriation in Unfair Competition: The Associated Press Doctrine after Forty Years*, 11 Vand. L. Rev. 483 (1958); Edmund J. Sease, *Misappropriation Is Seventy-Five Years Old: Should We Bury It or Revive It*, 70(4) N. D. L. Rev. 781 (1994).

业的建立，或限制或独占美国的商业交易的，这种行为可被宣布为非法”〔1〕。上述条款正是1930年美国《关税法》第337节的前身。

有观点认为，这一条款所限制的主要是与不当模仿有关的“产品仿冒”，〔2〕但事实上，该条的规制方式与前述德国的情况相类似，该条意义上的足以妨害美国国内工业的不公平行为所涵盖的范围非常广泛，“产品仿冒”只是其中最为典型的被规制行为之一。由此可见，在该条之中，“盲从模仿行为”（或依美国法语境下所称之“盗用行为”）显然也在规制之列，即盲从模仿行为如果被认为对于美国国内工业的创新活动构成妨害，也将被纳入规制的范围。换言之，1922年美国《关税法》规制的不正当模仿行为，既包括仿冒，也包括盲从模仿。

综上可见，彼时美国的经济发展既已实现从模仿向创新的转变，此种转变也相应地体现在其国内相关制度当中。质言之，这一时期的美国以对创新的保护为重点，其以盗用之诉进一步限制其本国国内的盲从模仿行为，从而保证其市场创新秩序，以修订《关税法》进一步限制国外的不公平模仿行为，从而保护本国市场的创新环境；二者相互作用，旨在提高国内的创新效率。

二、“二战”至20世纪末：基于竞争自由的制度安排

第二阶段为“二战”前后至20世纪末期。在这一阶段，人类社会进入了第三次工业革命。彼时正是“二战”之后，国际形势相对明朗且稳定，世界经济开始复苏。在这一时期，各国对模仿行为的约束和对创新活动的鼓励开始显著化，以美国为代表的技术领先国家和地区以及以日本为代表的技术追赶国家和地区之间呈现出了本质不同的制度外形。质言之，这两种类型的国家和地区彼时都在制度上体现出对模仿自由这一原则的贯彻，但是，技

〔1〕参见1922年美国《关税法》第316(a)条。

〔2〕参见郑友德、焦洪涛：《论技术创新与模仿的知识产权法律调节》，载郑友德：《知识产权与公平竞争的博弈——以多维创新为坐标》，法律出版社2011年版。

术领先国家和地区更多是以加强市场竞争为导向,在减少限制自由竞争的同时,鼓励模仿及其向创新转化,以期提高创新活力、维持技术领先水平;技术追赶国家和地区则通过鼓励模仿他人(尤其是其国外或地区以外)的创新成果以发展本国或本地区的整体实力,尤其鼓励通过模仿甚至照搬方式引进先进技术,从而实现本国或本地区技术水平的提升,加速经济的复苏与发展。

(一)技术领先国家:以美国为代表的"竞争自由"之回归

在市场激烈竞争的背景下,以美国为代表的技术领先国家和地区基于"竞争自由"开始要求市场给予模仿行为更多的空间,这些国家和地区对模仿行为的限制程度进行了反思,表现在制度上即各国家和地区的知识产权法和竞争法制度进一步明确了应受保护的客体与公有领域之间的边界。

以美国为例,"二战"之前,特别是20世纪20~30年代,美国的综合国力已位于全世界前列;"二战"之后,美国更是确立了其在资本主义世界的霸主地位,成为科学技术与经济发展水平均领先于全世界的超级大国,这与美国一贯以来提倡竞争自由的态度密不可分。由此,对"不适当"模仿行为的规制受到了"竞争自由"的挑战。譬如,与"盲从模仿"相类似的"仿冒"行为被区分开来:后者由于呈现出对他人商誉的恶意攀附,且因构成雷同而令消费者产生混淆,从而被归入反不正当竞争法的规制范围,但就前者而言,以美国司法实践为首的观点认为适用"盗用之诉"可能会侵占公有领域,与相关知识产权法律相冲突,从而主张限制"盗用之诉"的适用范围。

1. 对"盗用之诉"的质疑与"Sears/Compco原则"的提出

20世纪40~70年代,国际新闻社案作为"盗用之诉"的判例成为美国规制盲从模仿的司法实践,并在此期间被多次适用,包括1937年的Waring v. WDAS Broadcasting Station, Inc.案[1]、1950年的Metropolitan Opera Ass'n,

---

〔1〕 See Waring v. WDAS Broadcasting Station, Inc., 194 A. 631 (1937).

Inc. v. Wagner-Nichols Recorder Corp. 案（大都会歌剧院案）[1]、1951 年的 Veatch v. Wagner 案[2]等。在这些案件中，原告的相关客体均不受版权法、专利法等知识产权特别法的保护，而相关法院均适用国际新闻社案中确立的“盗用之诉”对被告的盲从模仿行为予以规制。

但是，“盗用之诉”的适用一直受到美国学术界和实务界的争议，事实上，这些争议早在国际新闻社案判决时便已出现。争议意见认为，美国最高法院的这一做法实际上已经减损了市场对竞争自由的限制、扩大了竞争自由的范围。譬如，对该案持反对意见的大法官布朗迪斯（Brandeis）即提出，任何事实、创意等不受专利法或著作权法保护的客体“在不受限制地公开后……正如空气一样可以被自由使用”[3]，而国际新闻社案的判决所承认的“准财产”是对“财产”这一概念的不合理扩张，这是令人担忧的，因为它将从法律上限制市场竞争、提高垄断出现的可能。[4] 一些下级法院也拒绝将国际新闻社案中确立的“盗用”适用于类似案件当中。例如，在 1923 年的 Stevens-Davis Co. v. Mather & Co. 案中，美国伊利诺伊州法院在判决中即认为，反不正当竞争法所限制的应当仅仅是“仿冒”行为，且其限制范围不应被司法程序所扩大；[5] 又如，在 Cheney Bros. v. Doris Silk Corp. 案中，美国第二巡回上诉法院也反对将“盗用之诉”适用在服装设计的案件中，审理该案的法官勒恩德·汉德（Learned Hand）在判词中指出，最高法院对国际新闻社案判决的实质是在普通法上创造专利权或版权，这种做法与美国法中的知

---

〔1〕 See Metropolitan Opera Ass'n, Inc. v. Wagner-Nichols Recorder Corp., 101 N. Y. S. 2d 483 (1950).

〔2〕 See Veatch v. Wagner, 109 F. Supp. 537 (D. Alaska 1953).

〔3〕 ［美］查尔斯·R. 麦克马尼斯：《不公平贸易行为概论》，陈宗胜、王利华、侯利宏译，陆震纶校，中国社会科学出版社 1997 年版，第 149~150 页。

〔4〕 See W. Edward Sell, *The Doctrine of Misappropriation in Unfair Competition: The Associated Press Doctrine after Forty Years*, 11 Vand. L. Rev. 483 (1958).

〔5〕 See Stevens-Davis Co. v. Mather & Co., 230 Ill. App. 45 (1923). 转引自李艳：《从私法的角度规制知识产权滥用问题》，法律出版社 2013 年版，第 230 页。

识产权法定客体相冲突，而后者才是正当的。[1] 此后，美国最高法院在1938年的Erie Railroad Co. v. Tompkins案中将"盗用"移出了联邦普通法汇编，并指令下级法院适用州制定法以应对盗用行为。[2] 质言之，对规制"盗用"行为持反对意见的观点认为，对既有制定法及普通法所不保护的表达形式进行模仿乃至直接使用的行为，应当被视为市场竞争的自由，司法机关无权另行设置"盗用之诉"予以限制，除非在具体案例中同时出现类似"仿冒"这样具备恶意攀附他人商誉的"虚假表述行为"（mispresentation）。

1964年，美国最高法院的两项重要判例在很大程度上限制了"盗用之诉"的适用。其一为Sears，Roebuck & Co. v. Stiffel Co.案（以下简称Sears案）。在该案中，原告设计了一项支杆灯，并获得了外观设计专利和发明专利，被告几乎完全模仿了这个设计并将其推向市场，并且售卖的价格与原告的成本价相当，原告指控被告侵犯其专利权，且因使消费者产生混淆而构成不正当竞争。伊利诺伊州地区法院首先判令原告的专利无效，但认为被告的这种模仿是可能让消费者产生混淆的"仿冒"，因而根据该州法律支持了原告的不正当竞争诉求；联邦第七巡回上诉法院法庭维持一审判决，但其认为，根据伊利诺伊州法律，原告无须证明被告的"仿冒"构成消费者混淆，只要二者的雷同"足以构成混淆"即可；美国最高法院提审了该案并推翻了前述判决，认为"不可专利或专利届满的客体属于公有领域，人人均可以对其自由使用"，如果允许通过反不正当竞争法来保护这种不可专利或已经过了专利保护期的客体，实际上是打破了专利的垄断有限性，甚至意味着一项非专利客体可以获得永久性保护，这是专利权制度所不能容忍的。[3] 其二为

---

[1] See Cheney Bros. v. Doris Silk Corp.，35 F. 2d 279，280（1929）.

[2] See Erie Railroad Co. v. Tompkins，304 U. S. 64（1938）；Edmund J. Sease，*Misappropriation Is Seventy-Five Years Old：Should We Bury It or Revive It*，70 N. D. L. Rev. 781（1994）；Caleb Nelson，*A Critical Guide to Erie Railroad Co. v. Tompkins*，54 Wm. & Mary L. Rev. 921（2013）.

[3] See Sears，Roebuck & Co. v. Stiffel Co.，376 U. S. 225（1964）；Wylie A. Aitken，*Product Simulation：The Death Knell for the Misappropriation Theory：The Stiffel and Compco Cases*，48(4) Marq. L. Rev. 596（1965）.

Compco Corp. v. Day-Brite Lighting, Inc. 案(以下简称 Compco 案)。Compco 案与 Sears 案类似,原告是一款荧光照明设备的生产商,对一款反射器设备拥有外观设计专利,原告发现被告授权的生产商生产了一款与原告的专利外观设计几乎一样的设备,遂指控被告构成专利权侵权和不正当竞争。与前述的 Sears 案类似,地区法院判令原告的专利无效但认定被告构成"仿冒"的不正当竞争,这种仿冒是在没有证据证明被告存在欺诈或傍名行为但法院认为"足以构成混淆"的情况下构成的,上诉法院也支持了这一判决。同样地,最高法院也根据与 Sears 案类似的理由推翻了前述判决。[1]

上述两项判例共同形成了美国反不正当竞争法中著名的 Sears/Compco 原则(Sears/Compco Doctrine)。该原则表述为:通过版权法、商标法和专利法等法律的条文,国会已经排除了那些不应当受到法律保护的信息,尽管这些信息在某些州仍受到州法律的保护,公众获取这些信息的价值和意义已经远大于私人从中获取经济利益,因而这些信息应当对公众开放,而不应当通过"盗用之诉"予以限制。换言之,Sears/Compco 原则严格限制了美国各州适用"盗用之诉"规制盗用行为(盲从模仿行为)的范围,并使其在与联邦法律共同适用时失去优先性。[2]

2. Goldstein 案与 Kewanee 案:对 Sears/Compco 原则的挑战

20 世纪 70 年代始,Sears/Compco 原则受到了 Goldstein v. California 案(以下简称 Goldstein 案)和 Kewanee Oil Co. v. Bicron Corp. 案(以下简称 Kewanee 案)的挑战。审理两案的同样是美国最高法院,但在这两起案件中,最高法院均拒绝适用 Sears/Compco 原则,并重新援引国际新闻社案中的"盗用之诉",将特定"不受专利法或版权法保护的客体"纳入保护范围。就

---

〔1〕 See Compco Corp. v. Day-Brite Lighting, Inc., 376 U. S. 234 (1964); Wylie A. Aitken, *Product Simulation: The Death Knell for the Misappropriation Theory: The Stiffel and Compco Cases*, 48(4) Marq. L. Rev. 596 (1965).

〔2〕 See Michael H. Ahrens, *The Misappropriation Doctrine after Sears-Compco*, 2 U. S. F. L. Rev. 292(1967). 参见[美]查尔斯·R. 麦克马尼斯:《不公平贸易行为概论》,陈宗胜、王利华、侯利宏译,陆震纶校,中国社会科学出版社 1997 年版,第 150~152 页。

此,“盗用之诉”——包括但不限于其适用范围、规制对象等——重新进入各界视野。

在 Goldstein 案中,原告因在 1970~1971 年从事录制品和磁带盗版行为(tape piracy),被加利福尼亚州法律认定违法。彼时,磁带盗版行为并不构成美国联邦版权法意义上的侵权行为,因而这种盗版行为广泛见于美国国内,不过美国加利福尼亚州的法律认定这一行为为非法,Goldstein 案中的原告便提起诉讼,指控加利福尼亚州所依据法律违反美国宪法。[1] 该案判决中,美国最高法院拒绝沿用 Sears/Compco 原则之判例,而是维持了加利福尼亚州法律的有效性。该案中法院认为,联邦法律未对某一类文学或艺术作品提供保护并不当然地意味着联邦法律不能将上述作品视为公共财产,因而加利福尼亚州法律有权保护它们。[2] 同时,该判决特别地针对国际新闻社案判决的反对意见作出了批评,认为“并没有一条一成不变的界线可以告诉我们,哪些(知识)产品属于个人财产,而哪些是如此之普遍以至于(对它们的使用)可以‘像空气一般自由’”。[3] 而该案中“盗用之诉”重新为美国司法所适用,使有关规制能够极大地避免磁带盗版行为给该州带来的风险。[4]

在 Kewanee 案中,原告经过多年的投入,开发出了一种可检测电离辐射的合成晶体,并将该晶体的合成配方作为其商业秘密进行保护,参与该晶体合成开发的雇员被要求对此予以保密。一段时间后,上述雇员中的数人为被告所聘用,且不久之后被告也开发出了该合成晶体,原告遂指控被告构成

---

〔1〕 See Goldstein v. California, 412 U. S. 546 (1973).

〔2〕 参见[美]查尔斯·R. 麦克马尼斯:《不公平贸易行为概论》,陈宗胜、王利华、侯利宏译,陆震纶校,中国社会科学出版社 1997 年版,第 151 页。

〔3〕 See Edmund J. Sease, *Misappropriation Is Seventy-Five Years Old: Should We Bury It or Revive It*, 70 N. D. L. Rev. 781 (1994).

〔4〕 See Dan C. Bowen, *Goldstein v. California: A New Outlook for the Misappropriation Doctrine*, 8 U. S. F. L. Rev. 199 (1973).

商业秘密侵权。[1] 地区法院先是根据俄亥俄州商业秘密法对被告予以永久禁令,而后联邦上诉法院以俄亥俄州的商业秘密法与美国联邦专利法相冲突为由,撤销了地区法院的判令。[2] 该案上诉至美国最高法院后,联邦上诉法院的观点被否认。最高法院认为商业秘密法“可以保护专利法所没有延及的创新”,它为不具备专利性的客体所提供的保护可以“鼓励众多企业积极开发新的和个性化的运作计划,从而产生建设性的竞争结果”,而如果失去商业秘密的保护方式,将会产生资源不当配置和经济浪费等不良后果,从联邦知识产权法所欲推动的任何政策目标来看,(这些后果)都是不正当的。[3]

从上述两案可见,美国司法实践对 Sears/Compco 原则的适用已不如其最初被提出时那般广泛:许多为联邦法律所排除适用的客体被认为可能并不属于公有领域的范畴,而许多被州法律所规制的盗用行为(盲从模仿行为)可能更容易导致不正当的后果。此后,1978 年颁行生效的美国《版权法》第 301 条允许法院裁定是否优先适用“盗用之诉”,即如果某一类信息不属于版权法所保护的作品,且有关行为符合“盗用之诉”之原则与目的,则“盗用之诉”仍然可被提起、用于规制盗用行为。[4]

(二)技术追赶国家:以日本为代表的“模仿创新”进路

与美国形成鲜明对比的是“二战”后的日本。长期的战争使日本的资金、人员、原材料等均严重损失,战后初期的日本国内经济近乎瘫痪。不过,

---

〔1〕 See Kewanee Oil Co. v. Bicron Corp. ,416 U. S. 470 (1974).

〔2〕 See Kewanee Oil Co. v. Bicron Corp. , 416 U. S. 470 (1974); Edmund J. Sease, *Misappropriation Is Seventy-Five Years Old: Should We Bury It or Revive It*, 70 N. D. L. Rev. 781 (1994).

〔3〕 See Kewanee Oil Co. v. Bicron Corp. ,416 U. S. 470(1974),p. 483-487. 转引自朱谢群:《软件知识产权保护模式的比较——兼论版权与商业秘密对软件的组合保护》,载《知识产权》2005 年第 4 期。

〔4〕 参见[美]查尔斯·R. 麦克马尼斯:《不公平贸易行为概论》,陈宗胜、王利华、侯利宏译,陆震纶校,中国社会科学出版社 1997 年版,第 152 页。

日本依赖美国在"军事接管"期间出于政治考量的扶持,[1]结合日本战前积累的部分工业基础,"二战"后的10年之间,日本的主要经济目标几乎完全恢复至战前水平。[2] 尽管如此,日本在20世纪50年代中期仍然处于落后阶段,这种"落后"与其说体现在国民生产总值之上,毋宁说体现在技术发展水平之上——相比于美国等技术领先的资本主义国家,彼时日本仍处于落后追赶的行列。[3]

此后约40年的时间,日本大力调整产业政策,加强了制度引导,积极引进并模仿外国先进技术,在1973年"石油危机"之后大力促进自主创新,成为技术追赶国家中最为成功的标榜。其中,日本有关扶持与引导其国内企业对先进技术的模仿及创新的制度及其实践,值得探讨。

1. 1973年"石油危机"前:以"引进+模仿"为主的制度扶持

战后日本的技术发展在很大程度上得益于其内在需求与现实基础:首先,战后日本经济水平在10年之间得到快速恢复,使日本国内的矛盾已逐渐明晰,即民众对美欧发达国家物质生活水平的追求与相对滞后的生产技术水平之间的矛盾;其次,大量战时从事军工产业的技术型人才均转向民生领域,大大增加了民生、工业领域的技术能力储备。[4]

从20世纪50年代开始,日本即广泛引进美欧国家的先进技术,并通过

---

〔1〕 根据有关研究,美国自1948年开始改变了对日占领策略,不仅取消了战后赔款,更出于抑制苏联的考虑而开始了对日本的扶持。譬如,美国在朝鲜战争期间以"特需"名义对日本企业进行直接采购,使日本成为美军的"后勤装备站",美国与日本媾和的1952年《旧金山和约》更使日本被允许生产武器军备等,成为美军的"远东兵工厂"。美国的上述做法为战后日本的经济复苏缓解了压力,同时也促进了日本提高出口产品质量、吸收和发展创新技术。参见冯昭奎:《战后70年日本科技发展的轨迹与特点》,载《日本学刊》2015年第5期。

〔2〕 参见朱锦强:《经济高质量发展的国际经验与启示——基于二战后日本经济发展历程的研究》,载《渭南师范学院学报》2020年第7期。

〔3〕 1939年美国废除了《美日通商航海条约》,此后,美欧等西方国家在技术发展尤其是民用技术发展方面隔绝了日本近10年的时间,这也意味着日本在世界经济与技术快速发展的10年内与美欧等国家拉开了很大的差距。参见冯昭奎:《战后70年日本科技发展的轨迹与特点》,载《日本学刊》2015年第5期。

〔4〕 参见冯昭奎:《战后70年日本科技发展的轨迹与特点》,载《日本学刊》2015年第5期。

不同的制度来扶持国内企业对这些技术的学习、模仿，从而实现在模仿的基础上进行再创新。上述“制度扶持”可以分为以下三个方面：

第一，在技术引进方面，日本在1950年制定了《外资法》。该法的制定在很大程度上是为了应对外国资本，尤其是来自美国的资本进入日本后控制其产业发展和技术开发。根据该法的规定，引进外国先进技术的日本企业可依法获得相应的奖励。[1] 此举大大提高了日本企业引进外国技术的积极性，并且在日本政府的支持下，引进的技术为国内企业所模仿、吸收，从而实现后续的再创新。[2]

第二，在促进模仿与引导创新方面，日本制定了诸多扶持企业的基本法律（又称“纲领性法律”），以及促进技术提升与经济发展的“专门性法律”。譬如，日本于1963年颁行了《中小企业基本法》，并施行与之配套的一系列用于促进技术提高的补偿/补助金制度，其在提高日本中小企业的技术发展水平、减少与大企业之间的技术差距方面发挥了重要作用；又如，日本在20世纪50~60年代颁行了《机械工业临时振兴措施法》《电子功能工业振兴临时措施法》《出口产品监督管理法》《纤维工业设备临时措施法》等法案，旨在提升国内企业对先进技术的模仿创新、提高技术与产品质量、规范产业或行业内过度竞争的情况等，这一系列法案为日本国内对于引进技术的吸收、模仿并在此基础上的再创新提供了绝佳的制度环境与条件。[3]

第三，在竞争环境方面，日本《禁止私人垄断及确保公正交易法》（以下简称《禁止垄断法》）及相关的除外法案在这一阶段为国内市场提供了相对宽松的环境，有利于其国内企业对技术的模仿与创新。受美国影响，日本最初于1947年颁布施行的《禁止垄断法》“旨在防止财阀垄断体制复活”，其对

---

〔1〕 参见徐梅：《战后70年日本经济发展轨迹与思考》，载《日本学刊》2015年第6期。

〔2〕 日本彼时的汽车工业即在此“引进—模仿—创新”的路径下崛起，参见徐充、姜威：《日本汽车产业的发展及其对我国的启示》，载《现代日本经济》2007年第3期。

〔3〕 参见史艳玲、王佩：《战后日本中小企业技术提升机制及启示》，载《日本问题研究》2013年第2期。

于垄断的规制甚为严格;[1]自1950年开始,日本为满足国内对于引进技术的吸收、模仿和再创新需求,开始对《禁止垄断法》进行缓和性修改,或者出台《禁止垄断法》的相关除外法案,对特定领域的竞争进行了一定的限制,为国内企业在技术上的模仿与创新创造机会;[2]甚至在20世纪60年代末期,《禁止垄断法》再次被调整,允许一定程度上的大企业进行合并以形成规模,在减少企业之间过度竞争的同时强化企业的技术研发能力,以期进一步提升模仿创新的效率。[3]

在这一时期的特殊社会背景之下,日本的有关制度为其国内企业对引进的技术良好地进行模仿并促使其转化为创新提供了很好的支持。

2. 1973年“石油危机”后:因模仿行为受美国知识产权追诉

1973年爆发的第一次石油危机,使普遍依赖石油的工业化国家陷入发展困境。彼时的日本已经成功完成工业化建设,但由于自身国土面积小、自然资源严重匮乏,包括石油在内的大多数资源仍然主要依靠外部进口。因此,日本在该次“石油危机”中受到很大冲击,其经济高速增长的势头被迫放缓。于是,日本在经济政策上作出了两种改变:其一,开始着力发展科技以克服能源危机,这一举措使日本在新能源开发、节能技术以及汽车工业上得到了极大的发展;[4]其二,转变产业结构,开始从资本密集型产业向能耗少的知识产权密集型产业过渡,这一举措使日本在高科技产业和制造业上的竞争力大大提高。[5] 1980年前后,日本已经奠定了其经济大国的地位,与美欧等国家之间的技术差距逐渐缩小,部分领域甚至处于世界领先水平,但相对地,日本在技术引进时产生的技术提升效应开始逐渐消失。

---

〔1〕 参见徐梅:《战后日本〈禁止垄断法〉的发展轨迹及特点》,载《日本学刊》2017年第2期。

〔2〕 参见徐梅:《战后日本〈禁止垄断法〉的发展轨迹及特点》,载《日本学刊》2017年第2期。

〔3〕 参见卢汉林:《论产业政策在日本经济增长过程中的作用》,载《经济评论》2000年第1期。

〔4〕 参见冯昭奎:《战后70年日本科技发展的轨迹与特点》,载《日本学刊》2015年第5期。

〔5〕 参见徐梅:《战后70年日本经济发展轨迹与思考》,载《日本学刊》2015年第6期。

1980 年,相继在汽车工业、半导体产业方面取得成功的日本提出“技术立国”方针,试图继续推动科技合作与交流,激励本土的科技人员从模仿创新向自主创新迈进。不过,由于日本彼时的“创新来源”主要是对引进技术尤其是从美国引进的技术进行模仿和改良,这种“引进—模仿”天然地存在风险,即容易产生侵犯知识产权的问题和盲从模仿行为,尽管日本曾试图调整其《禁止垄断法》《不正当竞争防止法》等知识产权法制度以适应其当时在经济发展上的“模仿—创新”进路,但没有取得很好的效果。[1] 此后,日本引进技术过程中的“模仿”引起了美国的关注,两国之间很快便产生了频繁的贸易摩擦(尤其是技术贸易方面的摩擦),日本企业因知识产权侵权问题而受到美国企业的多次状告,并且绝大部分情况以日本企业赔付高额的专利或技术许可费用而终。[2]

总体上看,作为技术追赶国家,日本在这一时期通过引进外国先进技术加以模仿、改良并最终实现创新,是符合其国情的尝试,也取得了较好的成果;但这种引进和模仿的过程不必然等于直接的转化创新,知识产权侵权和不当模仿乃至盲从模仿的行为也是必然存在的。[3] 日本因知识产权问题受到美国的追诉,其中既有政治、经济方面的原因,也有制度方面的原因。此后的 20 世纪 90 年代,日本开始进行反思并提出“知识产权立国”方针,增加知识产权制度对本国技术模仿的引导,限制侵权行为、约束不当模仿,从而改变“引进”和“模仿”政策之弊端,进入“自主创新”阶段。[4]

---

〔1〕 譬如,日本的《不正当竞争防止法》虽然在 1934 年即被制定颁行且修改多次,但几乎只是为了适应《巴黎公约》的修改需要,其本身没有实质性的变更,更不用说其对过度模仿行为或盲从模仿行为的规制。参见郑友德、焦洪涛:《论技术创新与模仿的知识产权法律调节》,载郑友德:《知识产权与公平竞争的博弈——以多维创新为坐标》,法律出版社 2011 年版。

〔2〕 参见徐梅:《战后 70 年日本经济发展轨迹与思考》,载《日本学刊》2015 年第 6 期。

〔3〕 参见[日]富田彻男:《市场竞争中的知识产权》,廖正衡等译,商务印书馆 2017 年版,第 184~187 页。

〔4〕 参见郑友德、焦洪涛:《论技术创新与模仿的知识产权法律调节》,载郑友德:《知识产权与公平竞争的博弈——以多维创新为坐标》,法律出版社 2011 年版。

三、20 世纪末至今:盲从模仿的多样性与复杂性趋向

第三阶段为20世纪末至今。在这一阶段,世界已迈入互联网时代,并开始向人工智能时代探寻。与之相对的是,各国知识产权制度体系的建立日趋完善,知识产权的权利边界已经相对清晰。但是,纷繁复杂的知识产品(包括各类文学艺术创作、创新技术方法或商业努力成果等)不断充实着人类的知识库,复制与模仿创新的成本越来越低,盲从模仿现象出现得更为频繁且开始对市场竞争与创新资源配置构成挑战。尽管对于“盲从模仿行为”是否以及如何予以规制的问题仍然存在分歧,但各国家及地区理论界与实务界已经开始对其予以重新关注并进行反思,试图就盲从模仿行为的出现及其规制必要性问题进行解释。

(一)发达国家和地区:对盲从模仿行为的理论探讨与制度约束

进入20世纪90年代之后,发达国家和地区在技术创新和市场竞争中已经具备较高的水平。这一时期,计算机与互联网大大提高了信息传播的效率,模仿和复制作品、技术等劳动成果的成本日益降低,因而对非知识产权客体的模仿、照搬及盗用行为愈加普遍。在此背景之下,发达国家和地区已经广泛注意并深入研究盲从模仿现象,且已然开始对这一现象予以限制。

美国对于“盗用之诉”的探讨一直持续,支持和反对保留“盗用之诉”的观点各有论断。一方面,支持保留“盗用之诉”的观点认为,“盗用之诉”在保护智力劳动、竞争机制和规制市场抢占方面有所裨益,对不公平或不合理地使用他人创造的知识产权相关权利行为的规制而言具有足够的灵活性,〔1〕并且,适用“盗用之诉”可对知识的创造过程——如思想创意、事实信息和技术功能的获取——作利益平衡之考量,从而拓展该制度的适用范围以维持对

〔1〕 See Edmund J. Sease, *Misappropriation Is Seventy-Five Years Old: Should We Bury It or Revive It*, 70 N. D. L. Rev. 781 (1994).

其公平且适当的保护。[1] 支持者引用了著名的 1991 年 Feist Publications, Inc. v. Rural Telephone Service Co. 案(以下简称 Feist 案)。该案中,被告是一家出版公司,其未经原告许可使用了作为电话服务公司的原告所搜集的电话信息,并将其印制成电话黄页,原告指控被告侵犯其版权;在地区法院和上诉法院均支持了原告的诉求之后,美国最高法院撤销了此前的判决。在该案中,美国最高法院从版权法的角度否认了将"额头流汗原则"(sweat of the brow)作为作品独创性的认定原则。[2] Feist 案引用了国际新闻社案中有关"根据单纯事实不能获得版权"的论证,但并没有否认为获取这些事实所付出的努力。因此,尽管该案中原告以版权为其请求权基础而遭遇挫折,但客观来看,原告为搜集电话名录所付出的努力是显而易见的,并且这种努力事实上也体现了其应有的商业价值。[3] 另一方面,反对保留"盗用之诉"的观点认为,"盗用之诉"所据称的"不劳而获"(to reap where it has not sown)[4]在对何谓"所获"与何谓"不劳"上缺乏清晰的边界(boundaries),这将使公众在对已经被知识产权法排除保护的、处于公有领域的信息进行使用时缺乏合理的预见性,而 1995 年美国《反不正当竞争法重述(三)》第 38 条对"挪用他人商业价值"(appropriation of trade values)进行了明确规定。其条文表述为:"只有在满足本条以下情形之一时,行为人才对挪用他人无形商业价值而构成对他人商业关系的危害承担责任:(a)行为人对(本重述)第 39~45 条规定的他人商业秘密进行的挪用;(b)行为人对(本重述)第 46~49 条规定的由他人身份所产生的商业价值进行的挪用;或者(c)上述挪用行为根据联邦法律、州法律或者国际公约是可诉的,或者上述挪用行为是

---

〔1〕 See Dennis S. Karjala, *Copyright and Misappropriation*, 17 U. Dayton l. Rev. 885 (1992).

〔2〕 See Feist Publications, Inc. v. Rural Telephone Service Co., 499 U. S. 340(1991); Heather Richtarcsik, *Misappropriation in Massachusetts and Around the Country: How Technology will Utilize this Tort*, 35 New Eng. L. Rev. 717 (2001).

〔3〕 See Feist Publications, Inc. v. Rural Telephone Service Co., 499 U. S. 340 (1991). 参见顾微微、徐慎莉:《从美国 Feist 案看汇编作品的法律保护》,载《新疆社科论坛》2006 年第 4 期。

〔4〕 See International News Services v. Associated Press, 248 U. S. 215 (1918).

违反合同而致可诉的,或者构成联邦版权法保留的、构成普通版权法上侵权的行为。”[1]因此,1995 年美国《反不正当竞争法重述(三)》第 38 条没有直截了当地排除“盗用之诉”;它仅规定“挪用”商业秘密、公开权或形象权(由他人身份所产生的商业价值)、合同违约以及违反普通版权法的行为才是可诉的。换言之,在知识产权法规定的基础上,该条规定事实上厘清了公有领域和应受保护客体(或行为)之间的界限,而在这个界限以外的其他“盗用”是不应受追诉的。1995 年美国《反不正当竞争法重述(三)》第 38 条对此有充分的说明,因此,对“盗用之诉”持有摒弃态度是对该条的正确解释。[2] 有学者评论,“盗用”行为及其追诉在美国“涉及了知识产权保护中的一个敏感区域”,理论探讨仍处于不成熟的阶段,有关的制度还需进一步探索。[3]

日本经过战后 40 年的发展,在 20 世纪末已经跻身发达国家的行列。20 世纪 90 年代,日本提出“知识产权立国”的方针,[4]在与美国多年的知识产权贸易摩擦中,完善了其知识产权保护制度。[5] 1993 年,日本修改了其《不正当竞争防止法》,其中第 2 条第 1 款第 3 项被认为是对产品形态的盲从模仿行为的直接规制。该条款表述为:“禁止对另一方当事人产品形态进行模仿而产生的产品在被模仿产品上市三年内实行转让、销售(包括以此为目的的展示行为)或者出口及进口的行为。但对普遍用于该种产品或相似产品的设计,或者完成了相同的或相似的功能或效果的设计,不在禁止之

---

〔1〕 See Section 38, The Restatement (Third) of Unfair Competition, 1995.

〔2〕 See Gary Myers, *The Restatement's Rejection of the Misappropriation Tort: A Victory for the Public Domain*, 47 S. C. L. Rev. 673 (1996).

〔3〕 See Anselm Kamperman Sanders, *Unfair Competition Law-Some Economic Considerations*, in Adrian Sterling ed., Intellectual Property and Market Freedom, Sweet & Maxwell, 1997, p. 149-153. 参见李明德:《美国知识产权法》(第 2 版),法律出版社 2014 年版,第 330~332 页。

〔4〕 参见冯昭奎:《战后 70 年日本科技发展的轨迹与特点》,载《日本学刊》2015 年第 5 期。

〔5〕 如日本的《外观设计法》(日本称《艺匠法》)、《专利法》、《实用新型法》等。参见李艳:《论日本〈不正当竞争防止法〉中的依样模仿条款》,载《电子知识产权》2013 年第 6 期。

列。"[1]对于这一条款,有日本学者认为,模仿自由虽然是市场竞争所鼓励的,但该条款所禁止的、后行为人对先行为人所采取的模仿行动"将会把先行者置于不利之地",因为模仿者凭借此种盲从模仿行为"节约了商品化的时间、费用",甚至"连商业风险都不用承担",换言之,此种在后实施模仿行为者所生产的产品对于被模仿的产品构成了足够高的替代性。[2] 起草上述条款的日本法律起草委员会亦给出了类似的解释。[3]

其他有关国家或地区对于盲从模仿大多也采取了相关的规制。譬如,德国现行有效的《反不公平竞争法》仍然保留了前述的一般条款,并且这一条款区别于其现行《反不公平竞争法》第 4 条第 3 款对"仿冒"行为的规制,即不要求模仿者的行为构成对被模仿者商品或服务的混淆,只要模仿者的行为构成非商业伦理道德的照搬盗用,即能够被有效地规制。[4] 法国将盲从模仿等不正当竞争行为视为一种具有"违反商业伦理"之主观过错的侵权行为,也有学者称之为"寄生行为"。[5] 法国法上的盲从模仿既包括对他人商业成果的模仿,也包括利用他人成功商业知名度的模仿,而模仿者只要存在此类模仿即可被诉而无须附加其他条件,被模仿者可根据法国《民法典》第 1240~1241 条的规定向模仿者追究有关责任。[6] 此外,奥地利、瑞士、意

---

〔1〕 李艳:《论日本〈不正当竞争防止法〉中的依样模仿条款》,载《电子知识产权》2013 年第 6 期。

〔2〕 参见[日]田村善之:《商品形态酷似性模仿的规制动向——从制度宗旨来看法律的修改及对判例的评价》,丁文杰、李高超译,载[日]田村善之:《田村善之论知识产权》,李扬等译,中国人民大学出版社 2013 年版。

〔3〕 参见李艳:《论日本〈不正当竞争防止法〉中的依样模仿条款》,载《电子知识产权》2013 年第 6 期。

〔4〕 参见梁志文:《从"山寨现象"看禁止盗用原则及其应用》,载《法学》2009 年第 7 期。

〔5〕 参见颜湘蓉:《论不正当竞争中的寄生行为》,入世后知识产权法律服务实务研讨会暨全国律协知识产权专业委员会 2002 年年会论文。

〔6〕 参见郑友德、焦洪涛:《论技术创新与模仿的知识产权法律调节》,载郑友德:《知识产权与公平竞争的博弈——以多维创新为坐标》,法律出版社 2011 年版;梁志文:《从"山寨现象"看禁止盗用原则及其应用》,载《法学》2009 年第 7 期;冯术杰:《"搭便车"的竞争法规制》,载《清华法学》2019 年第 1 期。

大利、西班牙、韩国等在其知识产权或竞争法律制度当中也有类似设计。[1]

英国在传统上就非常鼓励竞争自由,因此对于模仿自由持更为开放的态度,相对地,英国法语境下的“不正当模仿”更多地集中在“仿冒”之上,即只有在这种模仿具有“混淆”或“欺诈消费者”的性质时才可能受到竞争法的规制。[2] 不过根据有关学者的判断,英国于21世纪也开始关注盲从模仿现象,彼时欧盟法院(European Court of Justice,ECJ)处理了若干涉及盲从模仿或寄生性竞争(parasitic competition)的案件,如在法国发生的L' Oreal SA v. Bellure案[3]等,结合彼时英国的司法实践,有关学者发现许多“不正当的”模仿并非旨在“混淆”,而是利用这种模仿来攫取消费者对于有关产品的注意力。[4] 因此有学者认为,英国需要一部规制盲从模仿或盗用行为的竞争法律给予有关救济。[5]

综上,科学技术与经济均较为发达的国家和地区已经普遍注意到盲从模仿现象及其对本国竞争秩序和创新活动造成的影响,尽管存在争议,但在这一阶段,上述各国家和地区大多构建了相关的知识产权法或竞争法制度对盲从模仿行为予以限制。

(二)发展中国家:对模仿行为相对宽松的创新激励制度

与前述发达国家和地区相比,发展中国家在技术创新上处于相对落后水平,在产业结构上相对欠缺合理性,知识与技术密集型产业占比较低,因此这些发展中国家的创新活动,尤其是自主创新活动相对较少,仍然处于吸

〔1〕 参见郑友德、焦洪涛:《论技术创新与模仿的知识产权法律调节》,载郑友德:《知识产权与公平竞争的博弈——以多维创新为坐标》,法律出版社2011年版。

〔2〕 See Mary LaFrance, *Passing off and Unfair Competition: Conflict and Convergence in Competition Law*, 5 Michigan State Law Review 1413 (2011).

〔3〕 See L' Oreal SA v. Bellure NV(Case 04/18300)[2006]E. C. D. R. 16.

〔4〕 See Mary LaFrance, *Passing off and Unfair Competition: Conflict and Convergence in Competition Law*, 5 Mich. St. L. Rev. 1413 (2011).

〔5〕 See Jennifer Davis, *Why the United Kingdom Should Have a Law against Misappropriation*, 69 Cambridge L. J. 561 (2010).

收先进技术并加以模仿的阶段。但是,发展中国家已逐渐意识到激励创新的重要性,着力于完善其知识产权制度,根据各国国情实际,加强对知识产权和竞争行为的保护与规制。可是从现有的实践来看,大部分发展中国家尚且处于引进、吸收和模仿国外先进技术的阶段,更不用说对于盲从模仿现象进行规制。

俄罗斯是最典型的发展中国家之一。在苏联时代,因为限于当时的政策,所有的发明归国家所有,个人并不具有支配权,此举既不能激励社会产生创新动力,也不能合理地运用创新激励市场竞争。[1] 苏联解体后的20世纪90年代为俄罗斯的转型初期,进入市场经济时代的俄罗斯制定了"培植—引进—转让"战略,实现经济稳定增长;此后的21世纪初期,俄罗斯面对出口产品缺乏竞争力的境况,在国家层面上侧重于科学技术和研发创新,构建了"创新战略"体系。[2] 与此相适应,俄罗斯在20世纪末至21世纪初建立了一系列知识产权法及竞争法律制度,旨在刺激由引进、模仿到自主创新的产生和维护市场竞争的有效运行。譬如,俄罗斯《民法典》第四部分第7编"智力活动成果和个别化手段的权利"构设了"完全法典化"的知识产权法律制度,尽管其饱受争议,但在一定程度上仍体现了俄罗斯对于知识产权保护的重视。[3] 此外,俄罗斯《保护竞争法》亦对不正当竞争行为进行了规制,其第4条第9项对"不正当竞争"作出了定义;同法第14条第1款第4项则规定"销售、交换或其他商品流通行为,如果其中不合法地使用了知识产

---

[1] 参见戚文海:《基于转轨视角的俄罗斯国家创新战略的演进与趋势》,载《俄罗斯研究》2007年第5期。

[2] 俄罗斯在转型初期的这三个战略是并行的,其希望在以下三个方面实现"模仿—创新"路径对其经济发展的促进:其一,在结合国内已有技术的基础上有效地引进并吸收外国先进技术;其二,通过模仿发达国家"已生产的高技术产品"以推动本国的自主创新;其三,通过获取高效率的专利技术许可或受让,希冀在发展本国科技与经济水平的同时向国际市场提供先进产品。参见戚文海:《基于转轨视角的俄罗斯国家创新战略的演进与趋势》,载《俄罗斯研究》2007年第5期。

[3] 参见张建文:《俄罗斯知识产权立法完全法典化的进程与特点》,载《科技与法律》2009年第1期;梁桥:《俄罗斯知识产权立法的民法典化演变及其对我国的启示》,载《黑龙江省政法管理干部学院学报》2018年第5期。

权成果,以及与专有权利相当的法人个别化资产,以及产品、设计或服务的个别化资产"属于不正当竞争。上述两条即实际上明确了对他人知识产权成果或商标商誉的不正当模仿行为应受俄罗斯法的规制。[1]

巴西从"二战"之后到20世纪90年代维持着较高的经济增长速度,其人均收入在20世纪80年代一度超过彼时的韩国、新加坡、中国香港等国家和地区,并且相较于大部分发展中国家和地区,巴西拥有较强的工业水平和科学技术。[2] 出于对技术保护的需要,巴西在20世纪70年代即开始进行知识产权立法实践,并于20世纪90年代后逐渐完善其知识产权与竞争法律制度,制定和颁行了一系列知识产权法律或法令,如1996年《工业产权法》、1997年《植物新品种保护法》、1998年《版权法》、2012年《竞争法》等。[3] 但是,巴西的上述制度仍然面临两个方面的问题。其一,由于历史的原因,巴西国内的贫富差距较为悬殊,产业结构亦不甚合理。因此,一味强调对财产权、知识产权的保护将使原有的贫富差距更加固化,以创新为目的的模仿将失去响应的空间,不利于其国内长期的经济发展。[4] 其二,部分领域的自主创新能力仍然落后,对此,巴西试图在制度范围内寻求,譬如药物制造方面的技术,尽管巴西在1995年加入世界贸易组织(WTO)之后改变了其以往对于药物产品和技术均不予以专利保护的态度,但仍然通过积极地推动药品专利的强制许可给本国的制药企业提供模仿的机会。这些药品生产者通过仿制和反向研究开发出品质相当但价格低廉的药品,满足巴西国内民众对药品需求的同时,也促进了药企吸收和模仿相应技术。此举曾引起持

---

〔1〕 参见郭连成、刁秀华:《经济转轨国家竞争政策及其效用分析——以中国和俄罗斯为研究视角》,载《国外社会科学》2008年第4期。

〔2〕 参见黄琪轩:《巴西"经济奇迹"为何中断》,载《国家行政学院学报》2013年第1期。

〔3〕 有关巴西的知识产权法相关信息,可详见WIPO Lex数据库(https://wipolex.wipo.int/zh/legislation/results?countryOrgs=BR&last=false)的"巴西主要知识产权立法"介绍。

〔4〕 参见黄琪轩:《巴西"经济奇迹"为何中断》,载《国家行政学院学报》2013年第1期。

有药品专利较多的发达国家(如美国)的不满。[1] 由此观之,作为发展中国家的巴西对于模仿(尤其是引致创新的模仿行为)持开放态度,未有明确的规制盲从模仿现象的法律实践。

与巴西具有类似情形的是印度。印度也面临着社会贫富差距悬殊,部分技术仍有待于进一步引进、吸收及模仿的情况。虽然在制度上也呈现出自20世纪末开始逐步完善的特征,[2]但基于其具体国情,印度有关知识产权与竞争制度无法达到发达国家“强保护”和“高水平保护”的程度。同样以对药物的专利保护为例,2005年以前,印度《专利法》只保护药品的生产技术,不保护药品本身,因此,国内药企可以通过模仿的形式生产价格低廉的仿制药以满足国内外的药品需求,并被允许通过对国外先进药物的模仿进而寻求创新;2005年以后,印度《专利法》进行了修改,开始对“具备创新性的药品”提供专利保护。但印度对于“创新性”的理解和解释,是从否认对“长青”专利的保护出发,在制度范围内推动为国内制药企业提供专利药品强制许可;[3]尽管其间发生过国外药企试图通过诉讼要求对药品予以专利保护的司法实践(如诺华制药公司印度分公司就“格列卫”药物的专利有效性在印度提起的诉讼),但可以看出,印度仍然坚持对此类模仿采取相对宽松的规制方式。[4]

越南自1986年实行“革新开放”以来,虽然在经济发展上取得了一定成就,但作为开放较晚的发展中国家,越南仍然面临着人均国内生产总值(GDP)水平较低、国内产业集中在技术含量较低、附加价值较小的劳动密集

[1] 参见游文亭:《发展中国家药品专利权与公民健康权的博弈与平衡——以巴西和印度为例》,载《电子知识产权》2018年第7期。

[2] 有关印度的知识产权法相关信息,可详见WIPO Lex数据库(https://wipolex.wipo.int/zh/members/profile/IN)的“印度主要知识产权立法”介绍。

[3] 参见李宁娟、高山行:《印度仿制药发展的制度因素分析及对我国的借鉴》,载《科技进步与对策》2016年第19期。

[4] 参见游文亭:《发展中国家药品专利权与公民健康权的博弈与平衡——以巴西和印度为例》,载《电子知识产权》2018年第7期。

型产业的境况,特别是在技术创新领域,越南仍有待进一步发展,其对于技术模仿与创新的制度推动也有待进一步提高。[1] 越南出于对本国战略和经济发展的考量,于 2016 年签署加入《跨太平洋伙伴关系协定》(Trans-Pacific Partnership Agreement,TPP)[2],尽管存在相应的扩大开放、倒逼国内改革的机遇,但有关学者指出,越南加入 TPP 后面临的最大挑战在于知识产权的保护问题,特别是如何规范对引进的技术进行模仿的问题,TPP 所要求的、近乎苛刻的知识产权高水平保护可能会给越南的有关企业带来较大风险、提高企业成本;[3] 相较之下,越南国内对于知识产权侵权、盗用和模仿的行为仍然普遍,知识产权意识普遍较低,本国企业对于引进、模仿国外先进技术以推动创新的需求仍在增加。[4] 质言之,越南加入 TPP 后所要面对的知识产权高标准保护,可能会影响其国内企业通过模仿实现创新的做法,还可能对其国内创新市场的竞争造成影响。

中国是最大的发展中国家。与其他发展中国家相比,我国的经济发展与前述各国有共通之处,但又有突出的特点。自改革开放至今,中国从引进外国技术、模仿先进技术到逐步实现创新,逐渐提高经济发展水平,如今已成为世界第二大经济体,并且在许多领域实现了在世界范围内的技术领先。从制度发展历程上看,中国在改革开放初期处于恢复重建阶段,在 20 世纪 70~90 年代初步建立了知识产权和竞争法律制度,但在这一阶段,为了充分引入和吸收先进技术,适应彼时中国的客观国情,有关制度维持一个较低水平的“过渡期”,给予本国企业充分的学习、模仿外国技术从而引导本国企业

---

〔1〕 参见[越]NGUYEN THE KIEN、[中]张惠东:《TPP 给越南带来的机遇、挑战及应对策略》,载《现代经济信息》2016 年第 20 期。

〔2〕 2017 年 1 月美国退出 TPP 后,TPP 由日本主导并已更名为《全面与进步跨太平洋伙伴关系协定》(Comprehensive and Progressive Agreement for Trans-Pacific Partnership Agreement,CPTPP),本书为表述方便,仍采用“TPP”之表述。

〔3〕 参见孔庆峰:《TPP 中的发展中国家——对其加入动机和潜在利弊的考察》,载《山东师范大学学报(人文社会科学版)》2016 年第 4 期。

〔4〕 参见[越]NGUYEN THE KIEN、[中]张惠东:《TPP 给越南带来的机遇、挑战及应对策略》,载《现代经济信息》2016 年第 20 期。

创新的时机。此后,中国在加入世界贸易组织之后,积极应对国际社会的压力,并通过加强知识产权保护以促进模仿、创新对经济发展的推动作用,逐渐提高保护的强度与执法的力度。质言之,中国知识产权与竞争法律制度从“逼我所用”到“为我所用”的过程,也是一个从“学习模仿”到“自主创新”的过程。〔1〕此外,从对盲从模仿的规制角度看,中国在20世纪90年代便已有学者注意到这一现象的产生,并很早地引入发达国家的有关规制思路予以研究;〔2〕自21世纪开始,此类研究——尤其是与发达国家如美国、德国、日本等的比较研究——逐渐增多。譬如在21世纪初期,随着科学技术的发展与仿制水平的提高,“山寨”现象在我国许多产业中频现,对于“山寨”现象的规制问题曾经引起广泛的关注,〔3〕这充分说明,彼时中国已经存在阻碍创新的盲从模仿现象,以至于出现了规制该现象的制度需求。

纵览上述各发展中国家的经济发展现实与制度构建历程,可以看到,这些国家不仅在经济上——特别是对发达国家先进技术的引进、模仿及在此基础之上的创新——存在相似的发展脉络,所经历的时间段基本一致,更是在制度构建上呈现出足够的相似性。首先,各发展中国家的知识产权及竞争法律制度基本建立,“硬件”条件在形式上完备。这不仅是这些国家进入国际市场、加入国际组织、缔结国际公约的“标配”,也是其基于各自的国家发展战略,对于各国国内的模仿、创新行为的激励使然。其次,各发展中国家在知识产权及竞争法律制度的具体保护与规制上存在差异,但大体与各国基本国情相一致,譬如,巴西、印度的国内市场存在较高的药品需求,但在药品生产上的技术仍有待提升,故二者皆在对仿制药品的专利法规制上持

〔1〕 参见吴汉东:《知识产权精要——制度创新与知识创新》,法律出版社2017年版,第377~378页。

〔2〕 笔者经过检索,找到我国学者最早关注盲从模仿现象并对其予以研究的成果发表于1995年。详见郑友德、刘平:《盲从模仿与非专利技术保护初探》,载《中国工商管理研究》1995年第11期。

〔3〕 参见梁志文:《从“山寨现象”看禁止盗用原则及其应用》,载《法学》2009年第7期;黄汇:《“山寨”诉求与中国知识产权建设的未来》,载《法学评论》2015年第3期。

有更为“宽松”的态度。最后,发展中国家在知识产权制度执行上常受发达国家(或技术领先国家)的责难,且这种责难大多表现为发达国家对于本国创新技术的维护与发展中国家对于本国模仿创新的需求之间的冲突。综上可以得出两点推论:其一,发展中国家的知识产权及相关制度主要回应的是本国模仿与创新有关制度激励之需求,此种制度需求相比于发达国家对于保护其本国的创新技术之需求更为优先。其二,发展中国家从“低水平”到“高水平”的保护需要一个过程,这个过程取决于发展中国家的模仿、创新水平,因此相对地,发展中国家在制度的执行力度和规制程度上有所降低,目前难以达到发达国家主张的“高水平”制度保护。

尽管限于文献检索的条件,除中国外的其他发展中国家对于盲从模仿的研究并不多见,但并不意味着在这些国家不存在这一现象。相反,鉴于发展中国家的发展现状,相比于在模仿的过程中增加创新劳动,有关国家的企业、个人对所引进技术作照搬式、完全式的模仿显然能花费更小的成本,尤其是对具有一定创新性的非知识产权保护客体的模仿显然能更大程度地降低法律风险。因此,笔者认为,在这一阶段,鉴于发展中国家在制度上对模仿、创新(尤其是对前者)的激励,各国必然存在盲从模仿现象,且这种现象尚未达到或不构成发展中国家规制的重点。

综上,以“不劳而获”和“攫取他人劳动成果”为表征的盲从模仿现象已产生,并逐渐开始影响各国的市场竞争与模仿创新环境,在技术创新处于领先地位的各发达国家和地区已然对盲从模仿现象加以研究乃至规制。但应当注意到,这些研究与规制在不同的国家和地区、不同的时期具有不同的特点,对于是否应当对“盲从模仿”采取规制也有不同的观点,甚至在对“盲从模仿”本身的理解上也有差异。

总结前述历史角度的考察,有关立法与司法实践中对于盲从模仿究竟是什么、是否应当纳入法律规制和如何进行规制等问题并没有给出清晰的答案,而这三点正是本研究致力于探求的。质言之,对于盲从模仿行为的法

学考察,实际上正是对以下三个基本法律问题的回答:

第一,盲从模仿在法律上有何边界?是何定义?具有何种构成要件?

第二,盲从模仿行为在法律上是否有被法律规制的必要?

第三,如果具备可规制性,如何构建或完善适当的法律制度以规制盲从模仿行为?

在本书的以下各章节中,笔者将逐一对上述三个基本问题进行分析与回答。

第二章
边界论:道德与法律考察下的盲从模仿行为

在第一章,笔者阐述了自 19 世纪末至今的各个不同历史时期,各国家和地区存在的盲从模仿现象,以及对盲从模仿行为的规制方式与相关观点。从整体上看,无论对规制盲从模仿行为持有何种态度,“盲从模仿”均是模仿与创新活动的必然产物之一。区别于以创新为目的的一般模仿行为,“盲从模仿”的实质是一种“不劳而获”,具体表现为将他人的创新成果予以简单地照搬或盗用。但是,仅凭上述“表征”并不足以在法学意义上回答“盲从模仿行为是什么”这一问题,“盲从模仿”仍然是一种边界不甚清晰的概念,更不用说对盲从模仿施以何种法律规制。[1] 因此,对盲从模仿作进一步的法学分析之前,需先行对其法律属性予以考察。质言之,需要在以下三个维度分别对盲从模仿行为的性质作相关探讨:其一,盲从模仿仅是一种纯粹违

---

〔1〕 See Gary Myers, *The Restatement's Rejection of the Misappropriation Tort: A Victory for the Public Domain*, 47 S. C. L. Rev. 673 (1996).

反商业伦理道德的行为，还是构成了对法律的冲突？其二，如果对前述问题的回答是后者，那么盲从模仿行为是一种公法意义上的行为，还是一种私法意义上的行为？其三，在前一考察的基础之上，盲从模仿行为应当具有何种法律性质？以下，笔者将分点分析之。

第一节　道德与法律的边界：盲从模仿的法理界限

道德与法律是两种不同的社会行为规范，尽管二者之间存在紧密联系，甚至在某些领域内重叠。道德被认为是一套“自己对他人（others）的义务”，这种义务是单向的；其作用是制约人们的冲动，且道德的施行不完全需要遵循严格而理性的“论证”。[1] 法律则是一套“规则系统”，通过若干具体的规则和纲领式的原则来构筑一套由权利、义务组成的体系，而判断具体行为是否遵守或违反法律时，需要遵循理性的教义学论证方式予以严格判断。[2] 在前述的诸项分析中，厘清盲从模仿行为在道德与法律之中的边界是首要的。质言之，盲从模仿行为如果属于法理边界之外，属于纯粹通过道德即能予以调整的范畴，那么将其扩大到法学领域来探讨是不甚必要的；相反，如果盲从模仿行为已经超出了道德的约束范围，足以引起法律的规制效果，则对盲从模仿行为法理边界的探讨更是其后诸多探讨的必要前提。

一、商业伦理中的模仿自由：两个评价维度

伦理是社会行为当中人与人之间的道德准则之集合，根据亚里士多德

---

〔1〕 参见［美］理查德·A. 波斯纳：《道德和法律理论的疑问》，苏力译，中国政法大学出版社2001年版，第3~5页。

〔2〕 See H. L. A. Hart, *The Concept of Law*(1st ed. 1961, 2nd ed. 1994). 转引自［美］理查德·A. 波斯纳：《道德和法律理论的疑问》，苏力译，中国政法大学出版社2001年版，第107~108页。

的描述，伦理的目的在于对“善”的追求。[1] 商业行为属于社会行为之一，也自然地有其内在的、区别于一般社会日常生活的伦理或道德准则，质言之，商业伦理的构造须以商人或经营者（以下统称经营者）的行为为基础。[2] 不过，商业伦理所涉及的方面十分宽广，无法归纳于一，甚至许多商业道德准则源于不成文的商业习惯，因而将所有商业伦理进行具体的列举是不现实的。因此，有必要对经营者的商业伦理从整体上进行把握。在笔者看来，经营者的商业道德有两个必要的评价维度，其一为微观维度，即评价经营者对待其他参与商业行为之个体的行为是否在道德上适当；其二为宏观维度，即评价经营者的行为能否维持公平、高效的市场竞争环境。以下，笔者试分点析之。

（一）微观维度的商业伦理：“诚实信用”下的模仿自由

首先要考察的是微观维度上的商业道德，即经营者对其他参与商业行为之个体应当遵循的道德“义务”。既有研究对此类商业道德着墨甚多，将“诚实信用”作为此类商业道德的核心内容是几无争议的。[3] 鉴于前述的“其他参与商业行为之个体”既包括其他经营者，也包括向商人购买商品或服务的消费者，因此可以认为，微观维度的“诚实信用”之道德，要求经营者在市场竞争中采取公平合理的商业竞争手段，避免对其他竞争者的恶意冒犯；在提供商品或服务时应当葆有善意，避免对消费者的欺罔和伤害。其中，不仅有市场手段调节经营者对于消费者的道德义务，法律也为消费者提供了在受到欺罔和伤害时的救济途径。此处不再赘述。笔者需要重点分析的是另一种情形，即经营者对于市场上的其他经营者所遵循的商业道德。

---

〔1〕 参见［古希腊］亚里士多德：《尼各马可伦理学》，廖申白译注，商务印书馆 2017 年版，第 1~3 页。

〔2〕 参见孔祥俊：《反不正当竞争法的司法创新和发展——为〈反不正当竞争法〉施行 20 周年而作（上）》，载《知识产权》2013 年第 11 期。

〔3〕 参见王艳芳：《商业道德在反不正当竞争法中的价值与标准二重构造》，载《知识产权》2020 年第 6 期。

从客观上看,经营者之间存在“合作”与“竞争”两种关系。尽管均受“诚实信用”之道德所要求,但涉及这两种关系的具体商业道德应有所区别。

对于具备合作关系的经营者而言,由于相互之间具备合作基础,经营者之间大多以“正和博弈”或“共赢”为目的,其主要应当遵守的商业伦理道德也是与“合作”有关,譬如如实提供与合作有关的商业信息、谨慎地持有和保管各自商业秘密、提供优质的商品或服务以及勤勉高效地履行合作义务等。

但是对于存在竞争关系的经营者而言,无论这种竞争关系是直接的还是间接的,竞争本身即意味着经营者之间存在优胜劣汰,这是市场竞争的应有之义,更是市场经济发展的客观规律。[1] 但是,这种优胜劣汰式的市场机制一直以来都被认为是建立在经营者从事正当竞争行为的基础之上,质言之,通过有悖于商业道德的手段或方式致使其他经营者遭受损失或因此被“淘汰”,并不是市场竞争“优胜劣汰”之本意。[2] 由此,经营者在竞争关系中应当遵循的“诚实信用”之商业道德可以总结为以下两个方面:从正向来看,经营者应以自己的劳动、付出或投入等提供商品或服务,参与市场竞争;从反向来看,经营者参与竞争的行为不得冒犯其他经营者,包括不得贬损他人的商誉、不得剽窃抄袭他人付出努力而得来的商业成果。

循此逻辑,经营者的模仿行为也应当受到“诚实信用”之商业道德的约束。应当承认,“诚实信用”之商业道德并没有对经营者模仿其他经营者的行为作绝对禁止,因此可以理解为经营者的“模仿自由”应当是商业道德所包容的。但是,正如任何自由都有其固有边界一般,经营者的“模仿自由”也存在商业道德上的限度。结合前述分析,笔者认为经营者的“模仿自由”应至少符合以下两个方面:其一,经营者的相关“模仿”行为,本质上是在“被模

---

〔1〕 参见王聪、白雪祺、张军令:《发挥优胜劣汰机制中国贸易强国路径研究》,载《上海经济》2017 年第 4 期。

〔2〕 参见刘光明:《论市场经济中的公共关系和伦理道德问题》,载《山西师大学报(社会科学版)》1994 年第 1 期。

仿对象”的基础上附加了自己的劳动、付出或者投入,即这种“附加”绝不是简单的“全盘照抄”或“拿来主义”;其二,经营者的相关“模仿”行为不能是对他人合法享有的权利或依法拥有的利益之侵害,包括但不限于财产、人格、商誉、知识产品等。

(二)宏观维度的商业道德:创新可持续逻辑下的模仿限度

区别于微观维度对于个体的考察,宏观维度是站在市场的高度来评价经营者的行为是否符合维护良好有序的市场环境的要求,以及是否遵循公平、效能的竞争秩序。

事实上,通过建立相关商业道德以维护市场环境的方式在中世纪欧洲既已出现,即“行会”(guild)组织的出现。行会是由手工业或商业等从业人员在其单一行业内组成的自治组织,其最初的目的是保护行业的利益,包括制定一系列行业道德规范、维护公平秩序、促进行业互助、介入调解纠纷、保证商品质量等。[1] 19 世纪以后,行会逐渐消失和瓦解,但行会时期有关“维护市场公平秩序”的思想作为一种“准则”被保留了下来,并体现在 19 世纪后期的反垄断和反不正当竞争的立法之中。[2] 行会时期带来的另一个重要启示即竞争自由对于构筑良好市场环境的重要性,尽管行会本身是“严格限制竞争”的反例。行会时代的后期,行会已经成为寡头、垄断商人限制竞争的工具,原本作为商业道德的行会规范成了苛刻的生产条件和违规罚则;为了保证垄断地位,行会甚至拥有自己的裁判权力和军队。[3] 行会的出现和异化是彼时欧洲的经济基础决定的;现在看来,垄断和限制竞争的行为无疑会阻碍经济的发展,使市场环境受到破坏,最终导致整个行业内所有经营者共同承受损失。如此显然是主张“公平、效率”的商业伦理所不容的,也是

---

〔1〕 参见[俄]克鲁泡特金:《互助论》,李平沤译,商务印书馆 1963 年版,第 174~177 页。

〔2〕 参见王艳芳:《商业道德在反不正当竞争法中的价值与标准二重构造》,载《知识产权》2020 年第 6 期。

〔3〕 参见[俄]克鲁泡特金:《互助论》,李平沤译,商务印书馆 1963 年版,第 181~183 页。

为奉行自由主义的英国、美国等国家所不能接纳的。[1] 故而,经营者的行为是否构成对市场竞争自由的侵扰亦是衡量经营者是否合乎商业伦理的基准之一。

此外,宏观维度的商业伦理的另一体现是对"公序良俗"的遵守。一般认为,"公序良俗"之道德包含两个面向:一为"公共秩序",二为"善良风俗"。[2] "公共秩序"一般被理解为由社会大众或公共群体的利益组成;"善良风俗"则一般被解释为"社会之存在及其发展所必需之一般道德",且这种"道德"也是现今社会所遵从的。[3] 作为重要的商业行为,经营者参与市场自由竞争的过程中,必然要遵守"公序良俗"的道德要求,否则这种"竞争自由"将对公共利益构成侵蚀。模仿自由是竞争自由的必要延伸,因此,"公序良俗"之商业伦理亦应当理解为模仿自由之限度。具言之,尽管允许经营者自由地从事模仿行为对于维护良好市场竞争环境的商业伦理来说是必要的,但这种在宏观维度上的"模仿自由"应当以不侵害公共利益和善良风俗为必要限度。如前所述,模仿的最终目的在于创新,模仿行为在客观上会引起更多创新活动的出现;而可持续的创新是经济发展的重要推动力,也是市场竞争的本质追求,其本质是"公序良俗"在市场竞争中的良好体现。循此逻辑,经营者对于市场竞争环境的良好商业道德,必然体现在其最大限度地遵从"模仿—创新"之路径。换言之,模仿自由的商业伦理在于其应当以维护创新的可持续为目的,维护创新的可持续即是维护市场的公序良俗;超越了这一限度的所谓"模仿"不过是"重复他人已经完成的成果",对于创新的可持续并无益处,终将浪费市场资源,使市场竞争效益大大降低,对其他经营者从事创新活动的积极性也会造成冲击。故而,在以"创新"为驱动的市

---

〔1〕 参见王艳芳:《商业道德在反不正当竞争法中的价值与标准二重构造》,载《知识产权》2020年第6期。

〔2〕 参见王利明:《论公序良俗原则与诚实信用原则的界分》,载《江汉论坛》2019年第3期。

〔3〕 参见史尚宽:《民法总论》,中国政法大学出版社2000年版,第334页。

场经济发展中,经营者的模仿自由应当以维护创新的可持续为其商业伦理的边界,超出这一边界的模仿应当视为在商业道德上具备不正当性。

综上所述,维护公平与高效的市场竞争环境的商业伦理允许并鼓励经营者自由地从事模仿行为;但这种模仿自由是有限度的。其不应当阻碍创新的可持续发展;否则将是对市场公平与高效的竞争秩序的破坏,是对商业市场上公序良俗的违反,不符合经营者在宏观维度上的商业道德。

二、法律视角下模仿自由的限度

道德和法律之间是否具有本质联系,这一问题历来为自然法学派和实证法学派所激烈讨论。一般认为,道德和法律之间虽然有所重叠,但绝非完全一致,某一行为应受道德上的责难并不意味着其对法律有所违反,如赠与人在赠与行为作出之前撤销赠与(除非这种赠与涉及公证或有救灾、扶贫性质的公益或道德)、通奸行为、无义务或责任者见死不救等。换言之,道德准则和法律规范之间留有一片余地,法律并不能实现最好的道德要求,其仅仅守护“最低的道德规范”。[1] “法律不制裁不道德的行为,或制裁了那些并非不道德的行为”也绝非错误的;[2]道德和法律在功能上互补,通过法律的制裁与约束和道德的诱导与督促,实现“法治”与“德治”的统一,从而实现社会规范的良好运作。[3]

商业道德也同样遵循这样的安排。应当承认,法律——包括调整平等主体之间的私法以及那些维护市场竞争的公法——都保护基本的商业伦

〔1〕 参见[德]卡尔·拉伦茨:《德国民法通论》,王晓晔等译,法律出版社 2013 年版,第 597 页。也有学者认为,法律维护的是“中等人之道德标准”“中人标准”。参见王利明:《论公序良俗原则与诚实信用原则的界分》,载《江汉论坛》2019 年第 3 期;吴汉东:《法律的道德化与道德的法律化——关于法制建设和道德建设协调发展的哲学思考》,载吴汉东:《知识产权多维度学理解读》,中国人民大学出版社 2015 年版。

〔2〕 参见[美]理查德·A. 波斯纳:《道德和法律理论的疑问》,苏力译,中国政法大学出版社 2001 年版,第 125~133 页。

〔3〕 参见吴汉东:《法律的道德化与道德的法律化——关于法制建设和道德建设协调发展的哲学思考》,载吴汉东:《知识产权多维度学理解读》,中国人民大学出版社 2015 年版。

理,但这并不意味着所有的商业伦理都是法律所保护的内容。如前所述,有限度的模仿自由是商业伦理鼓励的行为之一,超出限度的“模仿自由”并不符合商业伦理的规范,但是这种在商业伦理上的不合是否意味着其超出了法律的界限,以至于应受法律的规制,则需要进一步厘清;这也是如今学者们重点关注的领域。[1] 同样地,对模仿自由在法律上的限度进行分析,应结合如下两个方面:其一,经营者的模仿自由对其他个体的权利是否存在冲突;其二,经营者的模仿自由对市场竞争秩序是否存在妨害。

(一)个体权利界限中的模仿自由

从总体上看,法律保护个体权利不受不法侵害,因此,即便经营者的模仿行为在商业伦理上存在瑕疵,只要这种模仿行为不构成对其他相关个体权益的侵害,即在法律的容忍范围之内,而在这一范围内,经营者即享有在法律上的模仿自由。质言之,明确其他相关个体在法律上拥有何种有关权利,是辨明模仿自由界限之前提。法律对个体权利的保护,是通过法律规则或原则来实现的。换言之,要厘清模仿自由在法律上的界限,应当结合相关的法律规则或原则进行考察。

第一,个体的权利体现在具体的法律规则之中,在法律规则的范围内个体作出或不作出一定行为的自由是受到法律保护的。从模仿自由的视角来看,经营者的模仿行为本身也属于一种受到法律保护的自由;在法律规则的范围内,这种模仿自由不应受到干涉。然而,当这种模仿自由侵入其他个体的权利范围时,就构成对他人权利的侵犯,应当受到法律规制。具体而言,经营者的模仿自由对于其他个体主要存在三种法律规则构建的权利界限。其一,知识产权权利界限。被模仿的对象在性质上即决定了其并非一般的有体物,而是具有非物质性特征的知识产品;因此以知识产品为客体的知识

[1] 参见蒋舸:《关于竞争行为正当性评判泛道德化之反思》,载《现代法学》2013年第6期。

产权是模仿自由的界限之一,也是最为重要的权利界限之一。[1] 其二,与合同有关的权利界限。当相对人为与经营者存在缔约关系的其他经营者时,经营者与相对人之间因缔约行为而产生法律关系,因此,经营者的模仿行为既不能违反合同上的约定义务,亦不能侵害相对人在合同法上的权利,也不能损害相对人在缔约时的信赖利益。[2] 其三,与消费者有关的权利界限。经营者是市场上商品和服务的供给方,一般商品或服务的消费者是市场上的需求方,消费者的权利是经营者模仿自由之边界,如消费者对商品或服务享有的知情权、选择权等。在经营者通过模仿而销售商品或服务的过程中,若模仿行为导致消费者对商品或服务的来源产生混淆,或者经营者的模仿行为影响或误导了消费者的选择,那么这种模仿行为显然需要受到法律的规制。[3]

第二,除了法律规则保护的个体权利外,普遍的商业伦理也被纳入法律原则之中,因而模仿自由也应当以不违反有关的法律原则为限度。但是,法律原则本身无论在语义上还是在效力范围上均具有不确定性,其并不对具体法律行为的内容进行审查,换言之,法律原则并不对经营者的模仿行为违反相关法律原则的后果作出直接规定。因此,只有相关模仿行为在法律规则中没有限定,但又在事实上侵害其他个体的权益或自由时,相关法律原则才能适用。在诸项法律原则之中,"诚实信用"原则与模仿自由的关联最为密切。"诚实信用"不仅是商业伦理的核心内容,也是民法的基本原则之一。卡尔·拉伦茨(Karl Larenz)即认为,"诚实信用"原则是对当事人信赖利益的重要维护。它要求从事相关行为的当事人是"忠诚"的,包括不损害对方的利益、满足对方的合理期待或者为对方提供必要的信息,当事

---

〔1〕 参见陈谊:《论知识产权法和反不正当竞争法对模仿行为的规整——兼论"两法"的联系与区别》,载《重庆工学院学报》2004年第6期。

〔2〕 参见于韫珩:《违约责任中的信赖利益赔偿》,载《环球法律评论》2015年第3期。

〔3〕 参见张占江:《不正当竞争行为认定范式的嬗变　从"保护竞争者"到"保护竞争"》,载《中外法学》2019年第1期。

人违背“诚实信用”原则而行使权利是有悖于法律的。[1] 换言之，根据卡尔·拉伦茨的观点，恪守“诚实信用”原则的模仿行为应当满足对其他个体信赖利益的保护。

(二) 市场秩序界限下的模仿自由

与个体权利相对应的是公共利益。对于经营者而言，市场是其实现商品或服务价值的场所，具有公共性质；对于包括经营者在内的所有市场参与者而言，共同维护良好的市场秩序是符合其共同利益的。然而，对于这种共同利益的维护显然不应止于商业伦理的约束，通过法律来明确市场秩序是维护这种公共利益的必要手段。[2]

客观来看，市场有其自身的运行规律，法律在一般情况下不应当也无必要对市场规律加以干预，除非在特定行为的出现致使市场失灵等情形并且导致市场无法自行调节时，法律才会对这种行为加以调整，从而维护其他市场参与者的自由。[3] 在此意义上，维护市场秩序的法律规制的必然是“行为”。作为一种市场行为，“竞争”是市场的必有之义；竞争行为成就了市场本身，缺乏竞争的市场或者竞争过度的市场都不合市场规律。竞争行为一般皆受市场规律调节，然而，当经营者采取的竞争行为足以导致前述两种情况的发生而市场规律又无法调节时，维护正当的市场竞争秩序之法律即应当对此种竞争行为加以规制，以促使市场秩序恢复。循此逻辑，模仿是竞争行为之一，经营者的模仿自由应以维护市场竞争秩序之法律为界限。

一般认为，法律对于良好市场竞争秩序的维护应当包含“自由”与“正当”这两项价值。其一，竞争的“自由性”。如前所述，模仿自由是竞争自由

---

〔1〕 参见[德]卡尔·拉伦茨：《德国民法通论》，王晓晔等译，法律出版社2013年版，第58~59页。

〔2〕 参见孔祥俊：《反不正当竞争法的司法创新和发展——为〈反不正当竞争法〉施行20周年而作(上)》，载《知识产权》2013年第11期。

〔3〕 参见阳东辉：《论科技法的理论体系构架——以克服科技创新市场失灵为视角》，载《法学论坛》2015年第4期。

的应有之义,法律允许经营者之间自由模仿以参与市场竞争,但是,这种自由的模仿须以不损害其他经营者的自由为限。其二,竞争的“正当性”。一般认为,“正当”的竞争须包含“公平”与“平等”两个要素,客观而言,经营者之间的情况各不相同、存在差异,甚至这种不同与差异正是市场所需要的。因此,要求具有市场竞争关系的经营者之间保持绝对的公平与平等显然是不现实的;法律作为一种调整市场竞争关系的法律规范,是一种外部调节手段,目的仅在于维持良好的市场秩序以促使竞争。因此,法律维护的公平与平等,仅在于对竞争手段的“公平”与对竞争机会的“平等”之保证,经营者的模仿自由也应当以不违反公平竞争手段和平等竞争机会为界限。[1]

值得强调的是,除了竞争的“自由”与“正当”,竞争的“效率性”也应当是法律保护的公共利益之一。对效率的追求原本便是市场的本质意义;高度发达的市场必然是高效的,能有效地促使市场资源的配置达到效率上的最优。因此应当认为,经营者的模仿行为如果只是减损了市场运行的效率,其本身并不必然受到法律的调整,因为市场本身是有自发调节功能的。然而,如果经营者的模仿行为具备妨碍市场调节的因素,致使市场资源被浪费、阻碍市场的有效运行,则这种模仿行为事实上损害的是市场竞争者的共同利益,是对市场秩序的破坏,相关的法律规制应当对此予以回应。

三、盲从模仿行为的道德与法律评价

如本书第一章所述,盲从模仿行为无论被冠以何种名称,受到何种评价,其客观上均具备“不劳而获”与“攫取他人劳动成果”的表现。与构成“混淆”的仿冒行为相区别的是,尽管二者均属于模仿行为,但是仿冒行为更倾向于以形同“欺诈”的手段来移转一般公众在选取商品或服务时的注意力,

---

〔1〕参见吴汉东:《知识产权法律构造与移植的文化解释》,载吴汉东:《知识产权多维度学理解读》,中国人民大学出版社2015年版。

并且这种模仿行为已然在大部分国家中被认定为典型的不正当竞争行为;[1]盲从模仿行为则更倾向于获得一种所谓“搭便车”(free-ride)的后果,即对他人凭借创新完成却不受现行法律保护的成果擅自“取用”,这种“拿来主义”的模仿方式并不追求构成“混淆”,而是为了“节省”自己的投入与成本,以获得最大化的利益。前述内容已分别从商业伦理和法律这两个角度阐述了经营者模仿自由的界限。在下文中,笔者试结合上述界限,从合道德性与合法律性的角度对盲从模仿行为的法理边界进行分析。

(一)盲从模仿行为的不合道德性之析

如前所述,商业伦理道德对经营者的要求主要体现在两个方面:一方面,对于个体而言,“诚实信用”意味着经营者的模仿行为应当是自主、善意且不损害他人合理利益的;另一方面,对于市场竞争环境而言,维护市场竞争的公平、自由和可持续性是“公共秩序”与“善良风俗”对模仿行为的商业道德要求。然而,无论是对个体还是对市场竞争的商业伦理而言,笔者认为盲从模仿行为在表征上均不符合商业道德之准则。

1.“不劳而获”的体现:盲从模仿行为对“差异性”价值之抹除

无论在一般道德范畴还是在商业伦理范畴内,“不劳而获”与“坐享其成”在现代社会中都具有消极含义,行为人如果不付出任何努力和投入就收获利益,这在道德伦理上的呈现就是分配上的不公平。就一般伦理道德而言,任何有付出和投入的人与那些不付出也不投入的人不应当享有相同或相等的分配;这是一种基于付出比例而享有利益的正当缘由。如果任何人不论付出多少均将获得同样的分配,这种分配本身就是违反道德的。[2]

相关经营者通过付出或投入参与市场时,这种付出或投入总以一定的商品或服务或者对这种商品或服务以“成果”进行展示的方式体现出来,各

---

[1] 参见孔祥俊:《论反不正当竞争法的现代化》,载《比较法研究》2017年第3期。

[2] 参见[古希腊]亚里士多德:《尼各马可伦理学》,廖申白译注,商务印书馆2017年版,第147~150页。

经营者之间的此类“成果”绝非相同，而是会因竞争而呈现出一定的差异性，包括来源不同、品质不同或宣传效果不同等。这些“不同”体现的是经营者的成果之间的差异，也是包括消费者在内的市场需求方得以自主选择的前提。质言之，经营者之间在成果上的不同是各个经营者具体经营行为的自由之体现，同时也是市场竞争的必然结果。然而，盲从模仿行为的“不劳而获”遵循这样一种行为逻辑：盲从模仿行为采取“全盘照搬”式的模仿，等同于模仿者出于自己的利益，试图通过“不劳而获”获得与被模仿的竞争者之商品、服务或者其展示方式实质相同的成果，客观上意图抹除这种差异性。其导致的结果有二：其一，实施盲从模仿行为的人侵犯了其他经营者在市场竞争参与过程中的自由；其二，实施盲从模仿行为的人破坏了其他经营者凭借其存在差异化的成果所带来的商业利益，在此意义上，盲从模仿行为的“不劳而获”属性潜在地包含有“损人利己”的不良德行，为普通商业伦理所不容。

需要明确的是，上述的“付出与投入”并非绝对意义上的，应当承认实施盲从模仿行为的人也不是绝对地“毫无付出”，在对其他经营者的有关成果进行“全盘照搬”的过程中，盲从模仿行为的实施者也必然有所消耗。以前述的国际新闻社案为例，原告通过相关的付出与投入获取的有关新闻信息绝不会毫无缘由地出现在被告的合作报刊之上，作为实施盲从模仿行为的人，被告必然有将所涉新闻信息进行抄录并发送的过程，这一过程——无论对于被告来说是简单还是复杂——存在被告一定的成本消耗。[1] 但是，这是盲从模仿过程中的“消耗”，并不能使模仿之后所形成的成果构成前述的差异性。质言之，盲从模仿行为之“不劳而获”体现在相关成果的差异性上没有相应的“付出与投入”；甚至可以认为，由于成果的差异性无法体现，盲从模仿行为者所完成的所谓“成果”事实上就是被模仿者的成果（或者其中

---

〔1〕 See International News Services v. Associated Press, 248 U. S. 215 (1918).

的一部分),并且占取了被模仿者基于其合理付出与投入所应得的价值回报。

2. 对阻延创新可持续之思辨:基于可持续发展之视角

构成商业伦理另一方面的是市场竞争环境的公平性与高效性,合乎商业伦理的模仿自由必以不违反公平的市场竞争为必要,以及以有效推动经济发展为目的。就此二者而言,盲从模仿行为似乎均超出了其限度,以下分点析之。

盲从模仿行为的"不劳而获"不仅表现在针对个体的不道德之上,这种由"不劳而获"形成的"损人利己"同样体现在对公共属性之市场竞争环境的不道德之上。具言之,随着技术的发展,对有关成果的模仿成本逐渐降低,在形成差异性的付出与投入并未减少的情况下,通过盲从模仿而产生的所谓"成果"与被模仿的成果共同进入市场,本应依靠自己的努力投入差异性开发的模仿者选择"坐享其成",客观上将导致被模仿者的利益受损;再者,由于这种不产生差异性的模仿行为无须额外创新,更多的此类行为将在市场竞争中出现,更多因此而产生的所谓"成果"将进入市场。由此,商品与服务的同质化现象将越加频繁出现,不利于市场健康发展的同时,引致了市场资源的浪费。〔1〕

不仅如此,比浪费市场资源更不符合商业伦理的是,盲从模仿行为将阻延创新的效率,不符合良好商业道德对于经济"可持续发展"之要求,为经济发展带来了负面效果。如前所述,"模仿—创新"路径的良好运行是实现经济发展的重要条件,经营者对于模仿行为的作出在很大程度上应当是以创新为目的;换言之,商业伦理之下的模仿行为应当遵循经济发展的规律,在

〔1〕 有学者从经济学角度的"企业生态位"来解释"同质化"现象,认为企业在特定市场领域过于集中、市场细分不足等原因导致市场竞争过于激烈,希冀通过发现新市场、构建"生态位"以使企业在一个更加"宽敞"的竞争环境——甚至是"垄断"的环境——得到立足,达到减少无序竞争的目的。笔者无意在本书中以不同专业的角度对上述观点作出批判,但笔者认为这一观点值得商榷。开拓新市场或明确企业"生态位"是企业就其自身发展所做出的策略选择,企业当然可以就此选择更有利于自身发展的策略,但它改变不了盲从模仿客观存在的事实、改变不了"不劳而获"之行为存在的事实。参见范思琦:《日本中小企业生态位演化研究及经验借鉴》,载《现代日本经济》2019 年第 2 期。

模仿的过程中产生差异性,从而形成具有一定创新的成果。而从表征上看,盲从模仿行为是拒绝这种差异性的存在的:不产生差异性的模仿意味着通过模仿产生的成果不可能存在创新,这显然是有悖于促进经济良好发展的商业伦理的。值得强调的是,“可持续发展”是经济良好发展的重要内容,而“创新可持续”是可持续发展之观念在创新创造领域的重要外化,盲从模仿行为对于“创新可持续”的阻延事实上是对“可持续发展”之背离,这显然是不符合商业伦理的。[1]

综上可见,无论是对于参与市场竞争的个体,还是对于市场竞争环境本身,盲从模仿行为均不符合商业伦理的道德要求。因此,盲从模仿行为是超越了商业伦理之界限的,不属于模仿自由的内容。

（二）盲从模仿行为超越法律界限之辨

一般认为,道德约束的限度与法律规制的限度存在一定的差异,特定行为在道德上的不合并不必然导致其对法律的违背。在前述分析中,笔者认为盲从模仿行为已然超出模仿自由在商业伦理道德中的界限,应当被认为是一种违反商业道德的行为。然而,盲从模仿行为在道德上的违反并不意味着其在法律上的违反,这一行为是否应受到法律的规制取决于其是否超出了法律对模仿自由规定的边界。

1. “攫夺他人成果”对“劳有所得”的法理根基之背离

行为人实施盲从模仿行为的结果是攫取了其他经营者所创造的成果,并将其作为自己的“劳动成果”投入市场、参与竞争,此种行为是否超出了法律的界限,须考察该行为是否构成对有关个体在法律上的权利或利益之侵犯。考虑到此处的考察是站在法理范畴上对盲从模仿行为的界分,因此,对于有关个体是否能凭借其所创造的成果在法律上获得相关权利或利益的保

〔1〕 参见叶陈云、叶陈毅、张凤元:《基于价值创新驱动的企业社会责任及核心竞争力联动效应与提升路径研究》,载《当代经济管理》2018 年第 6 期;郑磊、于梦晓、张乐凡:《大数据下的商业伦理:电商不诚信行为分析》,载《东北财经大学学报》2020 年第 3 期。

护,则必须上升到一个根本,即“何种创造结果才能产生法律的保护”之问题。

约翰·洛克(John Locke)认为,人的劳动是其获得财产的重要途径,任何自然之物经过人的劳动后脱离于自然或者附着了人的劳动,即成为劳动者的财产而受到法律的保护。可以认为,这是对“劳有所得”之思想及其合法性的阐释。[1] 不过,劳动的形式有很多种,盲从模仿行为本身也非完全不存在劳动的过程。具言之,根据上述命题,经营者完成具体成果的行为是一种劳动,使该成果显现出差异性的投入与付出也是一种劳动。如果将前者视为一种具有公共、自然性质的基础性劳动,那么后者则是一种具有“附加意义”的劳动,这一附加性正是有关成果差异性的体现。对于盲从模仿行为而言,它并不创造任何差异性,仅是将已有成果近乎原封不动地呈现出来,有鉴于此,盲从模仿行为中的前一种劳动只体现出对原有成果的简单重复,后一种劳动则是盲从模仿行为所欠缺的,通过实施盲从模仿行为得来的成果并不体现任何的差异性。换言之,盲从模仿行为是一种对经营者构成差异性成果之劳动的攫取,其使有关经营者成果的可得利益受到损害,侵入了被模仿者基于其个体劳动而享有的、应受法律保护的权利范围。因此,以“攫取他人成果”为表征的盲从模仿行为是一种对“劳有所得”之法理根基之背离,应当受到法律的规制。

2. 对市场秩序之侵扰:“竞争效率”之阻延与市场失灵之产生

同样地,盲从模仿行为如果仅仅是在一定程度上影响了竞争的效率和创新的可持续性,而不对宏观意义上的市场秩序等公共利益构成损害,其至多应受商业伦理道德的约束,可能尚不具备在法律上的可责难性。市场秩序代表了参与市场竞争的不特定公众之共同利益,在许多国际公约或国家(地区)的法律中,扰乱市场秩序、损害公共利益的行为是受与市场有关的法

---

[1] [英]洛克著、刘晓根编译:《政府论》,北京出版集团公司、北京出版社 2012 年版,第 78~80 页。

律规制和调整的。[1] 反言之，探究盲从模仿行为是否因超越了模仿自由的界限而应受法律的规制问题，应当从其是否对市场秩序等公共利益造成侵害后果这一层面入手。

如前所述，盲从模仿所针对的是市场上经营者创造的成果；攫取他人成果的行为已然构成对经营者个体自由的侵害，理应受法律规制。然而，盲从模仿行为绝不仅在于对个体的侵害，还在于对公共利益之侵扰。具言之，盲从模仿行为者往往也是经营者，其出于节省创新成本、怠于额外付出或者攀附先行成果的主观意图，直接进行"全盘照搬"式模仿，能够快速提高其商品或服务在市场上的竞争力，最大限度地实现其商业利益，似乎符合对一个理性的经济人之经营行为的预期。然而，盲从模仿行为所带来的客观后果是影响巨大的：尽管盲从模仿行为者表面上是对特定成果的攫夺，但是这种攫夺在实质上将形成一种"不劳而获"的先例，在不受法律调整之情况下，其他经营者出于各自的主观意图，也将效仿这一盲从模仿行为，从而降低创新的积极性；此外，在此情势之下，市场竞争虽依旧存在，但此时的竞争从不断推陈出新、形成差异的商业成果之争，开始异化为不具有差异性的商品或服务的同质化竞争，如此导致的后果则是竞争的效率降低和市场资源的浪费。需要进一步说明的是，前述的市场资源浪费意味着市场资源在无其他因素（如有关制度）的介入时不能达到最优配置，这是市场失灵的具体体现。[2] 市场失灵所导致的经济低效率的后果显然会对公共利益造成损害；作为维护市场秩序的重要干预手段，法律应当为了公共利益而设定相应的制度规范以保全有序的市场竞争秩序。[3] 换言之，引致市场失灵的盲从模仿行为属于法律规制的范围，且不属于法律限度内的模仿自由。[4] 关于盲从模仿

[1] 参见孔祥俊：《论反不正当竞争法的新定位》，载《中外法学》2017年第3期。

[2] See Anselm Kamperman Sanders, *Unfair Competition Law-Some Economic Considerations*, in Adrian Sterling ed., Intellectual Property and Market Freedom, Sweet & Maxwell, 1997, p. 152.

[3] 参见刘辉：《市场失灵理论及其发展》，载《当代经济研究》1999年第8期。

[4] 参见于立、肖兴志：《规制理论发展综述》，载《财经问题研究》2001年第1期。

行为引致市场失灵的具体论述,笔者将在本书后文予以详细阐释。

第二节　私法与公法的边界:盲从模仿的范畴界限

根据前一节的论述,盲从模仿行为并不属于满足商业道德和法律要求的模仿自由,因而无论在商业伦理上还是在法律规范中,盲从模仿行为都应当受到相关的约束。道德伦理如何对盲从模仿行为进行约束的问题并非本书的研究范围,笔者在本书中仅对盲从模仿行为在法律上的评价作相关辨析。然而从法学研究的逻辑来看,仅仅知道"盲从模仿行为不符合法律规范之下的模仿自由"是远远不够的,它只能说明盲从模仿行为超出了法律为保护市场竞争中个体和公共利益所设定的边界,不能说明这种"越界"行为在法律上的定位。换言之,厘清盲从模仿行为的法理边界只在于回答盲从模仿行为"不是什么",而不能回答它"是什么"。因此,本节将在上一节内容的基础上,进一步回答盲从模仿行为在法律上属于何种范畴。鉴于盲从模仿行为对个体权利与公共利益均有影响,故笔者以下将分别从私法与公法的角度对盲从模仿行为在法律上的范畴予以辨析。

一、私法范畴之考量:基于成果间的"差异性"

经营者在参与市场竞争时,他们推向市场的商品或服务或者展示这些商品或服务的方式不会总是相同的,即便是同一类型的商品或服务,相互之间既存在功能、结构、包装等内容的不同,又可以通过经营者标示的商业标识、产地来源等对其加以区分,从而形成商品或服务的差异性。进一步而言,这种因内容或标识而产生的"差异性"大多体现了经营者的投入或创新性努力,在私法范畴内是被允许的个体自由。盲从模仿行为则忽视创新者或经营者在此种"差异性"上的投入和付出,属于对这些经营者个体自由的侵入；在此意义上，笔者在本书中将其称为“广义的盲从模仿行为”。然而需要指出的是，广义的盲从模仿行为在私法范畴内存在两种不同的认定，可进一步分为两部分：一部分“盲从模仿”行为确实构成侵害他人合法权利，因而这一部分的“盲从模仿”行为可被确然定义为私法范畴内的“侵权”，譬如著作权法上的抄袭行为；另一部分“盲从模仿”行为则相反，其或因被模仿的对象不受法律保护，或因该行为尚不足以被认定为对其他个体造成明显侵害，其是否应受私法之调整仍面临争议。〔1〕 下文中，笔者将分别阐述。

如前所述，盲从模仿行为意义下的“不劳而获”并非指行为人在客观上没有实施任何劳动，而是指此类行为人在模仿其他经营者已经完成的成果时没有通过付出或投入而形成差异，从而形成一种“全盘照搬”的行为外观。在私法范畴内，调整此种“附加式”的付出或投入之利益的，主要是知识产权法律体系，包括知识产权特别法以及对知识产权起补充保护作用的反不正当竞争法；〔2〕此外，涉及合同、不当得利的民事法律规范也可用于对特定情况下的“盲从模仿”进行规制。

（一）对“创新”的保护：知识产权法意义下的侵权

经营者对成果差异性的投入通常是其成果中最具创新意义的部分，这是由于经营者在市场活动中的本质目的在于获益，而根据“模仿—创新”之路径，模仿的最终目的应当在于创新，经营者在既有成果的基础上增加的“差异性”内容如具有创新价值或足以引起市场的关注，则其更容易受到市场的青睐，更有利于经营者借此获利，否则经营者对这种“差异性”的投入将毫无意义。〔3〕 不过，由于个体之间的客观条件不同，要求所有经营者的成

---

〔1〕 参见柳福东、朱雪忠：《试论盲从模仿的法律调控》，载《科技与法律》2000 年第 1 期。

〔2〕 约束不正当竞争行为的法律通常与知识产权法有密切的联系，二者被认为相互之间在知识产权的保护上形成互补。为方便论述，此处笔者使用“反不正当竞争法”这一表述来指代所有“约束不正当竞争行为”的法律。参见吴汉东：《试论反不正当竞争中的知识产权问题》，载吴汉东：《知识产权多维度学理解读》，中国人民大学出版社 2015 年版。

〔3〕 参见郑友德、焦洪涛：《论技术创新与模仿的知识产权法律调节》，载郑友德：《知识产权与公平竞争的博弈——以多维创新为坐标》，法律出版社 2011 年版。

果都应当达到较高程度的创新显然是不可能的；从市场角度来看也无此必要，市场规律足以发挥其优胜劣汰的功能。在此意义上，法律的任务只需要保证市场规律不受影响地发挥其功能；表现在私法领域，即法律应当保护的是个体对创新的投入或付出，在有关成果差异性足以被法律解释为创新时他人对这种创新的侵害即应受法律的规制。

接下来需要回答的问题便是：什么样的成果差异性可以在法律上被解释为创新？这一问题涉及的实质是法律（在此情境下应当为知识产权法律）对创新的衡量标准。综观既有的著作权法、专利法等知识产权法律制度，并非所有体现差异性的成果均能被纳入其中得到同等保护。譬如，作品是经营者的成果之一，在法律上则是一种著作权法意义上的客体，其应当具有"独创性"。独创性要求该作品"是由作者自己创作的"并且"完全不是或基本不是从另一作品抄袭来的"。[1] 有学者则进一步将独创性总结为"独"+"创"的结合，即该作品既应当是"独立创作、源于本人"的，也应当是具有一定的"智力创造性成果"。著作权法的这一制度安排并非以创造性的"高低"而论，而是以创造性的"有无"为作品独创性的判断标准。[2] 同理，发明创造也是经营者的成果之一。专利法所保护的发明创造应当具有"新颖性"和"创造性"：前者要求该发明创造不属于现有技术，后者则要求该发明创造具有实质性的特点与进步。[3] 除上述二者外，其他受公认的、应受法律保护的客体（经营者的成果），如植物新品种、集成电路布图设计等，亦因其相比于既有成果更为进步、更具创新性而受到相关法律的保护，此不赘述。

综上可见，上述成果系经营者为创新、创造投入或付出而形成的，作为权利人的经营者对这种成果享有知识产权法上的权利，具备可保护性；对此些成果的盲从模仿行为，即对经营者的知识产权权利构成侵害。

---

〔1〕 参见吴汉东：《著作权客体论》，载吴汉东：《知识产权多维度学理解读》，中国人民大学出版社 2015 年版。

〔2〕 参见王迁：《知识产权法教程》（第 7 版），中国人民大学出版社 2021 年版，第 25~46 页。

〔3〕 参见郑成思：《知识产权论》（第 3 版），法律出版社 2007 年版，第 131~132 页。

(二)对"价值"的保护:法律对不当行为之约束

从另一个角度看,对成果差异性的投入即便不被认为或难以被认为具有何种意义上的创新性,也可能因该差异性体现了较高的经济价值而被他人盲从模仿。这是由于经营者在市场活动中的根本目的在于最大限度地获得利益,出于对利益的追求,实施盲从模仿行为的经营者只会考虑能否通过上述成果差异性本身的价值获取更多的利益,并不在意这种价值是否真正由创新而来。反言之,如果这种价值受到法律的保护,那么盲从模仿行为即是一种超出法律界限的不当行为。

从类型上看,上述成果差异性的价值可被大致分为两类:其一,成果差异性本身所具备的价值;其二,成果差异性因被经营者标识了有相关影响力的符号而拥有的价值。

首先,经营者为了形成成果的差异性,必然有所投入,这种投入本质上是经营者的脑力劳动;脑力劳动所创造的价值与一般劳动所创造的价值无异,同样应受相关法律保护,只是具体实施保护的法律可能有所不同而已。譬如,当商业秘密作为特定成果的差异性体现时,其本身可能并不体现何种具体的创新性,甚至存在被其他经营者通过反向工程而掌握之可能。但是与其他同类的商业成果相较,商业秘密本身即存在巨大的价值,这种价值体现在掌握这种商业秘密的经营者可借此获得市场竞争上的优势和效益。[1]法律对商业秘密的保护表现在禁止他人通过非法的方式接触到该秘密,从而维护经营者的此种合法竞争优势。

其次,经营者对其成果形成差异性的投入本身并不一定体现出一定的价值,而是起到一种"符号"的作用:通过"符号"承载着经营者长久以来积累的良好商誉,凭借着此种良好商誉所带来的吸引力或影响力,经营者的有关

〔1〕 参见江帆:《商业秘密理论与立法探讨》,载《现代法学》2004 年第 3 期。

成果将具有竞争上的优势。[1] 譬如,商标是一种典型的、可形成成果差异性的经营者投入。作为一种呈现在相应成果之上的符号,商标是对经营者良好商誉的承载,经营者的有关成果也因这种良好商誉而具有更高的价值。在此意义上,商标法对于商标的保护实质上是维护经营者良好商誉所体现的价值,对这种商誉进行照搬式模仿的行为将当然地受到商标法的规制。同理,商品或服务的包装、装潢以及具有区分作用的其他标识等(譬如明星形象、广告语、地理标记等)也属于上述"符号"。同样地,这些符号通常也体现了经营者为提供良好的商品和服务所付出的努力,经营者因此种努力而得到的市场竞争优势是合理且正当的,对这些符号的盲从模仿也将为法律所排斥。值得说明的是,对这种价值的盲从模仿很可能随着盲从模仿行为者的主观恶意,譬如意图混淆消费者对成果来源的认知,淡化该"符号"的所属者对于该影响力的控制等。

(三)争议领域:狭义的盲从模仿行为之私法定位

客观来看,前述受法律规制的只是广义的盲从模仿行为之一部分,与之相区别的是除上述外的另一部分盲从模仿行为,笔者称之为"狭义的盲从模仿行为",其是否超出法律约束的界限则有所争议。有观点认为,这种"狭义的盲从模仿行为"并不违反法律的禁止性规定,没有侵害经营者在法律上的权益,因而法律不应当恣意扩大对这种不违反法律的模仿行为之限制。[2] 从知识产权的角度看,知识产权法不保护有关客体是基于对公有领域(public domain)的考量,知识产权的有限垄断属性当然不意味着所有的知识都是垄断的;一旦有关知识被认为属于公有领域范畴,任何人均有权无偿地

---

〔1〕 参见吴汉东:《无形财产权基本问题研究》(第3版),中国人民大学出版社2013年版,第356~359页。

〔2〕 参见王艳芳:《商业道德在反不正当竞争法中的价值与标准二重构造》,载《知识产权》2020年第6期。

对其加以使用，盲从模仿行为自然也应当遵循此种制度安排。[1]

笔者认为，上述观点虽有一定道理，但不具备完全的说服力。知识产权与公有领域之间的界限并非泾渭分明。作为一种社会政策工具，知识产权法保护或不保护哪些客体或知识以及应当施加何种规制和调整手段，都是一国根据其基本国情和现实境况所作的选择与安排。[2] 换言之，不同国家的知识产权制度对特定知识的保护或不保护在客观上决定了公有领域和非公有领域的界限，并且这种界限会因特定国家的不同现实而被予以调整；甚至在特定情况下，某些处于公有领域的知识在一国受到知识产权法保护，而在另一国却不受保护。譬如，前述的印度在21世纪之前就没有对药品给予专利法保护。此外，即便某一知识或信息本身不属于特定国家知识产权制度所规定的非公有领域，也绝不意味着经营者为了获取、创造这些知识或信息所进行的付出与投入是毫无价值的；对这些付出或投入的盲从模仿如不能得到法律的规制与调整，将是对"劳有所得"之一般法理的违反。

综上可见，狭义的盲从模仿行为目前难以在私法范畴内得到合理的解释；从实证法的角度看，狭义的盲从模仿行为似乎并未超越法律的界限；但由于此类行为所模仿的成果是否应受知识产权法之保护尚有争议，存在进一步商榷的空间。鉴于在广义的盲从模仿行为当中，许多模仿行为已然受到包括知识产权法在内的私法制度之调整，而所遗留的是"狭义的盲从模仿行为"之边界问题，本书在下文中将仅对"狭义的盲从模仿行为"进行分析。为便于表述，如无特别强调，下文所称之"盲从模仿行为"仅指"狭义的盲从模仿行为"。

---

〔1〕 See Gary Myers, *The Restatement's Rejection of the Misappropriation Tort: A Victory for the Public Domain*, 47 S. C. L. Rev. 673 (1996).

〔2〕 参见吴汉东：《知识产权精要——制度创新与知识创新》，法律出版社2017年版，第153~154页。

二、公法范畴之考量:基于“市场失灵”的产生

“模仿—创新”路径是经济发展的重要规律之一,作为上层建筑的法律也必然要体现乃至反作用于这一规律。如前所述,良好的市场秩序将促进竞争的有效运行,市场秩序所包含的公平、自由与效率之价值是所有参与市场竞争者的共同利益。盲从模仿行为对于市场秩序之负面效果,是市场无法达到最优资源配置的重要因素之一,其最终结果是引起市场失灵,致使市场竞争中的共同利益损失。由此可见,从公法范畴之角度来考察盲从模仿行为“是什么”之问题时,“市场失灵”与“公共利益”是此种认识论中的两条关键线索。笔者将循此在下文中分别予以阐释。

如前一节所述,盲从模仿行为除在私法范畴中可能对个体权益构成侵害之外,其引发的市场失灵也可能对公共利益构成损害。因此,如何解释盲从模仿行为引致的市场失灵以及如何评价盲从模仿行为对公共利益造成的损害,是厘清这一行为在公法范畴中界限的必要前提。在现行诸多法律制度当中,经济法是国家具体地干预市场失灵的公法规范;其相对独立于民法、行政法等传统的法律制度,旨在采取公权力对市场竞争秩序进行调整,保护私人权益的同时亦兼顾公共利益。[1] 因此,考察盲从模仿行为引致的市场失灵,以经济法(特别是具备知识产权保护功能的竞争法)的视角予以阐释最为恰当。

(一)“搭便车”现象:被模仿成果的“公共品”属性

经济学意义上的“公共品”(public good),是指个体对某产品(或者劳务)的消费并不会使其他个体对它的消费减少。一般认为“公共品”具有非竞争性和非排他性的特征,因公共品而产生的市场失灵以“搭便车”为主要表现形式,即公共品提供给个体免费享受,而个体无须对其付费,致使其供

---

〔1〕 参见李昌麟、应飞虎:《论经济法的独立性——基于对市场失灵最佳克服的视角》,载《山西大学学报(哲学社会科学版)》2001 年第 3 期。

给方的收益在资源配置上无从达到最优。〔1〕 现代以来,对公共品的考察已不再局限于国家或政府所提供的、由社会成员共同享有的产品或服务,源于私人个体的知识产品也被认为具有公共品属性。〔2〕 首先,知识产品的非物质性使其既不存在损毁灭失的风险,也不存在被消耗殆尽的可能,并且,知识产品的生产者难以对这种知识产品采取控制措施;其次,有关经营者所生产的知识产品往往在于实现创新,而这种对创新的实现必然要付出和投入大量的成本进行研发,相较之下,知识产品的非物质性特征决定了其易受复制和易被获取,换言之,其他社会成员可能在不付出必要成本的情况下即可获得由这项知识产品带来的利益,导致市场失灵,由此,国家干预成为一种必要手段。最为妥善的干预即设定相应的知识产权法律制度,使受保护的知识产品具有排他性之特征,并赋予知识产品生产者相应的成本求偿权,提高知识产品生产者的个人收益,激励生产者及潜在生产者持续投入,并稳定成果的产出。〔3〕

对于盲从模仿行为而言,由于被模仿的成果不属于上述知识产权法保护之列,因而对这些成果进行模仿无须付出知识产权法意义上的成本。表面上看,这种以法律为视角的考察似乎是具备说服力的。但细究之下,其局限性也十分突出:它要求特定的知识产权法律制度(包括与之相关的竞争法)本身是完美的、积极引导创新的,能够严格遵循“劳有所得”之法理,对于有所创造和付出的经营者都能够给予足够的保护。但如前所述,知识产权法律体系所划分的“应受保护之客体”、“不受保护的成果”以及“公有领域”之间的界限绝非泾渭分明。许多不受知识产权法保护的成果本身也具有较高的创新价值,而创造这些成果的经营者显然有所付出,如果该成果不受法

〔1〕 参见刘辉:《市场失灵理论及其发展》,载《当代经济研究》1999 年第 8 期。

〔2〕 参见[美]威廉·M. 兰德斯、[美]理查德·A. 波斯纳:《知识产权法的经济结构》,金海军译,北京大学出版社 2005 年版,第 17、23~25 页。

〔3〕 参见冯玉军:《法经济学范式》,清华大学出版社 2009 年版,第 209 页。

律保护,任何经营者对这种成果的使用都将是合法的,包括“搭便车”行为。〔1〕应当承认,不是所有对创新的投入和付出均受到现行法完全相同的保护,但这种投入和付出使经营者成果具备差异性,不能因为现行法的保护缺失而简单地将其归于“公有领域”范畴。质言之,盲从模仿行为中被模仿成果所具备的公共品属性,是市场竞争中其他经营者“搭便车”行为的本质来源。作为公共品的成果不为现行法所保护,即意味着有关成果在市场竞争中将被其他竞争者任意模仿乃至全盘照搬而不为现行法所禁止。在此逻辑之下,即使被盲从模仿的经营者在成果上有所创新,该成果也会因仍被视作公共品而无法得到相应的回报。

(二)创新可持续之阻延:盲从模仿行为的“外部性”影响

除了公共品外,市场失灵的另一重要原因在于市场中无处不在的“外部性”因素。经济学意义上的外部性是指生产或消费行为对其他人产生的影响,这种影响主要表现为给他人带来的附带成本或者收益。〔2〕根据产生影响的好坏,外部性还可以被分为正的外部性和负的外部性。正的外部性指个体给社会带来增益,但自身却因此承受更高成本的情形,可以将其解释为“损己利人”;负的外部性则相反,指个体导致社会成本提高,但个体却因此而获利的情形,可以将其解释为“损人利己”。〔3〕

从传统来看,发明、创造等创新活动一般被认为是正的外部性影响;具言之,特定经营者完成的发明创造对于社会及其他经营者而言都是有益的,其对技术的革新促进了社会整体生产力的进步。作出发明创造的经营者必然投入了大量的研发成本,付出大量的创造性努力,在不考虑法律对有关努力和成果的保护之情况下,有关创新成果将被视为前述的公共品而被他人

〔1〕参见吴汉东:《知识产权精要——制度创新与知识创新》,法律出版社2017年版,第77页。

〔2〕参见冯玉军:《法经济学范式》,清华大学出版社2009年版,第207~208页。

〔3〕参见李昌麟、应飞虎:《论经济法的独立性——基于对市场失灵最佳克服的视角》,载《山西大学学报(哲学社会科学版)》2001年第3期。

任意使用，创新经营者为发明创造而投入、付出的成本与努力等将难以得到回报，其创新积极性将大大降低。与此同时，这种外部性带来的市场竞争问题亦应得到关注：根据前述约瑟夫·熊彼特关于“创造性破坏”之理论，市场竞争应当使产品和服务呈现出一种同质化与差异化相互交织递进的过程。[1] 但是，创新所需要的经营者成本是大量的，甚至是无法预期的。就经营者的理性而言，不作任何投入而照搬市场上其他经营者已有的创新成果将更容易提高自己的市场竞争力，从而实现利益的最大化。由此，市场上的商品与服务将开始呈现同质化趋势，在这种趋势之下，除非有关的投入和付出所引致的创新能够为经营者创造更大的利益，否则更少的经营者会愿意为之投入，如此之后果即创新的可持续性受到阻延、市场运作的效率降低。有鉴于此，知识产权特别法等对上述创新成果（部分情况下亦包括其创新活动过程）施加保护，使实施创新的经营者在法律的保护下完成自由交易，获取收益以补偿其投入创新之成本，并以此为激励实施新的创新活动。[2]

如前所述，被盲从模仿的成果尚不受现行法约束。但事实上，经营者投入并创造的、区别于其他成果之差异性亦将形成一种正的外部性影响，并且由于这种差异性之创造性成果不受现行法之保护，这种外部性将持续存在，最终对创新的可持续性构成阻延效应。

（三）自由与效率：盲从模仿行为的公共利益损害

综合上述分析，盲从模仿行为不仅会因其模仿成果之公共品属性而引起市场失灵，致使“搭便车”现象的发生，还会因其行为本身由于正的外部性之激励不足而引起市场失灵，减损市场竞争中创新的可持续性。由此可见，盲从模仿行为是足以引起市场失灵的一种行为因素。但是，仅仅凭借“盲从模仿行为能引起市场失灵”并不能在逻辑上得出“盲从模仿行为超出了公法

〔1〕 参见周钢、张顺军：《报业同质化现象的理论阐释——两种角度的思考》，载《湖北社会科学》2007年第12期。

〔2〕 参见冯玉军：《法经济学范式》，清华大学出版社2009年版，第208~209页。

的规范界限”的结论。厘清公法意义下——尤其是以竞争法等调整经济关系的法律之解释下——盲从模仿行为的界限问题,实质上是回答在经营者行使模仿自由的个体权利时不能超越何种公法界限的问题,仍应以该行为是否损害市场上的公共利益为评价,并且这种“市场上的公共利益”需为调整经济关系之法律所保护。[1]

“公共利益”被普遍认为是高度概括和抽象的概念,甚至在某种程度上是“不可定义”的。[2] 即便如此,公共利益仍然是一种客观实在,表现的是社会范围内不特定多数人的共同价值取向。弗里德里希·冯·哈耶克(Friedrich von Hayek)即将公共利益定义为一种抽象的秩序,这种秩序旨在为社会成员实现其各自的价值提供一种最佳渠道。[3] 循此逻辑,这种“公共利益”表现在市场之中即为良好的“市场秩序”,而此种“良好”应内在地符合“自由”与“效率”两个价值维度的评价,盲从模仿行为引起的市场失灵正是经营者在市场竞争中有违这两种价值维度所致之结果。

首先,市场秩序所要求的“自由”既包括特定经营者的个体自由,更包括不特定经营者的共同自由,经营者实施盲从模仿行为既可能侵入其他经营者个体自由的领域,也可能存在超出市场竞争中模仿自由之界限的情形。质言之,市场秩序所要求的公共的自由是给予所有市场经营者通过自由的竞争实现其各自商业目的的可能,允许任意经营者通过付出与投入获得竞争优势、获取相关利益是自由的市场秩序内含之意;而盲从模仿行为引起的“搭便车”现象事实上是剥夺了合理付出者凭借其劳动获得利益之可能,破坏了市场秩序中对于自由的价值取向。[4] 需要指出的是,由于这种对他人成果“搭便车”的现象并非孤立存在的,因而其对“市场秩序之自由”的破坏

---

〔1〕 参见胡建淼、邢益精:《公共利益概念透析》,载《法学》2004年第10期。

〔2〕 参见范进学:《定义“公共利益”的方法论及概念诠释》,载《法学论坛》2005年第1期。

〔3〕 参见[英]弗里德里希·冯·哈耶克:《经济、科学与政治——哈耶克思想精粹》,冯克利译,江苏人民出版社2000年版,第393页。

〔4〕 参见周樨平:《竞争法视野中互联网不当干扰行为的判断标准——兼评“非公益必要不干扰原则”》,载《法学》2015年第5期。

绝不仅限于商业伦理道德的范围，而是已经违背了市场上不特定经营者希冀维护市场秩序的共同要求。可以认为，盲从模仿行为的此种表现系对构成市场秩序自由的公平、平等、诚实信用等经济法律原则之违反。

其次，市场竞争在本质上是经济活动，对"效率"的追求是经济活动不可忽略的价值取向，进而，市场竞争之秩序亦应当涵盖对竞争高效率的追求。盲从模仿行为对特定成果的全盘照搬不被现行法所规制；实施创新的经营者的成果尽管因产生正的外部性而增加了社会整体的收益，但对于实施创新的经营者而言是一种负担。尽管经营者投入创新的初衷可能仅仅是为了令其自身获得更高的利益；但是在没有通过法律来补偿有关经营者因此类创新而投入的成本时，出于经济上的理性，经营者的创新积极性将开始消解。可以预见，除所创造的成果能够得到法律的保护，使实施创新的经营者得到足够的补偿外，不受法律保护之创新领域将呈现出积极性降低的情形。然而从"模仿—创新"路径来看，从模仿到创新的过程应当是一种从量变到质变、从改进到跨越的过程，不断地形成新的，哪怕是最低程度的创造性破坏都能体现市场秩序的效率。〔1〕 但是，在没有法律规制盲从模仿行为的情况下，经营者并不会将消耗大量成本的创新行为视作第一选择，由此形成的"经营者非必要不创新"之结论与"创新促进经济发展"之规律在根本上对立，这是市场所不能接受的。

综上可见，公法范畴下的盲从模仿行为对市场竞争中的公共利益产生了不合理的负担，这种负担已经对法律保护的市场秩序构成冲击，并已明显地以市场失灵的形式呈现出来：一方面，被盲从模仿的成果具备一定的创新，且经营者为之施加了有关付出和投入，该成果在不能通过法律等方式明确其非排他性时，就成为具有公共品性质的知识产品受他人使用。在此，盲从模仿行为表现为一种"搭便车"现象，有损市场秩序的自由价值，乃至经营

〔1〕 参见［美］约瑟夫·熊彼特：《经济发展理论——对于利润、资本、信贷、利息和经济周期的考察》，何畏等译，商务印书馆 1990 年版，第 72~74 页。

者间公平、平等、诚实信用之善意。另一方面，盲从模仿行为本身具有的外部性特征将增加实施创新的经营者之生产成本，同时提高社会的整体收益，在市场与法律皆难以为实施创新的经营者施加保护以平衡其成本与社会收益的冲突时，经营者将逐渐失去对创新努力的追求。这种正的外部性最终将转化为创新积极性的消退，阻延创新可持续性的发展，破坏市场秩序所要求的效率价值。

三、消极冲突：盲从模仿行为的私权性与公共性

在前述内容中，笔者已分别从公法和私法的角度对盲从模仿行为在法律上的范畴进行了探讨。范畴问题是广大的，其本质上是论述“所属”问题，[1]在本章中即考察盲从模仿行为在法律上的“所属”问题，旨在对盲从模仿行为的基本属性进行明确。由于目前学术界和理论界均没有对盲从模仿行为作出公认的界定，此种对“所属”问题之“划界式”探讨是适当且必要的，有助于厘清一种在法律上尚不明确其性质的行为。

相比于对法理界限上的相对明确，在法律范畴上认定盲从模仿行为存在一定的复杂性。但笔者认为大致可作以下两个基本角度的厘清：其一，从私权利之角度来看，广义的盲从模仿行为中已有相当部分受到法律，特别是知识产权法律制度的调整；而对于未受法律调整的（狭义的）盲从模仿行为，现行知识产权法律制度虽然没有将其作为一种“对私权利的侵害行为”纳入法律的调整范围，但绝不能简单地将其视作一种公有领域意义下的可被自由使用之状态。[2] 质言之，被盲从模仿的成果是包含了经营者创新劳动的

---

[1] 参见蒋鹏：《论亚里士多德对“范畴”的理解》，载《常州大学学报（社会科学版）》2014 年第 1 期。

[2] 一般认为，“公有领域”之概念最初是 18 世纪末法国制定《著作权法》时从保护期限的角度提出的。最初的“公有领域”仅指“超出保护期的作品不受法律保护”之领域，此后，“公有领域”扩大至专利法等其他知识产权法领域，用以指任何不受知识产权法保护的部分，任何公众对公有领域的内容都可任意使用。参见吴汉东：《知识产权法的平衡精神与平衡理论——冯晓青教授〈知识产权法利益平衡理论〉评析》，载《法商研究》2007 年第 5 期；胡开忠：《知识产权法中公有领域的保护》，载《法学》2008 年第 8 期。

付出或投入的，即便这种劳动所显现出来的只是在现有成果上增加了些许差异性，但这种差异性的存在已经足以令付出和投入劳动的经营者“劳有所得”，任何无差别地全盘照搬这些经营者的付出和劳动的行为——也就是前述之“盲从模仿行为”——都是应当被反对和约束的。其二，从公共性角度来看，问题或许更为明显。具言之，“盲从模仿行为”已然不限于模仿者与被模仿者（实施创新的竞争者）相互之间的私权性争论，它已引起市场失灵的发生，以及对市场秩序中公共利益的损害；不论是维护市场竞争秩序还是保全相关公共利益，盲从模仿行为都应当被纳入竞争法等经济公法范畴进行探讨。

有鉴于此，盲从模仿行为在现行法中存在的消极冲突即已显现：盲从模仿行为不被现行有效的私法或公法规范所调整。但是在私法角度的考察下，经营者对于自己创造的具备差异性的成果是有权享有相关利益的；行为人对这一成果进行盲从模仿，并将模仿后的成果据为己有、以此获利，不仅没有法律上的依据，同时也缺少法理上的依据。而在公法角度的考察下，以竞争法为代表的经济法律制度具有矫正市场失灵之功能，这是国家公权力干预经济的具体体现。循此逻辑，盲从模仿行为引致的市场失灵应当受到上述法律制度的关注；但是目前，盲从模仿行为并不受现行经济法的具体调整，甚至部分学者认为“盲从模仿行为”既然不违反现行法的规定，即具备自由竞争下的合理性，是市场竞争中应当被容忍的行为。[1]

笔者在本章中的目的即是厘清盲从模仿行为在道德与法律中以及在公法与私法中具有何种边界、归属何类范畴之问题。上述有关盲从模仿行为面临的消极冲突，亦说明该行为兼具私法与公法之性质，亟待在此范围之内被充分地认识，质言之，任何对盲从模仿行为的进一步考察均不能偏离这一边界。由此，笔者在下文中将以本章所明确的盲从模仿行为之边界与范畴为基础，以求进一步探索盲从模仿行为的概念、特征及其本质内涵，寻求“盲从模仿行为”的本体。

---

〔1〕 参见王艳芳：《商业道德在反不正当竞争法中的价值与标准二重构造》，载《知识产权》2020年第6期。

第三章
本体论:盲从模仿行为的法律定义与构成

与盲从模仿行为有关的法律问题具有相当的复杂性,而在这些众多问题当中,盲从模仿行为在法律上的定义和性质是最引人关注的,也是相对而言最难以明确的。对此笔者认为有两方面的原因:其一,广义的盲从模仿行为中包含了知识产权侵权行为和构成不正当竞争的行为。现有法律已对上述行为作出了调整,其他不受现行法规制的部分则构成本书真正意义上的研究对象,即前文所述之“狭义的盲从模仿行为”。一直以来,此部分的盲从模仿行为几乎不被认为存在实证法意义上的问题,但笔者认为事实并非如此。其二,盲从模仿行为的表征与一般知识产权侵权行为有相同或类似之处,如都在未经许可的情况下使用他人构成一定创新或差异性的成果或投入。但有所区别的是,对知识产权侵权行为的认定遵循一定的标准,并通过法律规则明确的构成要件予以判断或解释。相较之下,现行法大多并无对盲从模仿行为的认定标准,具体个案中对盲从模仿行为的认定则主要通过对法律原则的解释来进行,但是法律原则本身是模糊且不确定的,通过此种对法律原则进行解释的方法认定盲从模仿行为,只能是维护个案正义时的权宜之计。〔1〕

本书第二章探讨了盲从模仿行为的"所属"问题,明确了盲从模仿行为是超出商业伦理与法律所保护的模仿自由之限度,并且兼具对私权的侵入和对公共利益的损害,这种"划界式"的界定为本章对盲从模仿行为本体的论述确定了分析的方向与范围。下文中,笔者将对盲从模仿行为的概念和本质进行详细论述。

第一节 盲从模仿行为定义的不同表述

一、定义之必要性:由"搭便车"而来的盲从模仿

本书此前的章节已阐述了"搭便车"现象,这一现象源于经济学上的公共品。身为公众的每一位成员都可以享受公共品带来的好处,而无须承担相应的成本或付出——如同搭便车一般。根据经济学家曼瑟尔·奥尔森(Mancur Olson)的观点,这种情况下的一些成员将甘于"坐享其成",寄希望于其他人为公共品及公共利益的维护付出努力。〔2〕 有学者较为精辟地将市场竞争中的"搭便车"行为总结为"竞争对手或者其他市场主体为了自己的商业目的,利用他人的工商业成就而未付出实质性的正当努力的行为",〔3〕本书意义上的盲从模仿即应符合这一定义。质言之,特定经营者为创造有关成果付出了实质性的正当努力,当这些创新成果不受知识产权特别法保护时,他人对特定经营者的这种创新成果予以直接利用即为"搭便

〔1〕 参见梁志文:《从"山寨现象"看禁止盗用原则及其应用》,载《法学》2009 年第 7 期。

〔2〕 参见高亚丽、王海燕:《基于曼瑟尔·奥尔森的〈集体行动的逻辑〉谈搭便车理论》,载《学理论》2013 年第 24 期。

〔3〕 孔祥俊:《商标与不正当竞争法:原理和判例》,法律出版社 2009 年版,第 693 页。

车”。遵循这一定义的逻辑，盲从模仿行为属于一种“搭便车”行为。客观而言，“搭便车”行为本身并不当然受法律的排斥，除非它对个人或公共的自由造成了侵害，而盲从模仿行为既已超越了法律所保护的模仿自由之界限，对这一类型的“搭便车”显然要评之以法律上的解释。

任何研究在对任意事物进行进一步分析之前，无疑要明确其概念。而从逻辑学的角度看，概念包含内涵(intention)与外延(extention)：前者是对某事物特有属性的反映，后者则是某事物所组成的一切类别。明确内涵的活动为定义。伊曼努尔·康德(Immanuel Kant)认为，定义是一种能将此对象与其他对象区分开来，并且对该事物提出一种“完整而明确”的解释、说明之活动。〔1〕本书探讨“盲从模仿行为”的法律问题，须在法律意义上寻求对盲从模仿行为的准确定义，否则一切与之相关的法律问题将无从论起。

笔者认为，在法学领域研究盲从模仿行为的定义时须注意两点：其一，有关定义的表述形式繁多。本书前述章节即已阐释，盲从模仿行为早在19世纪末已在不同国家出现，不同国家、学者乃至不同时期对于盲从模仿行为的认识均不尽相同，进而形成对盲从模仿行为定义的诸多不同表述。〔2〕其二，界定范围有别。尽管本书第二章已对盲从模仿行为的边界作了相关厘清，但是在此边界内的盲从模仿行为具备何种构成要件、具有何种具体表征等，尚无定论，各不同表述之间对于盲从模仿的界定范围必然有所差别。不过，结合法学研究之传统与习惯，笔者认为，不论上述界定在范围上的差异几何，对行为的具体表现形式、被模仿(或侵害)的对象情况，以及对盲从模仿行为人的主观表现等考察，均属辨析其定义的必要之举；而这些辨析将远远超出“搭便车”这一笼统的表述形式，有助于探清盲从模仿行为之真正本

〔1〕参见[德]康德：《法的形而上学原理——权利的科学》，沈叔平译，林荣远校，商务印书馆1991年版，第59页。

〔2〕参见郑友德、刘平：《盲从模仿与非专利技术保护初探》，载《中国工商管理研究》1995年第11期。

体。下文中，笔者将先后列举与盲从模仿行为有关联的、不同类型定义之表述，并对这些不同的表述逐一分析。为便于对有关定义的辨析，本节中有关内容对盲从模仿行为之名称有其他特定表述的，暂用其特定表述以指代。

二、“盲从模仿”与“寄生竞争”之共轭

欧洲有关国家可能是最先对此种盲从模仿行为给予关注的，在观察到此种行为可能对创新成果及其附随利益造成损害时，这些国家即试图通过有关的法律制度来限制盲从模仿行为的发生。这与本书第一章所叙述的盲从模仿之产生与演化过程相对应。

（一）竞争法一般原则下的“盲从模仿”：以德国等为代表

德国、奥地利等国家从竞争法的角度对这种行为予以关注，其以“奴性模仿”一词作为表述，即形容模仿者模仿他人的行为或成果时“像奴隶跟随其主人一般盲目地照搬模仿”。最早研究此种行为的国内学者循此逻辑，形象地采用“盲从模仿”这一表述来为此类行为“命名”。〔1〕一般认为，德国法意义下的“盲从模仿”是指参与市场竞争的模仿者既不从事创新或研究活动，也不投入任何劳动或成本，而是采用任何手段将竞争对手的商业成果（包括但不限于产品、服务或有关技术）的一切细枝末节全盘照仿的行为，上述商业成果往往具有不同于常规的特点，以至于通过这种模仿形成的仿制品与被仿品几乎无法区分。〔2〕德国最早于1896年出台了《反不正当竞争法》，并在1909年重新修改该法时增加了第1条作为概括性条款，即“一般

〔1〕参见郑友德、刘平：《盲从模仿与非专利技术保护初探》，载《中国工商管理研究》1995年第11期；郑友德：《论德国反不正当竞争法对模仿行为的规制》，载《知识产权》1997年第4期。值得说明的是，本书采用“盲从模仿”之表述，一方面是由于采用“盲从模仿”指代有关行为在语义上已然十分“到位”，符合研究者和读者受众的一般语言习惯；另一方面是为遵循学术研究上的伦理与对最先开启开拓性研究的前人之尊重。

〔2〕参见邵建东：《德国反不正当竞争法研究》，中国人民大学出版社2001年版，第120～131页。

条款”。该条款宽泛而笼统地规定在商业竞争中任何“违反善良风俗”者均可被约束,德国法官也常以此“帝王条款”在具体司法审判中进行造法活动。总体来看,该条款主要对“妨碍自由”、“阻碍竞争”、“违法占先”以及“坐享其成”四种不正当竞争行为予以规制,其中“盲从模仿”被认为属于“坐享其成”(Ausbeutung fremder Leistung)之列。〔1〕

一般认为,行为人(竞争者)对不受知识产权专门法律保护的智力成果进行自由使用本身是合法的,但是如果这种使用违反了“效能竞争”(Leistungswettbewerb)原则,则具备“坐享其成”这种违背善良风俗的性质,应当受到反不正当竞争法的规制。〔2〕“竞争效能”之理论由德国法学家洛贝等人提出。这一理论认为,具备效能的竞争要求经营者通过提高自身能力、产品质量、效益方法等积极的手段争取市场机会,提高所得利润,这种积极提升经营者自身合理优势的竞争不仅有利于促进市场的开放性和高效率,还有利于提高创新能力和社会福祉,完全符合竞争法所提倡的“自由、平等、效率、开放”之市场竞争秩序要求;〔3〕相较而言,非效能竞争则提倡一种“消极”的竞争,不提倡积极地争取竞争的效率,甚至客观上“导致竞争的萎靡”。〔4〕显然,在“效能竞争”成为德国竞争法中有关“违反善良风俗”的一种客观化判断标准时,盲从模仿行为也自然因其“非效能性”的竞争行为实质而受法律约束。

对于被盲从模仿的对象——“被仿品”而言,德国法并没有对其作过多

---

〔1〕 参见郑友德:《论德国反不正当竞争法对模仿行为的规制》,载《知识产权》1997 年第 4 期。

〔2〕 其他学者在这一观点上也持类似意见,认为盲从模仿只有在“可能构成违反善良风俗的不正当竞争行为时”才可被认为是“非法”,不过在具体构成的要素上有所区别。他们认为,当盲从模仿行为具备以下四种要素之一时才能被德国法所禁止:①构成产品来源的混淆;②使用不正当方式获取的信息禁止他人产品参与市场竞争;③不当利用他人商誉;④有计划地模仿他人产品。参见邵建东:《德国反不正当竞争法研究》,中国人民大学出版社 2001 年版,第 106~199 页。

〔3〕 参见王磊:《法律未列举的竞争行为的正当性如何评定——一种利益衡量的新进路》,载《法学论坛》2018 年第 5 期。

〔4〕 参见王博文:《德国反不正当竞争法私法属性的历史与理论构建(下)》,载《竞争政策研究》2016 年第 5 期。

的限定，甚至保留了一定程度上的模糊性，譬如有关学者笼统地将此些被仿品解释为"原始产品或技术"〔1〕"非专利技术成果"〔2〕"特有商业成果"〔3〕等。大体上看，学者们大多认为"被仿品"应当是"智力成果"，这或许是因为"智力成果"可能更多地体现技术或产品的"创新性"，但是也有学者认为盲从模仿意义下的"被仿品"也可以是"商业标记"。〔4〕

（二）民法侵权责任中的"寄生行为"：以法国等为代表

以法国为代表的部分欧洲国家将盲从模仿称为"寄生行为"（parasitic behavior），也称"寄生竞争"或"寄生性利用"。〔5〕与前述德国做法不同，法国虽然对"寄生行为"进行调整，但并不通过竞争法规制盲从模仿行为，而是将其视作一种民事侵权，通过民法的有关规定予以限制。〔6〕事实上，法国和德国对"寄生行为"（本书所述之"盲从模仿"）的规制均适用反不正当竞争法之进路。但是，法国法规制的独特之处，在于其适用民法中涉及民事侵权责任的一般规定对"寄生行为"作出调整，并由此发展出了一套独特的反不正当竞争法规则；德国则因法院拒绝适用民法以调整不正当竞争行为，故而采取特别法的形式对有关行为予以规制。〔7〕

法国法意义下的"寄生行为"是指"行为人利用竞争对手的声誉不是寻求造成混淆，而是为了避免为获得自己的声誉所需要作的投资"〔8〕，或者是

---

〔1〕郑友德：《论德国反不正当竞争法对模仿行为的规制》，载《知识产权》1997年第4期。

〔2〕郑友德、刘平：《盲从模仿与非专利技术保护初探》，载《中国工商管理研究》1995年第11期。

〔3〕何炼红：《盲从模仿行为之反不正当竞争法规制》，载《知识产权》2007年第2期。

〔4〕参见柳福东、朱雪忠：《试论盲从模仿的法律调控》，载《科技与法律》2000年第1期。

〔5〕参见颜湘蓉：《论不正当竞争中的寄生行为》，入世后知识产权法律服务实务研讨会暨全国律协知识产权专业委员会2002年年会论文。

〔6〕参见郑友德、刘平：《盲从模仿与非专利技术保护初探》，载《中国工商管理研究》1995年第11期。

〔7〕参见孔祥俊：《〈民法总则〉新视域下的反不正当竞争法》，载《比较法研究》2018年第2期。

〔8〕［法］皮埃尔·伯哈：《法国竞争法的实践》，载赵海峰主编、卢建平等编：《欧洲法通讯》第1辑，法律出版社2001年版。转引自颜湘蓉：《论不正当竞争中的寄生行为》，入世后知识产权法律服务实务研讨会暨全国律协知识产权专业委员会2002年年会论文。

"市场主体(包括竞争对手)为自己的商业目的和经济利益,故意直接利用他人的工商业成就而未付出为获得自己声誉所需付出的实质性的正当努力的行为"[1]。从定义上看,"寄生行为"与一般意义上所称之"搭便车"行为无所差别。

在被模仿的对象方面,"寄生行为"大致包含三种形式,即商标淡化、侵占他人商誉以及依样模仿行为。[2] 相较而言,法国法意义上的"寄生行为"之定义范围比前述的盲从模仿更为宽泛,除"依样模仿行为"外,"寄生行为"中的其他形式所模仿的对象还包括经营者的商标、商誉等经营性标记与资信等,[3]其行为目的已不在于"混淆",而在于"攫取消费者对有关产品的注意力"。[4]

三、"盗用行为"及其理论辨析

(一)"盗用行为":美国竞争法中的定义

传统上,英国、美国等普通法系国家对于竞争自由十分看重,大多数模仿行为是被允许的,被认定为不正当竞争的模仿行为最初只有"仿冒行为",这是最为常见的一种不正当模仿。它通过模仿类似商品或服务的标识、包装、外观、名称、广告展示等,令相关消费者对商品或服务的来源产生混淆。[5] 这种"仿冒行为"尽管也表现出模仿品和被仿品之间相同或相似的情形,但模仿者在主观上是要达到"混淆"从而获利之目的。[6]

---

〔1〕 颜湘蓉:《论不正当竞争中的寄生行为》,入世后知识产权法律服务实务研讨会暨全国律协知识产权专业委员会 2002 年年会论文。

〔2〕 参见颜湘蓉:《论不正当竞争中的寄生行为》,入世后知识产权法律服务实务研讨会暨全国律协知识产权专业委员会 2002 年年会论文。

〔3〕 See Corina I. Cacovean, *Is Free Riding Aided by Parody to Sneak between the Cracks of the Trademark Dilution Revision Act*?, 31 Hastings Comm. & Ent L. J. 441 (2008).

〔4〕 See Mary LaFrance, *Passing Off and Unfair Competition: Conflict and Convergence in Competition Law*, 5 Michigan State Law Review 1413 (2011).

〔5〕 参见李明德:《美国知识产权法》(第 2 版),法律出版社 2014 年版,第 330 页。

〔6〕 参见何炼红:《盲从模仿行为之反不正当竞争法规制》,载《知识产权》2007 年第 2 期。

在普通法系的国家中，美国对盲从模仿现象的关注始于前述的国际新闻社案，在该案及其后的诸多类似案件中，美国法院对盲从模仿行为采用的是“盗用行为”（misappropriation）这一表述形式，并从最开始禁止对新闻信息的盗用延伸至禁止复制他人有价值的商业劳动成果。[1] 一直以来，“盗用行为”及其理论反复受到理论界和实务界的探讨，且如本书第一章所述，20世纪中后期，许多美国学者开始对“盗用行为”及其相关理论发起挑战。在诸多探讨之中，不仅这种探讨已不限于“在其未播种的地方进行收获”（to reap where it has not sown）[2]这一知名却又笼统的表述，“盗用行为”及其理论也经历了一个从提出到缩限再到反思的过程。

从定义上看，“盗用行为”被认为是一种普通法上的侵权行为。在这一行为中，行为人使用了有关组织为了获取利益而收集或传播的非版权信息或创意，且行为人这种使用行为构成对该组织的不正当竞争，或行为人复制创作者并未主张或获得专有权的作品之行为。[3] 根据上述定义，构成“盗用行为”应具备三种要素：其一，被盗用者（原告）为了有关信息（information）的提取付出了时间、金钱或努力；其二，行为人（被告）对于上述信息的获取没有任何类似的投入（investment）；其三，被盗用者（原告）因为行为人（被告）的盗用行为而遭受竞争上的损失（competitive injury）。[4]

（二）与“盗用行为”之定义有关的两个问题

上述定义及有关构成的内容虽然相对完整，但仍有两个方面的问题需要回答：其一，“盗用行为”是否等于或包含“仿冒行为”？其二，盗用者和被

---

〔1〕 See Richard A. Posner, *Misappropriation: A Dirge*, 40 Houston Law Rev. 621 (2003).

〔2〕 See International News Services v. Associated Press, 248 U. S. 215 (1918).

〔3〕 See “misappropriation”. Bryan A. Garner ed., *Black's Law Dictionary*, 10th ed., Thomson Reuters, 2014, p. 1148.

〔4〕 See “misappropriation”. Bryan A. Garner ed., *Black's Law Dictionary*, 10th ed., Thomson Reuters, 2014, p. 1148–1149. 也有学者认为，“盗用行为”包括四个因素（或条件）：①盗用行为的实施者在行为性质上是不正当的或具有主观过错的；②盗用行为的实施者与被盗用者之间存在竞争关系；③被盗用的对象不受知识产权保护，但需要体现创新者具有一定贡献；④这种盗用行为造成了损害结果。参见梁志文：《从“山寨现象”看禁止盗用原则及其应用》，载《法学》2009年第7期。

盗用者之间有无竞争关系?

对于第一个问题,首先可以明确的是"盗用行为"与"仿冒行为"二者之间绝非等同,否则盗用行为没有存在的必要。接下来需要厘清的就是"构成消费者对产品或服务来源之混淆"与"盗用行为"之间是何关系、有何异同。根据前述定义及构成要素来看,盗用者主要针对的是其他经营者在获取有关信息时所进行的"投入",旨在不付出任何对价的情况下将这种投入据为己用。客观而言,"混淆"的发生(或"足以发生"之状态)是这种盗用行为的其中一种结果;盗用者既可能出于通过"混淆"达到获利之目的而进行盗用,也可能仅仅是为了"搭便车"、节省投入而实施盗用。因此,有学者认为美国竞争法上的"仿冒行为"应包含于"盗用行为"之中,即后者含有"产生来源上的混淆"之情形,〔1〕或认为因仿冒行为而提起的诉讼可能为"盗用之诉"所取代。〔2〕 笔者认为这一观点值得商榷,原因在于,美国 Knitwaves, Inc. v. Lollytogs, Ltd. 案之判决在《兰哈姆法》(Lanham Act)第 43 条(a)项对"仿冒行为"的规定之基础上,明确了其"来源上的显著性"和"存在混淆的可能"这两项独特的构成要件;〔3〕换言之,构成或足以构成"混淆"的模仿行为只能通过"仿冒行为"予以解释。此外,1995 年美国法学会颁布的《反不正当竞争法重述(三)》明确地将不正当竞争行为分为五类,即仿冒行为、虚假广告、商业诋毁、淡化他人商业价值与盗用他人商业价值。〔4〕 其最后一项所述的"盗用他人商业价值"即"盗用行为",被解释为"未经许可使用他人已经披露的商业信息,并且造成对他人商业利益的严重损害"之含义。〔5〕 显然,从体系上看,美国法上的"盗用行为"与"仿冒行为"是两种完全不同的不正当竞争行为,二者之间没有包含关系,可以认为二者

〔1〕 参见梁志文:《从"山寨现象"看禁止盗用原则及其应用》,载《法学》2009 年第 7 期。

〔2〕 参见何炼红:《盲从模仿行为之反不正当竞争法规制》,载《知识产权》2007 年第 2 期。

〔3〕 See Knitwaves, Inc. v. Lollytogs, Ltd. , U. S. C. A. 2nd Circuit. 71 F. 3d 996 (1995).

〔4〕 See American Law Society, Restatement(Third) of Unfair Competition, 1995.

〔5〕 当然,学者认为这种"商业利益"通常源于商业秘密与形象权。参见李明德:《关于反不正当竞争法的几点思考》,载《知识产权》2015 年第 10 期。

在反不正当竞争法上为并列关系。

对于第二个问题,根据盗用行为的定义,盗用者对被盗用者造成的是“竞争上的损失”,这种损失在文义上应当被解释为“与竞争行为有关的损失”。接下来需要回答的是,这种损失的发生是否要求盗用者与被盗用者之间存在竞争关系;质言之,如果要求存在,那么二者之间存在“竞争关系”将成为盗用行为的构成要件之一,反之不然。对此,笔者与有关学者观点类似,认为“竞争关系”的存在应当是构成盗用行为的前提。首先,确立盗用行为的国际新闻社案即明确了直接的竞争关系是该行为构成的前提。〔1〕其次,竞争行为的存在必以竞争关系为条件,反之,竞争关系必然为竞争行为所体现;在此逻辑下,被盗用者与竞争行为有关的损失,必然系由与被盗用者具有竞争关系者所引起,故而盗用者与被盗用者之间存在竞争关系是前者构成盗用行为的前提。〔2〕当然,两个经营者之间具有竞争关系绝不意味着二者应当属于同一产业或行业,任何相互之间以争夺有限客户、追求经济利益和占有市场份额为目的的竞争者都应当被视为具有竞争关系。〔3〕

四、“畅销成果”与“商品形态”:基于模仿对象的考量

20 世纪 90 年代,随着经济全球化和国际贸易体系的形成,“模仿—创新”路径在此条件下不断地发挥其规律性的作用;这一时期,发达国家和地区逐渐占据了科技、文化和制度创新的高位,显现出“知识产权立国”、“知识产权法的国际化”,以及“推行知识产权的高标准保护”等诸多态势。〔4〕在此背景之下,一些发达或新兴工业化国家和地区在促进创新的过程中,开始注意到盲从模仿现象对于创新的影响。而这种影响很可能会妨碍市场

〔1〕 See International News Services v. Associated Press, 248 U. S. 215 (1918).

〔2〕 参见梁志文:《从“山寨现象”看禁止盗用原则及其应用》,载《法学》2009 年第 7 期。

〔3〕 参见郑友德:《论现代〈反不正当竞争法〉中的竞争关系》,载郑友德:《知识产权与公平竞争的博弈:以多维创新为坐标》,法律出版社 2011 年版。

〔4〕 参见吴汉东:《国际变革大势与中国发展大局中的知识产权制度》,载吴汉东:《知识产权中国化应用研究》,中国人民大学出版社 2014 年版。

的竞争秩序与经济的创新效率，进而，有关国家和地区开始对盲从模仿行为进行法律上的界定，从而施以专门的规制方式，其中较为典型的是瑞士和日本。

(一)瑞士：对“畅销成果”的盲从模仿之调整

瑞士1986年《反不公平竞争法》第5条对“不公平利用他人成果行为”作出专门的规制，其中第5条(c)项的内容被认为是瑞士对于盲从模仿行为的明确定义。[1] 第5条(c)项规定，任何人未作相应的努力或投入，借助有关技术方法来复制他人畅销的劳动成果(marketable results of work)并加以利用的行为，属于该法规制的不公平竞争行为。[2]

从瑞士法明确的盲从模仿行为之定义来看，有三点值得关注。

第一，与前述几种对盲从模仿行为的表述类别相似，瑞士法该条款并不在于保护特定的成果，而在于禁止对“畅销的劳动成果”进行盲从模仿之行为；尽管该条文本身并未直接对“劳动成果”作进一步明确，但笔者认为可以通过体系解释予以明确。考察瑞士《反不公平竞争法》第5条的立法目的，实际上该条——包括其(a)和(b)项——是对“不公平利用他人成果”(exploitation of the achievements of others)的行为之限制，这种“成果”应当是指本身能够带来显著市场价值的产品或者技术，而其他属于知识产权法保护的客体并不在此成果之列。此外，遵循上述体系解释，经营者的纯粹商誉也不被认为是“成果”。[3]

---

〔1〕 参见何炼红：《盲从模仿行为之反不正当竞争法规制》，载《知识产权》2007年第2期。

〔2〕 1986年瑞士《反不公平竞争法》第5条原文为：“5. Shall be deemed to have committed an act of unfair competition, anyone who, in particular, (a) without authorization, exploits results of work entrusted to him, for example, tenders, calculations or plans, (b) exploits the results of work of another, for example, tenders, calculations or plans, although he must know that they have been handed to him or made available without authorization, (c) by means of technical reproduction processes and without a corresponding effort of his own, takes the marketable results of work of another person and exploits them as such.”详细可见1986年瑞士《反不公平竞争法》。同时可参见郑友德：《论技术创新与模仿的知识产权法律调节》，载郑友德：《知识产权与公平竞争的博弈：以多维创新为坐标》，法律出版社2011年版。

〔3〕 参见郑友德：《论技术创新与模仿的知识产权法律调节》，载郑友德：《知识产权与公平竞争的博弈：以多维创新为坐标》，法律出版社2011年版。

第二，瑞士法该条所述之“畅销”，即要求被模仿的劳动成果应当是已经进入市场，并且在市场上积累了一定的商誉或者受到市场消费者的一定关注的；换言之，劳动成果的“畅销”既是经营者投入和付出之结果，也是其在市场中获得竞争优势的重要体现。在此意义之下，瑞士法规制的实际上是对特定经营者基于其劳动成果而获得的市场竞争优势之攫取行为。

第三，瑞士法所明确否认的“未作任何努力和投入而利用”行为即为一般商业伦理所责难的“不劳而获”，可以说，瑞士法将盲从模仿行为从商业伦理层面的否认上升至法律层面的约束。值得强调的是，从该定义中对模仿者需要“借助有关技术方法复制”之条件可知，瑞士法所述之“未作任何努力和投入”并非指模仿者丝毫没有付出，而是指在既有经营者所创造之劳动成果的基础上，模仿者并没有增加或添附其他创新，而是简单地“全盘复制”；在此意义上，模仿者通过反向工程得到相同或实质相同的创新成果，并不属于瑞士法中盲从模仿行为的构成。[1]

（二）日本：对“商品形态”的盲从模仿之规制

与瑞士类似，日本也关注到了盲从模仿行为之现象，并于 1993 年在其《不正当竞争防止法》中增加了专门规制盲从模仿行为的条款，该条款对盲从模仿行为亦作了法律意义上的定义。[2] 相比于前述之瑞士法，日本法对盲从模仿行为的定义有着十分鲜明的特点。

日本 1993 年《不正当竞争防止法》第 2 条第 1 款第 3 项规定，经营者凭借其生产的商品之形态可以制止这样一种不公平竞争行为，即在该商品上市之日起 3 年内禁止他人模仿此种“商品形态”并用于转让、租赁，禁止以转让或租赁为目的的展示或者进出口行为；但普遍用于该种产品或相似产品的设计，或者完成了相同的或近似功能或效果的设计等例外情况不在上述

---

〔1〕 参见何炼红：《盲从模仿行为之反不正当竞争法规制》，载《知识产权》2007 年第 2 期。

〔2〕 参见郑友德：《论技术创新与模仿的知识产权法律调节》，载郑友德：《知识产权与公平竞争的博弈：以多维创新为坐标》，法律出版社 2011 年版。

禁止之列。〔1〕有学者将这种模仿行为称为“依样模仿”〔2〕、“dead copy”〔3〕或者“依样画葫芦地模仿”〔4〕；但笔者认为，日本学者田村善之将其称为“对商品形态的酷似性模仿”（以下简称酷似性模仿）更能体现日本法上对盲从模仿行为的定义。〔5〕

不论对其名称作如何表述，这一条款所定义的酷似性模仿与本书所论之盲从模仿行为在本质上相同。这一条款具有显著的特殊性，尤其是与同样采取专门条款约束的瑞士法相较。可以认为，日本法对酷似性模仿（盲从模仿）的定义有其自有的逻辑，其中有三个方面值得进一步分析。

第一，酷似性模仿的对象——亦即前述之“被仿品”——在日本法上被表述为“商品形态”。不同于前述的模糊或宽泛的定义，如“非专利技术成果”“投入”“畅销劳动成果”等，日本《不正当竞争防止法》所明确的“商品形态”之表述更为具体。首先，酷似性模仿的对象范围不仅将“服务”排除在外，也明确不把时间、劳力、投资及商誉等涵盖在内，〔6〕甚至明确不保护“二维产品”；〔7〕质言之，这种“酷似性模仿”是限定在“商品形态”，即商品的

---

〔1〕 需要指出的是，日本1993年《不正当竞争防止法》于2019年修订，但其第2条第1款第3项仍然保留，且未作原则性更改，其法律条文表述为，“第二条 この法律において「不正競争」とは、次に掲げるものをいう。[…]三、他人の商品の形態（当該商品の機能を確保するために不可欠な形態を除く。）を模倣した商品を譲渡し、貸し渡し、譲渡若しくは貸渡しのために展示し、輸出し、又は輸入する行為；[…]”。

〔2〕 李艳：《论日本〈不正当竞争防止法〉中的依样模仿条款》，载《电子知识产权》2013年第6期。

〔3〕 Kenneth L. Port, “*Dead Copies*” *under the Japanese Unfair Competition Prevention Act* (*UCPA*): *The New Moral Right*, 51 St. Louis U. L. J. 93 (2006).

〔4〕 [日]富田彻男：《市场竞争中的知识产权》，廖正衡等译，商务印书馆2017年版，第160页。

〔5〕 参见[日]田村善之：《商品形态酷似性模仿的规制动向——从制度宗旨来看法律的修改及对判例的评价》，丁文杰、李高超译，载[日]田村善之：《田村善之论知识产权》，李扬等译，中国人民大学出版社2013年版。

〔6〕 See Kenneth L. Port, “*Dead Copies*” *under the Japanese Unfair Competition Prevention Act* (*UCPA*): *The New Moral Right*, 51 St. Louis U. L. J. 93 (2006).

〔7〕 参见李艳：《论日本〈不正当竞争防止法〉中的依样模仿条款》，载《电子知识产权》2013年第6期。

“外在形状”(shape of goods)之上的。〔1〕其次，这种“商品形态”在本质上仍然是市场价值的体现。具言之，在市场竞争愈加激烈、产品更新周期越来越短的市场之中，先行将商品投入市场的经营者将付出更多的劳动和成本，承担更多的商业风险，相对地，他们所获得的“市场先行利益”也会更丰厚；作为后行为人的酷似性模仿者全盘照搬先行为人的商品形态之行为，不仅使他们几乎不付出即可获得与先行为人相同的利益，而且这种酷似性模仿而来的商品具备极高的替代性，使市场无法将仿品与先行为人的商品区分开来，如此之后果即后行为人“吞噬”了先行为人本应获得的市场先行利益。〔2〕有学者认为，日本《不正当竞争防止法》对酷似性模仿行为关于“市场先行利益”的定义与构成实际上参考了前述瑞士之“畅销劳动成果”的立法例。〔3〕此外，日本法在对酷似性模仿的定义中也列明了具体的行为方式，包括将具备模仿形态的商品进行转让、租赁和以转让或租赁为目的的展示或者进出口行为，与知识产权侵害行为的方式相当。

第二，在本书所论述的众多定义当中，日本《不正当竞争防止法》第 2 条第 1 款第 3 项对于盲从模仿的定义，是目前为止唯一增加了“保护期限”作为其构成要素规定的，即从商品“上市”之日起的 3 年内。这是极具特色和“新颖性”的一点，也是有待进一步探讨的一点。质言之，有两个问题值得列明详述。第一个问题：该条款所述的 3 年“保护期限”有何依据？有学者认为，该立法确定的这一期限是基于日本的立法逻辑，这一“保护期限”已经足以令先行为人“收回投资成本，而不会对自由竞争造成影响”，换言之，此 3

〔1〕参见[日]田村善之：《商品形态酷似性模仿的规制动向——从制度宗旨来看法律的修改及对判例的评价》，丁文杰、李高超译，载[日]田村善之：《田村善之论知识产权》，李扬等译，中国人民大学出版社 2013 年版。

〔2〕参见李艳：《论日本〈不正当竞争防止法〉中的依样模仿条款》，载《电子知识产权》2013 年第 6 期。

〔3〕参见[日]田村善之：《商品形态酷似性模仿的规制动向——从制度宗旨来看法律的修改及对判例的评价》，丁文杰、李高超译，载[日]田村善之：《田村善之论知识产权》，李扬等译，中国人民大学出版社 2013 年版。

年之期限是日本法为先行的经营者确定的“市场先行利益”区间。〔1〕从这个意义上看，为规制酷似性模仿而施加“保护期限”的制度设计，是对“市场先行者利益”和“市场竞争之自由”的利益平衡，这一点值得肯定。当然，具体的期限为何限定在“3年”，是否有其他更为客观且详实的拟定依据，仍有进一步探寻之空间。〔2〕第二个问题：如何理解该条所称之“上市”？有学者将其明确为“第一次商业发行的日期”，但这一表述并未回答是“商品实物投放于市场之日”还是“商品形态展示于市场之日”，是仅指“国内上市之日”还是包括“国外上市之日”，围绕此些问题的讨论亦众多。〔3〕但抛开具体制度，仅从定义的角度来看，笔者认为，明确“上市之日”为酷似性模仿的构成要素对于“维护市场先行利益”这一目的有积极作用；质言之，具备特定形态的商品“上市之日”是经营者获得“市场先行利益”的起始，也是排斥他人进行酷似性模仿的事实性基础。当然，制度上如何设计则须另行考察。

第三，在对酷似性模仿的定义中，相关法条还有一除外限定，即该定义排除被酷似性模仿的商品形态系“普遍用于该种产品或相似产品的设计，或者完成了相同的或相近似功能或效果的设计”之情况。〔4〕被酷似性模仿的对象本身不受知识产权特别法的保护，而其中许多被酷似性模仿对象在性

---

〔1〕参见李艳：《论日本〈不正当竞争防止法〉中的依样模仿条款》，载《电子知识产权》2013年第6期。

〔2〕See Kenneth L. Port, "*Dead Copies*" *under the Japanese Unfair Competition Prevention Act* (*UCPA*): *The New Moral Right*, 51 St. Louis U. L. J. 93 (2006).

〔3〕有学者认为应当是“商品实物投放于市场之日”为“上市之日”。从文义上看，这一观点似无争议；但现实中，提前宣传成为一种普遍的商业策略。而随着模仿和复制技术越来越先进，模仿的成本越来越低，速度也越来越快，这种“提前宣传”反而可能给酷似性模仿行为者以机会，令模仿者“抢先”将同样商品形态之物推向市场，这样的结果对于以“鼓励创新”为基本立足点的竞争法来说是荒谬的。因此，笔者认为有关学者的观点值得商榷。参见李艳：《论日本〈不正当竞争防止法〉中的依样模仿条款》，载《电子知识产权》2013年第6期。

〔4〕有学者将这些“特殊情况”总结为以下六种：①商品形态与功能无法区分；②商品形态本身需要维持可改变性；③商品形态是一种市场实际标准；④如果排除这种商品形态，则商品无法投入市场；⑤市场竞争的通常惯例不认为此种对商品形态的酷似性模仿是不公平的；⑥善意第三人在不知真相时提供了所模仿的商品形态。参见郑友德：《论技术创新与模仿的知识产权法律调节》，载郑友德：《知识产权与公平竞争的博弈：以多维创新为坐标》，法律出版社2011年版。

质上被认为属于公有领域；显然，对酷似性模仿行为的限制应当考虑排除公有领域，不应侵蚀公众对这部分空间的利用。

第二节　定义探索：盲从模仿行为的构成

尽管前述诸多名称及表述多而庞杂，各有侧重，但辨析之下，各表述对于本书欲定义的“盲从模仿行为”均提出了相似乃至相同的指向，并且，即便定义的国家与学者不一、时期相互各异，乃至观察所侧重的角度有别，各表述指向的“盲从模仿”仍然有明显相同的特征。此足以使笔者从法律意义上尝试对盲从模仿行为作客观而明确的统一定义，并厘清该行为的构成要件，以回应多年以来各国制度及各法学学者在这一问题上的探索。

如前所述，盲从模仿行为应属于一种法律事实，对其定义的探索应当在法律上考察其拥有何种构成要件。前述对盲从模仿行为定义的各项表述虽然不一，但均包含以下几项要素：其一，行为的主体之间具有竞争关系；其二，行为的客体因一定的特性而具有市场价值，且无法或不宜为知识产权特别法所保护；其三，行为人具有市场意义的模仿行为，但与积极引致创新的模仿行为大相径庭，此类模仿行为表现为以攫取、盗用或全盘照搬之手段利用他人的劳动成果；其四，被模仿者因该盲从模仿行为而客观上存在损害结果；其五，行为人不以构成消费者对商品来源的混淆为目的。笔者认为，此五项要件构成了盲从模仿行为概念之内涵，为盲从模仿行为的准确定义提供了条件，以下分点述之。

一、行为主体：具备竞争关系的盲从模仿者与被模仿者

盲从模仿行为包含两类主体，即前述之“盲从模仿者”与“被模仿者”，盲从模仿者系实施或参与盲从模仿的行为人，被模仿者则是指创造了有关成

果,且因该成果被盲从模仿者模仿而承受损失的人。根据前述考察,盲从模仿者与被模仿者同属市场竞争者,相互之间具有竞争关系;而这种竞争关系如何对盲从模仿行为的构成产生影响,有待进一步探讨。

一般观念之下的竞争关系是指“直接竞争关系”或“水平竞争关系”,有学者将其定义为“生产经营相同、类似抑或可替代的商品经营者之间在特定的市场经营活动中为争夺市场份额而形成的市场关系”〔1〕。随着现代竞争法理论的发展,越来越多的法律加入调整竞争关系的网络之中,形成一种以传统竞争法(如反垄断法、反不正当竞争法)为中心,以一系列民事法律和经济法律为“配套”的法律网络,以此来调整竞争关系。〔2〕在此背景之下,法律调整的对象已不再限于“直接”或“水平”的竞争关系;在特定市场以消费者为中介的情况下,市场竞争关系还在广义上包含“间接竞争关系”和“垂直竞争关系”。换言之,仅以经营者是否属于同一行业、是否生产经营同类或相似商品(服务)来考察“是否具有竞争关系”是不严谨的,更应当考察经营者是否存在“争夺有限客户、追求经济利益并获取市场地位”之竞争目的。〔3〕

在两个经营者之间不存在竞争关系的情况下,如出现此经营者损害彼经营者的合法利益之情况,则此种情况属于平等主体之间的侵权法律关系。从另一个角度看,刨除合法的市场自由竞争引起的经营者优胜劣汰的结果,如果具备竞争关系的经营者之间存在一方受另一方行为之损害的情况,且这种竞争违反了法律的规定,则作出侵害行为的经营者一方即构成竞争法意义上的不正当竞争行为(也可能包括其他承担竞争法责任之行为)。盲从模仿行为是盲从模仿者对在先生产商品者(被模仿者)的“照搬式”模仿,而

---

〔1〕 郑友德:《论现代〈反不正当竞争法〉中的竞争关系》,载郑友德:《知识产权与公平竞争的博弈:以多维创新为坐标》,法律出版社 2011 年版。

〔2〕 参见吴汉东:《试论市场竞争机制的法律环境》,载吴汉东:《知识产权多维度学理解读》,中国人民大学出版社 2015 年版。

〔3〕 参见郑友德:《论现代〈反不正当竞争法〉中的竞争关系》,载郑友德:《知识产权与公平竞争的博弈:以多维创新为坐标》,法律出版社 2011 年版。

这种模仿方式在客观上只能在具有竞争关系的经营者中产生，不存在竞争关系的经营者之间没有“照搬式”模仿之可能。举例而言，甲经营者生产的手机外壳带有一种能起到防滑作用的花纹（且假定此种防滑花纹为甲研发的非专利技术）；乙经营者是与甲有竞争关系的另一手机生产者，如果乙将此防滑花纹，乃至其同样的材料直接用于自己生产的手机产品，那么乙便是盲从模仿者。丙经营者为皮鞋生产商，与甲无竞争关系，其将这种具有防滑作用的花纹用于自己生产的皮鞋鞋底，由于手机外壳与皮鞋底纹属于性质完全不同的两种商品，即便丙希望其生产的皮鞋采用同样的花纹以提供防滑功能，其仍然需要作一些额外的努力或投入，譬如根据皮鞋的实际情况来考察使用同样的花纹对其生产的皮鞋而言是否有效，如何实现最佳效果，采用何种材料等，质言之，丙客观上无法在毫无付出的情况下使用或模仿甲的花纹。由此可见，盲从模仿行为必然发生在有竞争关系的经营者之间，即盲从模仿者与被模仿者存在竞争关系，这是由盲从模仿的客观性质决定的。

二、行为客体：商品中体现市场先行利益的创新差异性

盲从模仿行为的客体就是盲从模仿者所模仿、照搬的对象，也是被模仿者创造的成果。综合前述可知，这种成果应当是具备非物质性的信息或成果，并且以一定的物质形态作为载体以呈现。相比于其他构成要件，盲从模仿的行为客体无疑是最受关注的一项，其所包含的以下两点最为关键：其一，在前一节的分析中，被盲从模仿的对象（行为客体）是诸项定义中表述差别最大的，有“投入”“畅销劳动成果”“商品形态”等不同的表述；换言之，盲从模仿行为之客体“本身是什么”的问题尚无定论，而对这一构成要件的分析亟待对这一问题的回答。其二，对盲从模仿行为客体的研究将更多地沿用知识产权法（包括竞争法）的视角，而在这一角度中，不少学者认为知识产权法已经为应受法律保护的客体划出了一条清晰的“界线”，超出此“界线”的均属于可被自由使用的“公有领域”，盲从模仿行为则基于创新的效率性

和对“不劳而获”行为的排斥，尝试对不受知识产权保护的客体施加一种超出知识产权法的“额外”保护，不论其听起来多么合理，皆有可能构成对公有领域空间的“挤压”乃至“侵蚀”，如何给予这一观点以合理的回应，也是对客体要件的分析中所必须考虑到的。[1]

（一）商品的“创新差异性”辨析及其所带来的市场先行利益

经营者向市场提供商品时，存在两种参与市场竞争的逻辑：其一，生产更具创新性的商品。由于这种创新从未在市场上出现过，却受到市场的欢迎，所以此种创新将为生产商品的经营者带来竞争上的优势，从而使该经营者有获得更多利益的可能，而且，商品的创新也能影响市场上其他经营者，促使他们在此基础上完成更多创新，从而逐步推动市场进步和经济发展。其二，生产与他人既已投入市场且几乎毫无差异的商品。抛开法律上的因素，由于特定商品已经被投入市场，已然在竞争中使在先经营者获得优势，所以在后的模仿者只需要将同样的商品投入市场即可直接利用该市场优势获利。然而，随着更多的相同商品进入市场，供需关系将很快被改变，在先经营者因此种商品所建立的竞争优势将不复存在。[2]

前述其一者可称为“差异性竞争”。在后商品相比于在先商品更具创新，这种在创新上的差异带来了消费者选择的多元化、消费产品的可替代性，并最终导致市场竞争的产生。相较而言，前述其二者可称为“无差异性竞争”，此种竞争将带来两种后果：一是在先经营者的可得利益被在后模仿者“攫夺”或“瓜分”；二是这种竞争将“激励”更多模仿者为了获取更多利益

---

〔1〕 See Gary Myers, *The Restatement's Rejection of the Misappropriation Tort: A Victory for the Public Domain*, 47 S. C. L. Rev. 673 (1996).

〔2〕 严格来说还有一种思路，即生产在创新程度上落后于市场的商品，但这种情况几乎不具有现实可能。首先，同等条件下的落后商品具有更低的竞争力，市场规律即足以将其淘汰，无须通过法律的手段对其予以调整；其次，即便该落后商品得以与创新商品同时存在，二者也应处于不同的市场之中，譬如，同一生产商生产的手机，配置的高低或版本的差异将使不同类型的手机被推向不同的市场（如高端或低端市场等），又或者两种手机即便在特定时间内处于同一市场，但此种状态总会伴随落后于市场者的淘汰而结束（如新一代手机和旧一代手机的竞争等）。

而减少创新、直接模仿。而此二者正是盲从模仿行为对私利益与公利益造成的损害后果，可以说，盲从模仿行为的逻辑正是上述“无差异性竞争”的形式。

基于市场自由，经营者有权生产任何商品。为了在市场竞争中占据优势地位，除运用良好的经营手段和管理方式外，更重要的是推向市场的商品是否满足市场需求，以及该商品如何获得更高的市场份额；这些是经营者在市场竞争中的首要核心。其中，拥有更具创新要素的商品（譬如功能上更多元化、外观上更具美感、有关信息前所未有等）显然能够得到市场的更多青睐，并在市场竞争中获得领先优势，由此种优势得到的利益即“市场先行利益”。〔1〕

客观而言，创新活动是一种事实行为。由创新形成的商品既有可能因创新性之高而成为知识产权保护的客体，也可能与此前的商品相比虽具有一定“差异性”，但这种“差异性”不足以达到受知识产权法保护的程度。盲从模仿者所要模仿的商品正是后一种情形；具言之，具备“创新差异性”的商品被盲从模仿后，因模仿而得的这种商品将获得此种“差异性”，进而在推向市场的过程中使盲从模仿者获利。换言之，盲从模仿是对这种体现在商品上的“创新差异性”之模仿，其行为客体即此种“差异性”本身，最终是为攫取创造者的“市场先行利益”——这也正是盲从模仿者“不劳而获”的真正意图所在。对于此项论断，笔者认为可以从以下两个方面进行理解：

第一，此种“创新差异性”应当能够体现在特定商品之上，达到足以被市场感知的程度。约瑟夫·熊彼特认为的五种创新情形包括新产品或其新特性、新生产方法、新市场、新供应来源以及新的组织，但满足上述要求的只能是“新产品或其新特性”。〔2〕原因在于，盲从模仿的逻辑决定了这一行为是专门针对既有商品中可感知之“创新差异性”的模仿，而约瑟夫·熊彼特所

---

〔1〕参见黄武双、谭宇航：《不正当竞争判断标准研究》，载《知识产权》2020年第10期。

〔2〕参见［美］约瑟夫·熊彼特：《经济发展理论——对于利润、资本、信贷、利息和经济周期的考察》，何畏等译，商务印书馆1990年版，第73~74页。

述的五种"创新"中只有"新产品或其新特性"属于此类;即便"新生产方法"为商品带来了一些显著的差异性,譬如经营者通过改进生产方法而提高了产品的纯度,或增强了产品的功能效果等,这种差异性也是体现在商品的特性之中,为市场(消费者)所感知。换言之,盲从模仿行为的"创新差异性"在性质上只能局限在"新产品或其新特性"之中,而无法被扩大到其他创新领域。

第二,此种"差异性"的形成只能源于"创新",包括创新性劳动或者创新性投入,只有具备"创新"的"差异性"才足以受到保护。应当认为,商品的"差异性"来源广泛,"创新"只是来源的其中之一,譬如,商品的"差异性"也可以通过区分不同的生产来源而体现,如不同的商业标记等。然而,盲从模仿行为是对创新所产生之"差异性"的攫取,是对他人的创造性劳动的"拿来主义",并不意在构成"来源上的混淆"或任何"仿冒",这一点也是盲从模仿行为与仿冒行为的最为根本的区别。

此外,前述的"盗用行为"理论认为盲从模仿行为的客体应当是一种"投入",从文义上理解,这种投入可能包括资金的投入和劳务的付出,[1]但笔者认为,这些投入和付出本身只是创新过程的体现,甚至盲从模仿行为者在模仿他人商品的过程中也需要相关的投入和付出。盲从模仿行为模仿的是"商品"本身,攫取的是该商品中内在的、比其他商品更为创新的"差异性",这种"差异性"虽然源于有关投入,但绝不等同于该投入本身。再者,前述的"酷似性模仿"仅将狭义的、有外在形体的商品"形态"作为盲从模仿行为的客体,这一点也是值得商榷的。[2] 商品所具有的创新外在形态固然能够成为前述"差异性"的一种表现形式,但与商品相似的"服务"也足以表现出类似的"差异性",譬如服务流程、组合和方式等的创新安排,在探究行为客体

〔1〕 参见梁志文:《从"山寨现象"看禁止盗用原则及其应用》,载《法学》2009 年第 7 期。

〔2〕 参见[日]田村善之:《商品形态酷似性模仿的规制动向——从制度宗旨来看法律的修改及对判例的评价》,丁文杰、李高超译,载[日]田村善之:《田村善之论知识产权》,李扬等译,中国人民大学出版社 2013 年版。

时将无本质区别的商品和服务区分看待，似有不妥。

更进一步来看，拥有"创新差异性"的商品之所以能在市场上与其他商品区别开来，是因为该商品得凭借"创新"而得到市场认可、获得市场份额，这将毫无疑问地为创新经营者带来市场竞争上的优势，这种优势是"具有社会价值的优势"〔1〕，并体现为与之相适应的市场价值，或可称之为"市场先行利益"。因此，笔者认为，模仿者对商品中"创新差异性"因素的盲从模仿，本质上并不是为了占有该"创新差异性"本身，而在于通过将"创新差异性"照搬到自己的商品之中，从而攫取相应的市场价值；而通常情况下，这一市场价值的获取是完全来自该"创新"的实际研发者，即被模仿者之投入与付出的。

举例而言，广东省深圳市中级人民法院于 2017 年审理了一起"深圳市谷米科技有限公司诉武汉元光科技有限公司不正当竞争纠纷案"（以下简称谷米诉元光案）。在该案中，原告所开发的一款公共汽车实时定位软件中的后台数据信息被被告通过网络爬虫等非法技术获取。原告认为有关的后台数据是原告经过其劳动和投入所自行获得的，应当受到保护；而被告则认为该数据信息属于车辆 GPS 运行信息，属于任何人都可以使用的公有领域范畴。法院在判决中认为，原告在软件中的后台数据具有实用性，并且能够为原告带来现实或潜在、当下或将来的经济利益，具备无形财产的属性，且由于该数据依附于原告开发的软件，因而原告对该数据信息具有占有、使用、收益和处分等合法权益。虽然原告的软件允许使用者免费获取这些信息内容，但被告"使用爬虫技术"对该信息的盲从模仿是一种不正当的手段，属于违反原告意志的攫取行为，故而法院最终认定被告构成不正当竞争行为。〔2〕 该案中，法院合理地辨析了原告在软件中的后台数据属于原告付出

---

〔1〕［美］贾斯汀·休斯：《知识产权哲学》，杨才然、张萍译，载刘春田主编：《中国知识产权评论》第 2 卷，商务印书馆 2006 年版。

〔2〕参见广东省深圳市中级人民法院民事判决书，(2017) 粤 03 民初 822 号。

劳动和投入所获得的“无形财产”,认定其具有市场价值,满足原告的市场先行利益。类似的说理还见于大众点评诉百度案[1]和淘宝诉美景案[2]。

(二)“创新差异性”不属于公有领域之内容

前述分析论证了盲从模仿行为的客体是商品中体现市场价值的创新差异性,但是这一论述存在一个假定前提,即任何“创新差异性”都是受法律保护的。但是,如果在客观上看这一假定前提并非确定,那么仍然要从这一假定出发,探究是否有其他因素影响对盲从模仿行为的客体范围的确定。

由创新引起的差异性本质上或是一种技术进步,或是一种文艺拓新,具有非物质性之特征,从性质上看适于采用知识产权法的角度予以检视。当然,客体拥有非物质性的特征并不当然意味着其应受知识产权法的保护,事实上在前述内容中,笔者即已提出盲从模仿的客体本身是知识产权特别法所不保护的客体,并且这一点几乎为任何对盲从模仿行为的既有研究所承认。

有相当学者认为,不受知识产权法保护的客体,即属于任何人可自由使用的公共领域。换言之,知识产权法保护的客体与不受保护的公有领域之间,有一条泾渭分明的界线:在知识产权保护范围内的客体归属知识产权人之私权利益;而不在知识产权保护范围内的客体则一概归为公有领域,属于公共利益之范畴。这两个范畴之间是截然相对的。[3] 上述观点认为,从知识产权的角度看,对某一客体或信息的任意模仿只能引致两种情况的发生:要么侵犯了知识产权保护的私权自由,要么只是行为人正常使用不受保护之信息的行为,受知识产权特别法保护的客体不存在被盲从模仿之虞。本书的前文对此有所分析,此处不再赘述。而对于已经完全处于公有领域之信息,任何对这些信息的自由使用均不违反知识产权特别法的规定,即便行

---

〔1〕 参见上海市浦东新区人民法院民事判决书,(2015)浦民三(知)初字第528号。

〔2〕 参见浙江省杭州市中级人民法院民事判决书,(2018)浙01民终7312号。

〔3〕 See David Lange, *Rethinking Public Domain*, 44 Law & Contemp. Probs. 147(1982); Keith Aoki, *Authors, Inventors and Trademark Owners: Private Intellectual Property and the Public Domain* (*Part* Ⅰ), 18 Columbia J. Law Arts 11 (1993). 转引自冯晓青:《知识产权法的公共领域理论》,载《知识产权》2007年第3期。

为人完全复制这些信息,都不构成知识产权法意义上的侵权。[1] 上述观点在理论上似能自洽,但无法回应盲从模仿行为客体所面临的现实问题,质言之,前述观点在对“不受知识产权法保护的成果”的认识上存在可商榷之处。

笔者认为,“不受知识产权法保护的成果”并不当然地归属于公有领域之范畴,以下两种情形是必须予以考虑的:其一,因立法技术或法律滞后性,具有“创新差异性”的成果不属于现行知识产权法之客体,但知识产权法应当对其进行保护;其二,有关成果尚未达到现行知识产权法所保护的程度,但该成果是经营者的创新投入或劳动结果,具有一定的创新价值,如果完全将其归入公有领域,作为公共资源被任意使用,对于该经营者而言显失公平。

关于第一点,立法技术或法律滞后大多存在诸多因素,科技的发展与社会的变化是其中最重要的因素之一。譬如知识产权法的完善即与科学技术的不断进步有关,随着有关客体被逐渐深入地认识,客体将可能最终被纳入知识产权特别法的保护当中。如“大都会歌剧院”案中,原告大都会歌剧院将其推出的歌剧之播放权、发行权分别授权给美国广播公司等,允许被授权的公司播放其表演或将有关表演制作歌剧唱片予以发售。被告瓦格纳·尼克斯公司以制作唱片为业,其将美国广播公司播放的原告之表演进行了翻录,并制作成唱片销售至市场;尽管被告的唱片质量较差,但仍然因低廉的价格占据了市场份额,原告因此对被告提起不正当竞争之“盗用之诉”。[2] 该案中,被告“盗用行为”之客体是明确的,即原告歌剧表演的录音;但是在彼时,录音不受美国版权法之保护,原告得选择采用“盗用之诉”来维护自己的努力成果。值得说明的是,此类“录音”后来于 1972 年被纳入美国联邦版权法的保护。[3]

---

〔1〕 See Kevin A. Janus, *Defending the Public Domain in Copyright Law: A Tactical Approach* (*Part* Ⅰ), 14 I. P. J. 58 (1999).

〔2〕 See Metropolitan Opera Ass'n v. Wagner-nichols Recorder Corp., 101 N. Y. S. 2d 483 (1950).

〔3〕 参见李明德:《美国知识产权法》(第 2 版),法律出版社 2014 年版,第 681 页。

关于第二点,客观而言,创新是一种自量变到质变的过程;即便是把经济发展特点之现象归纳为创新的间断性出现的约瑟夫·熊彼特,也承认创新("新组合")事实上将"可能通过小步骤的不断调整从旧组合中产生",它"肯定有变化,可能也有增长"。[1] 这意味着,创新并不是以达到知识产权法保护的程度为下限,那些确有投入、付出的创新活动也应得到尊重。有学者认为,创新者进行的创新活动必然要付出诸多成本,譬如时间、人力、物力、金钱等,这些成本在市场经济条件下是应当能够得到回报,甚至实现盈利的,这也是知识产权制度为创新提供激励机制的逻辑核心所在。[2] 笔者认同上述观点,并结合此处分析而进一步认为,这种激励不仅仅应当被施加于受知识产权特别法规制的、"质变"式的创新成果上,也同样应当对那些促使"质变"式创新成果出现的"量变"式创新努力给予适当平衡。如果将这些付出和努力视为公有领域范畴,不仅是一种僵化而孤立地对待创新的错误观念,更是对知识产权制度激励创新机制的破坏。

综上所述,笔者认为,"不受知识产权特别法保护的成果"并不当然地属于"公有领域"范畴,相当的创新努力,以及构成此种创新努力的投入与付出即便不受知识产权特别法的调整,亦不意味着这些努力的投入和有关成本的付出是毫无意义的或是可以任由他人恣意攫夺的。相反,以激励创新为考量的知识产权法律制度尝试给予这些"量变式的创新努力"以适度保护,这是应当予以肯定的。

当然,需要强调的是,公有领域中不属于创新努力创造的成果,包括纯粹的物理规则、自然规律和思想观念等,对于此类对象的使用是排除任何有限个体对其绝对地享有的;任何一种对象被特定个体所垄断,便首先背离了"产权垄断、知识自由"的知识产权保护本质,也背离了"创新"的根本,在此

---

〔1〕 参见[美]约瑟夫·熊彼特:《经济发展理论——对于利润、资本、信贷、利息和经济周期的考察》,何畏等译,商务印书馆1990年版,第73页。

〔2〕 参见吴汉东:《发扬自主创新精神 加快知识产权建设》,载吴汉东:《我为知识产权事业鼓与呼》,中国人民大学出版社2014年版。

亦不再赘述。

总结而言，盲从模仿行为的客体是一种具备市场价值的创新差异性，这种差异是相对于已有的创新程度而言的；此外，这种客体既不受现行知识产权特别法的保护，也不属于知识产权意义下的公有领域范畴，其因具有值得肯定的创新努力而由实施创新行为的经营者所专有。结合现有研究来看，“创新差异性”——或者称之为具有“创新差异性”的成果——正属于具备创造性、非物质性、有价性和公开性特点的知识产品之范畴，只不过这一范畴暂不为现行的知识产权特别法所规制。〔1〕

三、行为手段：以营利为目的的无差别再现

相对而言，既有观点在盲从模仿之行为手段的评价上较为一致，即以营利为目的的“全盘照搬”式模仿。当然，相对于“模仿”，部分观点倾向于使用“盗用”和“抄袭”这样的表述，〔2〕以下分点详述。

第一，盲从模仿以“营利”为目的。作为市场竞争方式之一，盲从模仿行为必然以在市场上获取利益为其出发点，失去这种目的性，盲从模仿行为即没有存在之可能。原因在于，盲从模仿行为若不以营利为目的，那么这种行为在根本上只是一种对他人成果的再现，既不对该成果的创造者造成利益上的损害，也不对有关成果所在的市场造成影响。值得强调的是，盲从模仿行为意义下的“营利”绝不仅指在狭义上的“经济上的获益”，还应当包括与市场有关的商誉。商誉是市场主体在经营中因其努力和付出而积累的影响力，而且“商誉”往往指的是正面的影响力，对于经营者而言，其在市场上所得到的商誉甚至比所获经济利益更为重要。〔3〕

〔1〕 参见吴汉东：《简论知识产品的特点》，载吴汉东：《知识产权多维度学理解读》，中国人民大学出版社2015年版。

〔2〕 参见梁志文：《从“山寨现象”看禁止盗用原则及其应用》，载《法学》2009年第7期；周樨平：《不正当竞争法对“商业抄袭行为”的规范》，载《法学》2012年第6期。

〔3〕 参见吴汉东：《自主创新与知名品牌》，载吴汉东：《我为知识产权事业鼓与呼》，中国人民大学出版社2014年版。

第二,盲从模仿行为以"无差别再现"为具体手段。既有研究对盲从模仿的具体行为手段主要有以下三种表述:其一为"全盘仿照(照搬)",〔1〕其二为"盗用",〔2〕其三为"复制"。〔3〕结合前述可知,盲从模仿行为者是为了攫取相关成果的经营者所获得的市场利益,且行为人并不在意此成果是否归属于自己;在此意义上,前述"照搬"、"盗用"和"复制"等表述似均不违背此种含义。不过严格来说,"照搬"和"盗用"的表述容易使人理解为具有将他人成果"据为己有"的故意,而"复制"的表述则容易与"复制权"中的"复制"相混淆。〔4〕归纳而言,盲从模仿的具体手段不过是将他人的创新差异性在自己的成果上进行几无差别的再现,至于这种"无差别再现"采用何种形式、应用何种技术,在所不问。

综上所述,盲从模仿的行为手段可以总结为"以营利为目的,对他人有关成果的无差别再现"。

四、损害后果:对个体权益与市场秩序之侵害

在本节前述有关"主体"之构成要件的分析中,笔者已经论述了盲从模仿者与被模仿者之间应当存在竞争关系,盲从模仿者对被模仿者造成的损失也应当是市场竞争意义上的损失。不过,上述回答仍不够清晰,尤其是从盲从模仿行为的构成要件角度来看,被模仿者之私权利益和市场秩序之公共利益受到了何种损失,仍有待于进一步明确。

值得说明的是,笔者在下述分析中主要从构成要件的角度试图阐明这

---

〔1〕 参见郑友德、刘平:《盲从模仿与非专利技术保护初探》,载《中国工商管理研究》1995 年第 11 期。

〔2〕 参见梁志文:《从"山寨现象"看禁止盗用原则及其应用》,载《法学》2009 年第 7 期。

〔3〕 参见何炼红:《盲从模仿行为之反不正当竞争法规制》,载《知识产权》2007 年第 2 期。

〔4〕 与此些概念相类似的还有"剽窃",不过"剽窃"与前述的"复制"和"抄袭"等亦有较大区别。譬如理查德·波斯纳即认为"剽窃"是一种"欺诈",是对有关受众对相关作品产生之信赖利益之侵害,将他人的思想或观点占为己有等属于"剽窃"的表现形式之一。按理查德·波斯纳所说,"剽窃"的定义应当限定在"非双方合意的欺诈性抄袭"。参见[美]理查德·波斯纳:《论剽窃》,沈明译,北京大学出版社 2010 年版,第 15~18、38~49 页。

些损害后果分别“是什么”。涉及这些损害后果的“正当性”问题,笔者将在第四章中予以论述。

(一)对个体的损害:创新成本与可得利益损失

总体上看,盲从模仿行为中的被模仿者应存在以下两方面的损失:

第一,创新成本损失,即被模仿者对“创新差异性”付出和投入的时间、金钱、精力、人力等成本。盲从模仿者在自己商品中无差别地再现这种“创新差异性”,事实上是在毫无成本付出的情况下获得了他人的创新努力,此种“坐享其成”之行为直接对被模仿者通过市场回收创新成本造成了影响。

第二,可得利益损失,即被模仿者凭借其“创新差异性”本应获得的利益。一般认为,可得利益损失是当事人因违反合同或构成侵权,使其相对人(权利人)在无此情形之情况下“本来可以实现和取得的财产利益未能实现和取得,或者由于损害行为而减少”〔1〕。可得利益损失应当具备确定性,即可得利益损失的存在“是一个确定的事实,而不是臆想的、虚构的、尚未发生的现象”〔2〕。经营者自行创造的“创新差异性”商品,将获得一定的市场竞争优势,在不受干涉的情况下,被模仿者凭借这种竞争优势将毫无疑问地获得相应的市场利益(如前所述,此种市场利益应当包括经济利益与商誉等),而在有其他行为人盲从模仿相关客体时,此种因竞争优势而产生的市场利益也无疑会被盲从模仿者所攫夺。如此,这种“凭借市场竞争优势而获得的利益”与民法上的“可得利益”相似,盲从模仿行为对被模仿者的市场竞争优势之攫夺,造成了被模仿者可得利益的损失。

(二)公共利益损失:对市场有序竞争的秩序之破坏

除入侵私权自由、对私益个体造成损害之外,盲从模仿行为对市场秩序之公共利益亦构成冲击,主要包含对创新积极性的打击和对创新高效性的

---

〔1〕 关中翔:《论可得利益损失的赔偿》,载《法律科学》1989 年第 5 期。

〔2〕 Paul McDonald & Daniel J. Murphy, 24 *Recovery of Lost Profits Damages: All is not Lost*, Maine Bar Journal Summer 152 (2009). 转引自田韶华:《论侵权责任法上可得利益损失之赔偿》,载《法商研究》2013 年第 1 期。

阻延:前者关系到经营者从事创新活动的主观意愿,后者则关系到市场有效竞争以及产业的快速发展。

第一,盲从模仿行为是对市场主体创新积极性的打击。“模仿—创新”路径之中,模仿虽是经营者的主要行为方式,但“创新”始终贯穿于经营者模仿行为的始终,可以说,经营者在其行为本质上是积极追求创新的。盲从模仿行为是对创新努力的否认,质言之,其对他人努力创造的“创新差异性”进行无差别再现并以此获利时,事实上是对“不劳而获”的“鼓励”,这种“鼓励”将表现为对经营者创新努力的不尊重,会极大地影响经营者创新的积极性。

第二,盲从模仿行为构成对市场有效竞争的否认。有效竞争(或效能竞争)之理论已在前述有所论及,此不赘述,笔者在此仅从“损害后果”的角度进行分析。市场的有序竞争涉及经济的整体发展,经济整体的发展良好正是市场公共利益的根本追求。创新的高效率即意味着经营者得更快、更好地把创新——不论是创新性的成果还是方法——推向市场,使这些创新能被更多的经营者接受和使用,进而使创新的生成进入良性增长之中。[1] 盲从模仿行为则相反,它的“无差别再现”之特性使更多经营者不愿意为创新有所投入,从而落入消极竞争之窠臼,致使上述良性增长被减慢,更少的创新被投入市场,大大降低市场竞争之效能,最终损害的是高效的市场竞争秩序。

需要特别指出的是,盲从模仿行为对公共利益的损害与对个体的损害是同时产生的,换言之,对公共利益的损害并不是经营者对“不特定”的个体损害累积而成的后果。盲从模仿行为发生在市场竞争当中,特定行为人完成盲从模仿行为的表现在于将被模仿者创造的“创新差异性”成果无差别地再现后推向市场。然而,被模仿者对于该“创新差异性”的创造是为了追求

---

〔1〕 参见[美]约瑟夫·熊彼特:《经济发展理论——对于利润、资本、信贷、利息和经济周期的考察》,何畏等译,商务印书馆 1990 年版,第 287~291 页。

市场竞争优势；盲从模仿者的无差别再现实质是将市场竞争优势分散开来，使更多人具备了“坐享其成”的可能；尽管笔者承认这种“分散”可能从传播学的角度来看具有积极作用，但此种“分散”事实上在侵害创新者的个体利益之同时，减损了经营者借助市场竞争激励机制达致效率最优的可能性；从维护创新以提升市场经济发展的角度来看，这一点是市场竞争秩序所代表的公共利益不能容忍的。

前述分析了盲从模仿行为在市场竞争的长期过程中会对公共利益造成损害，笔者认为这种基于客观现象的评价是科学且真实的。但是以下情形亦是同样科学且真实的：在特定市场、领域或时期，为了扩大市场规模、提高竞争水平或打破垄断，市场将允许甚至鼓励一定的盲从模仿行为之存在，因为这将产生正向经济扩散效应。〔1〕 如果这一点应被视为盲从模仿行为的益处，那么这点益处同样不应当被忽略。有关此类具有一定目的的、具备短期计划性的盲从模仿行为及其有益之处，笔者将在第四章第三节中进行专门分析。

综上所述，盲从模仿行为之中，模仿者对被模仿者造成的损害应当是市场竞争意义上的损害，既包含私权益中被模仿者的创新成本损失和可得利益损失，也包含公共利益中盲从模仿行为对市场竞争秩序之损害。

五、非混淆性：不存在或难以被证明有混淆可能

如前所述，仿冒行为与盲从模仿行为尽管在表现上类似，但二者存在很大的差异，即前者要求模仿者的模仿行为客观上引起市场或一般消费者对商品来源的混淆（或足以引起这样的混淆），后者则排除这种混淆的发生。

---

〔1〕 有学者认为，与模仿行为有关的经济领域中，先动者（可以解释为本书所述之“被模仿者”）采取一项正向的经济行为，譬如创造一项新技术后，如果后动者（可以解释为本书所述之“盲从模仿者”）采取相同的行为，则“根据塔德的模仿几何级数律，这种模仿行为会产生累积相应”，这种创新技术将得到迅速传播和扩散；反之，如果这种情况下不存在模仿，那么这种创新技术将完全内部化、单一化，不利于整个社会的经济发展。参见任寿根：《模仿经济学》，中国财政经济出版社 2003 年版，第 27~29 页。

即便存在有的学者所说的客观上能够引起“混淆”的盲从模仿行为，这种“引起混淆的模仿”最终还是被解释为仿冒行为而被规制。[1] 因此，盲从模仿行为在构成上具有非混淆性。

在此，笔者有必要结合“是否构成混淆”的问题，再次强调仿冒行为与盲从模仿行为之间的区别。

首先，从行为表征上看，盲从模仿者的行为仅在于对他人“创新差异性”的直接利用，其希望能够以此攫取被模仿者所获之利益，但在主观上，盲从模仿者并没有将这种“创新差异性”据为己有而引起市场或消费者混淆的故意，而仿冒行为与此相反。[2] 其次，从行为本质上看，尽管仿冒行为与盲从模仿行为相似，均有“坐享其成”与“不劳而获”之行为本质，但仿冒行为人更侧重窃取或者故意攀附他人的良好商誉以此获利，[3] 甚至具有“欺诈消费者”之故意。[4] 最后，从损害结果上看，尽管二者都会对私权利益和市场竞争秩序（公共利益）造成损害，但仿冒行为更多是对个体商誉的影响，是对市场秩序公平性的侵害，而盲从模仿行为更多是对个体一切创新努力的不当使用，是对市场秩序公平性与效率性的破坏。

六、盲从模仿行为的定义：五要件之结合

前述的五项构成要件是循本章第一节中既有各项观点与表述，通过诸项分析与论证而得出的，笔者认为此五项构成要件能够完整地将盲从模仿行为的内涵概括其中。故而，盲从模仿行为可以作如下完整之定义：

> 市场竞争关系中的一方经营者（被模仿者）将其通过付出和投入相关成本后创造的、具备“创新差异性”的商品投入市场，获得了

[1] 参见梁志文：《从“山寨现象”看禁止盗用原则及其应用》，载《法学》2009 年第 7 期。

[2] 参见梁志文：《从“山寨现象”看禁止盗用原则及其应用》，载《法学》2009 年第 7 期。

[3] 参见周樨平：《不正当竞争法对“商业抄袭行为”的规范》，载《法学》2012 年第 6 期。

[4] See Mary LaFrance, *Passing off and Unfair Competition: Conflict and Convergence in Competition Law*, 5 Mich. St. L. Rev. 1413 (2011).

> 在市场竞争中的优势，另一方经营者（模仿者）以营利为目的将这种具备“创新差异性”的商品向市场进行无差别再现，使被模仿者与市场竞争秩序共同因此承受了损失。同时，模仿者的上述行为不引起，或无法被证明引起各自商品在市场来源上的混淆。

结合本书第二章对盲从模仿行为边界的探索，本章的研究为盲从模仿行为找到了准确定义，对这一行为的构成要件进行了厘清，事实上已回答了“盲从模仿行为是什么”，即拥有何种边界、有何定义以及具备何种构成要件这一问题。对盲从模仿行为定义的准确提炼是极具意义的一步，也是本书得以在后文作进一步分析的前提。

第四章
正义论:法哲学视野下的盲从模仿行为

本书的第二章和第三章回答了“盲从模仿行为是什么”这一基础性问题。在本章和第五章中,笔者将沿着前述之基础问题,对“盲从模仿行为在法律上是否有被法律规制的必要”予以详细考察。

相比于前一问题系着眼于对相关事实的厘清,后一问题则涉及对盲从模仿行为在法律上的评价。所谓评价,是对特定人、事或物进行判断、分析后得出的结论。在此意义之下,“评价”必然应遵循一定的标准,基于一定的视角,否则判断与分析将无从作出,更不用说得出何种结论。故而,本章将从法哲学之视角,对盲从模仿行为的合正义性问题进行评价。

第一节　模仿行为正义性的三个维度

“正义”在人类社会中的重要意义不言而喻,正义观念组成了人们对“善”的期待以及对“公平合理”的追求。不过，在不同的时期，不同的学者从不同的角度对“正义”进行不同的理解，从而形成各种不同的“正义观”，譬如亚里士多德、卡尔·马克思（Karl Marx）等主张的“平等”或“公平”〔1〕，赫伯特·斯宾塞（Herbert Spencer）、康德等主张的“自由”〔2〕，波斯纳等主张的“效率”〔3〕等，现今对于“正义”之探讨大多将上述之多元性观点纳入相关考量之中。

在此意义上，对于市场竞争秩序，不论我们是给予其合正义性上的评价，还是基于正义所作出的分析，都注定是复杂而难以得出唯一结论的。盲从模仿行为的上位概念是“模仿”，而后者对于市场竞争又具有重要意义，是市场主体必然具备的竞争形式，因此，可以说模仿行为应具备的“正义性”正是考察与评价盲从模仿行为之“正义性”的基础。循此逻辑，对盲从模仿行为“合正义性”之法哲学辩证，也必然要从对模仿行为的“正义性”构成之论证中开始。一般认为，市场竞争中模仿行为的存在是必然的：社会心理学的既有研究表明，模仿行为最初是生物在受到某种刺激时有意或无意作出的、有类似反应或类似动作的本能，〔4〕这种本能必然体现在人类从事的社会行为（譬如经济活动）之中，故而，市场对于竞争自由的要求暗含对经营者模仿行为的允许。当然，这种“允许”绝不是毫无边界的，即便我们认可某些模仿行为是由“正当”的本能引起的，这些模仿也不能被全然认定为“正义”的，譬如本书所探讨的“盲从模仿行为”。因此在客观上，有必要通过一定的方式来评价“什么是正义的模仿行为”或者“构成模仿行为的正义是什么”。

---

〔1〕 当然，亚里士多德与卡尔·马克思等人所论述的“平等”或“公平”并非相同。参见［古希腊］亚里士多德：《尼各马可伦理学》，廖申白译注，商务印书馆 2017 年版，第 147～149 页；段忠桥：《马克思和恩格斯的公平观》，载《哲学研究》2000 年第 8 期；杨林、张艳涛：《马克思自由与平等关系思想及其当代价值》，载《理论与现代化》2021 年第 1 期。

〔2〕 参见［德］康德：《法的形而上学原理——权利的科学》，沈叔平译，林荣远校，商务印书馆 1991 年版，第 38～44 页。

〔3〕 参见苏力：《思想的组织形式——〈正义/司法的经济学〉译序》，载［美］理查德·A. 波斯纳：《正义/司法的经济学》，苏力译，中国政法大学出版社 2002 年版。

〔4〕 参见任寿根：《模仿经济学》，中国财政经济出版社 2003 年版，第 2 页。

比照前人的观点，笔者认为可以从以下三个维度找到前述问题的答案，即对于个体而言的“自由”与“平等”维度，对于公众而言的“效率”维度，以及对于市场运行而言的“秩序”维度，这三个维度既是组成模仿行为“正义性”的线索，也是区分“非正义”模仿行为的途径。

一、自由与平等维度：个体的权利边界

自由与平等是最早被提及的两项关于“正义”的概念。其中，对自由的追求是人类“根深蒂固的一种欲望”，个体的自由意味着他能够自行决定其从事或不从事，或如何从事一定行为，在法律的概念中，个体的自由即意味着个体权利的有无或范围大小。当然，自由在任何意义上都不是绝对的，个体的权利也必不能超越或折损他人的权利，因此，个体权利之间拥有的边界即应标示自由的尺度。〔1〕

同样地，对平等的追求也是人类自古以来渴望实现的愿望，“平等”涉及的范围较广，关注较多的是法律待遇和机会上的平等以及社会（尤其财产）分配上的平等，或称“分配正义”。〔2〕 但有一点是客观而确定的，即无论何种“平等”，均不意味着“均等”，因此个体所追求的“平等”只能是形式意义上而非实质意义上的平等。从法律的角度看，个体之间的平等更多是一种机会或者待遇上的平等，是在权利拥有上的平等，即“形式之正义”。〔3〕

遵循前述分析，正义的模仿行为也被清晰而明确地呈现：对于个体而言，行为人所从事的模仿行为只有符合自由与平等之要求时，才能被视为“正义”的，而被定义为“正义”的模仿行为，不论由何种个体作出，都必然受到法律的平等对待，并且应以其他个体的自由为限度，不得入侵他人的权利范围。

---

〔1〕 ［美］E. 博登海默：《法理学：法律哲学与法律方法》，邓正来译，中国政法大学出版社 2004 年版，第 298 页。

〔2〕 参见易小明：《分配正义的两个基本原则》，载《中国社会科学》2015 年第 3 期。

〔3〕 参见杨翱宇：《论比例原则在民法中的地位》，载《河北法学》2017 年第 12 期。

二、效率维度:市场竞争下的公共利益之源

将“效率”视作法哲学意义上的“正义”是一种伟大而不盲从的思想,并且在本质上也是正确的,尽管“效率”这一具有经济学色彩的词汇因具有“财富最大化”的含义而常常受到其他学者的批驳。[1] 不过,当我们需要对某种市场行为作出涉及“正义”的评价时,“效率”将成为一种衡量该行为“合正义性”的重要维度。

市场允许经营者凭借其提供的商品或服务获得市场利益,不过,经营者对于市场利益的获取并非与消费者之间简单的商品交换过程,更是与其他经营者在市场中通过激烈的竞争最终获得消费者青睐的过程,经营者付出的成本并不一定能够得到回报,甚至他们对于成本的付出本身就具有无法获得任何回报的风险。从市场的角度看,这种风险是难以避免,甚至是不能避免的,因为市场存在的意义就在于产生供给以满足需求,通过竞争以实现产品的优胜劣汰,提高消费者(需求方)的整体福利水平,这正是满足市场需求的重要表现。[2]

在一个没有其他因素干扰的、高效率运行的市场之中,经营者参与市场竞争乃至面临优胜劣汰的风险本身是正常的,在这样的市场之中被淘汰的经营者只能责难于其提供的商品或服务的质量,或者自身的经营管理水平。竞争淘汰了低质量、低水平的商品或经营者,合理化了商品的价格,消费者福利将实现最大化,对于市场整体而言,这样的竞争将最大效率地实现市场资源的优化配置。换言之,不论是对经营者还是消费者而言,市场竞争的高效率是各方共同期待的,因为这种高效率满足了任何一方在利益上的期待。

---

〔1〕 参见苏力:《思想的组织形式——〈正义/司法的经济学〉译序》,载[美]理查德·A.波斯纳:《正义/司法的经济学》,苏力译,中国政法大学出版社2002年版。

〔2〕 参见吴汉东:《试论市场竞争机制的法律环境》,载《中南政法学院学报》1989年第4期;吴汉东:《试论市场竞争机制的法律环境》,载吴汉东:《知识产权多维度学理解读》,中国人民大学出版社2015年版。

质言之,在市场竞争意义下,“效率”成为市场各方利益的、具有“根源性”的价值,维护市场竞争的高效率运行是保护参与市场竞争各方的共同利益本质。

当然,上述有关市场竞争“最高效率”的情形是基于一种应然性的假定,即市场上没有不公平的因素加以干扰。实际上,当市场上的某些经营者试图以不合理手段参与竞争,从而获取利益时,其他的经营者将承受这种不合理手段所带来的损失,包括经营者个体的损失和公共利益的损失。前者在上一部分已有阐释,此处不详述;后者在于某些不合理手段的作出将使公共利益承受这种手段带来的成本,其将以背离了市场资源配置的最优和无法达到社会整体财富的最大化为结果,由此,公共利益对于不合理成本的承受意味着市场竞争整体效率上的折损。可见,对于市场竞争而言,“效率”构成了公共的“正义”之主要内容。〔1〕

三、秩序维度:维护“公”“私”正义的正义

结合对前述两个维度的考察,市场竞争中的模仿行为虽被分别采用“个体”和“公共”这两个看起来截然对立的视角来框定正义的范围与内容,但本质上这些内容是一体的,其所维护的“公”与“私”之正义均在一种体系中有效运行,并同时体现模仿行为“正义性”的不同方面,这种运行体系是“市场秩序”,质言之,具备“正义性”的模仿行为所遵循的市场秩序是维护正义的“正义”。模仿行为符合市场秩序所要求的正义,在于市场的“秩序”本身也具有“正义”的属性,这将使遵循市场秩序所作出的行为,包括模仿行为,不至于偏离“正义”,或者即便有所偏离亦有回归“正义”之路径或可能。〔2〕

---

〔1〕 参见焦海涛:《不正当竞争行为认定中的实用主义批判》,载《中国法学》2017 年第 1 期。

〔2〕 参见周樨平:《竞争法视野中互联网不当干扰行为的判断标准——兼评“非公益必要不干扰原则”》,载《法学》2015 年第 5 期。

具体而言，市场秩序之“正义性”体现在以下两个层面。其一，体系规则的秩序性。市场行为——如各种具体的模仿行为——在“公”和“私”上所呈现的不同“正义”，其相互之间仍有冲突的可能，具言之，在具体实现“自由”、“公平”和“效率”等的过程中，个体与公共之正义绝非泾渭分明，其仍然会面临调和与平衡之问题。在此之间，市场秩序所形成的体系由调和、平衡此类冲突的规则构成，而这些规则既以平衡具体“正义”之冲突为目的，那么此类规则对于“正义性”的平衡必然有一定的位阶先后，这种位阶先后所体现的是正是一种“秩序”。其二，市场秩序所体现的正义。市场秩序本身不仅在于平衡各种利益的构成与它们所体现的“正义”，更是在此基础上，为上述“平衡”的方式建立的某种进程上的一致性、连续性和确定性。〔1〕

让我们再把目光回到市场竞争中的“模仿行为”之上。模仿行为不论是单独地遵循个体正义还是片面地维护公共正义，都绝非真正的“正义”，质言之，市场竞争中的模仿行为一经发生，既存在对这一行为是否侵害他人自由的考量，也具备是否会降低市场竞争效率的担忧，而市场秩序的存在使模仿行为在有序平衡之中兼顾“个体自由与平等”和“市场竞争的效率”，可以认为，这便是在前述的诸项“正义”之上增加了一种平衡之“正义”。

综上所述，市场竞争中“合正义性”的模仿行为须在多个维度上具备“正义”之核心内容，包括个体在“自由与平等”维度之“正义”、市场（公共利益）在“效率”维度之“正义”，以及平衡二者的“秩序”维度之“正义”。在以下内容中，笔者将从法哲学的角度，结合上述模仿行为正义性的三个维度，对盲从模仿行为是否合正义性问题展开分析。

---

〔1〕 参见［美］E. 博登海默：《法理学：法律哲学与法律方法》，邓正来译，中国政法大学出版社2004年版，第227～228页。

第二节　盲从模仿的个体损害:“劳有所得”之正义

一、“非正义性”证成:盲从模仿对私利益的侵害

前一节内容已经分析了市场竞争中具备“正义性”的模仿行为是如何构造的,对于“盲从模仿行为是否具备规制必要性”这一问题的回答而言,接下来需要考察的是“盲从模仿行为是否具备模仿行为的‘正义性’”之问题,换言之,盲从模仿行为若不具备法律上的“正义”,则有受法律规制的必要性,属于亚里士多德所言之“矫正的正义”范畴。

根据前述分析,盲从模仿行为虽然是个体作出的行为,但受该行为影响的不只是相对应的个体,还包括个体所在的市场。基于此种性质,分别从个体的“私”之正义和市场的“公”之正义来考察实有必要。以下,笔者试先从“私”之正义的角度,即盲从模仿行为对个体创新行为构成何种正义性违反进行分析。

创新是劳动的结果,创新所形成的价值实际上是由劳动造就的,上述命题必不为提出“创新发展理论”的约瑟夫·熊彼特所否认。我们可以进一步认为,创新绝不是通过简单的重复劳动得来的,而是在人类的主观能动性之驱使下,在既有劳动的基础之上增加此前没有的新颖性或创造性内容而得到的,而且,不论这种新颖程度的高低,其都是具有价值的(当然这种价值应有高低之分)。鉴于前述分析,盲从模仿行为是针对“创新差异性”的无差别再现,因此我们可以得出这样一个结论:盲从模仿是对他人有价值劳动的“坐享其成”。

在进一步给予盲从模仿行为更多的价值评判之前,我们首先应当承认这样一个事实,即不是任何表现为“坐享其成”的状态都是需要受到法律规

制的，这一点在绝大多数国家、社会中都是被承认的。[1] 质言之，“坐享其成”只是一种客观的事实状态，而一种事实状态是否具备法律上的意义，需要看这种事实状态本身是否能够引起法律关系的变动。譬如，某区域因被规划为待拆迁区而导致该区域中的不动产价值上升，该区域中的不动产权人也在客观上处于“坐享其成”的状态，但这种状态本身不会引起任何法律关系之变动，[2]况且该状态的构成是由规划行为引起，因市场供求关系导致的，故而这种“坐享其成”不存在任何可责难或须规制之处。但是，盲从模仿行为所引起的“坐享其成”是被模仿者所创造的“创新差异性”为模仿者所“照搬使用”，此种形式的“坐享其成”已不是“天上掉馅饼”，而是“人为盗馅饼”。

结合前述及从法哲学的角度来分析，评价盲从模仿行为是否具备“正义性”，取决于如何对以下两个方面的问题予以论证：其一，被盲从模仿的对象（行为客体）本身对于被模仿者而言是否具备“正义”的属性？如果对此的回答是否定的，那么被模仿者不存在责难模仿者有关行为属“非正义性”的可能。其二，盲从模仿行为造成的后果是不是“非正义”的？如果对此的回答也是否定的，那么可以认为盲从模仿行为本身不可能造成私权意义上的损害，进而该行为不存在违反“正义性”之可能。综上组成了本节对盲从模仿行为在私权角度下的对“正义”之评判。

二、“创新差异性”的形成与归属：“劳有所得”之正义性

第一方面的考察，实际上是对被模仿者与行为客体之间存在的一种所属关系之确认，并且这种所属关系足以证实“行为客体属于被模仿者”之关系具备法律意义上的正当性。举例而言，河流上游捕鱼者没捕捞到的鱼被

---

〔1〕 See Ansgar Ohly, *The Freedom of Imitation and Its Limits – A European Perspective*, 41 Int. Rev. Intellect. Prop. Compet. Law 506 (2010).

〔2〕 当然，利用这种“坐享其成”之状态作出具备法律意义的其他行为除外，譬如，在知晓该区域实行按面积进行拆迁补偿政策的情况下，违反拆迁补偿政策而扩大建筑面积的行为。

下游捕鱼者捕获，上游捕鱼者没有任何理由因下游捕鱼者捕捞到他所没有捕到的鱼而向下游捕鱼者施以责难，因为上游捕鱼者对他所没有捕到的鱼没有任何劳动付出，不存在所谓的“正义性”或“正当性”，下游捕鱼者的捕捞行为亦自然无所谓的“违反正义性”。

(一)“劳有所得”的正义性基础：基于若干理论的分析

笔者将盲从模仿行为的客体表述为商品中具备市场价值的“创新差异性”，这或许是一种颇为冒险的表述方式，但是这一表述比较概括性地总结出客体的“抽象性”。事实上，这种“创新差异性”在不同被模仿者的劳动之下所最终呈现出来的形态(或者说成果)可能各有所异——或许是一种方法，又或许是一套思想，且均不受现行的知识产权特别法保护。但是，不论这种“创新差异性”最终是何形态，其皆不可能脱离“劳动”这一实质。因此，笔者在接下来将结合涉及“劳动”的理论与学说，试证明“创新差异性”的劳动本质。

“劳动”在启蒙思想家的著述与理论当中占有重要地位。譬如，在洛克所提出的“劳动价值论”中，“劳动”是构成财产权最重要的要素之一，〔1〕对于任何自然之物，人们只有凭借“劳动”使这些“物”脱离于自然，或说“附着了人的劳动”，这些“物”才能被视为归属于人们“自己的”财产而使其获得财产权利，换言之，劳动属于劳动者个人。法国启蒙思想家让-雅克·卢梭(Jean-Jacques Rousseau)也持类似观点，尽管让-雅克·卢梭在涉及社会契约下财产权的获得之意见上与洛克相左。〔2〕亚当·斯密继受了洛克有关“劳动”的理论，他将财产定义为劳动的结果，其著述中则更进一步提出“劳

〔1〕 有观点认为，以洛克为代表的传统财产权理论可以分解为“先占、需求和劳动”三个要素。当然，洛克的上述理论也受到了许多启蒙思想家的批判，譬如让-雅克·卢梭。后者认为财产权的获得只有在社会契约而不是在自然状态下才得到认可，而洛克的理论只是说明了财产的占有状态不当然地成为财产权。参见吴汉东：《正当性与形而上学——知识产权制度的哲学思想》，载吴汉东：《知识产权精要——制度创新与知识创新》，法律出版社2017年版。

〔2〕 参见[英]洛克著、刘晓根编译：《政府论》，北京出版集团公司、北京出版社2012年版，第78~80页。

动是一切商品交换价值的真实尺度”，是“唯一普遍的、精确的价值尺度”。[1] 当然，亚当·斯密所述之“劳动”具有其局限性，其对“劳动”仅以“是否能加于物上、增加物的价值”为区分（亚当·斯密所述之“生产性劳动”与“非生产性劳动”之分），即只考虑“有形商品”而忽略“无形劳动”乃至“智力劳动”。[2] 其后的英国著名经济学家斯坦利·杰文斯（W. Stanley Jevons）也在其著作中论及“劳动”的价值，他则认可劳动是经济行为的“开端”，与亚当·斯密不同的是，他认为存在“律师、医生一类的职业”之劳动或“哲学家、科学发现者、艺术家”之“最高级的劳动”，更相信这些劳动也能够产生价值和报酬，尽管在他看来劳动是一种“心或身所忍受的任何含有痛苦的努力”。[3]

上述思想家、学者之著述或理论给出了对“劳动创造财产（或财富、价值等）”之命题的证明，但是，上述论证还可以再进一步，即从理论上明确“劳动所创造的财产归属于付出此劳动者”这一命题。康德的理论首先对上述命题的证明提供了支持，他认为，对物的占有分为“感官的占有”和“理性的占有”。“感官的占有”是对实物的占有，但这种占有不足以认为物主对该物具有所有权；“理性的占有”则是“对同一对象的纯粹法律占有”，物主即便不通过肢体或力量来展示具体的占有情形也不会剥夺这种物主对物的所有，“物”与“人”在现实中的分离不妨碍二者之间的所有（或所属）之关系，此种情况下才能称之为成立了所有权。[4] 德国哲学家格奥尔格·威廉·弗里德里希·黑格尔（Georg Wilhelm Friedrich Hegel）延展了康德的“意志自由”

---

〔1〕 参见［英］亚当·斯密：《国富论》，陈星译，陕西师范大学出版社2006年版，第30～31、37页。

〔2〕 参见［英］亚当·斯密：《国富论》，陈星译，陕西师范大学出版社2006年版，第159～161页。

〔3〕 参见［英］斯坦利·杰文斯：《政治经济学理论》，郭大力译，商务印书馆1984年版，第132～133、139～141页。

〔4〕 参见［德］康德：《法的形而上学原理——权利的科学》，沈叔平译，林荣远校，商务印书馆1991年版，第54～55页。

理论,他认为历史进化的最终目的是"实现自由",这种自由是一种"伟大的理想",而在诸多自由当中,人在精神上的自由最为独特,"人的本质是人格,人格就是意志的自由"〔1〕。进而,黑格尔指出法的本质是"意志自由和权利","意志自由的直接定在和权利的直接内容是作为自然界的物"〔2〕,而由于人的自由意志是"无限的",在这种自由意志的作用之下,包括实在物和非物质性的精神产品都可以归属于人,成为受法律维护的私人财产。〔3〕上述康德和黑格尔的理论被认为为现代知识财产及其权利制度的确立提供了有利的哲学理论依据,尤其是对于通过脑力劳动形成的知识、技能、发明之类之"精神产品",我们能从上述理论当中得出这些非物质性产品应当归属于创造者所控制的私人财产的观点。〔4〕除康德与黑格尔外,让-巴蒂斯特·萨伊(Jean-Baptiste Say)、埃德加·博登海默(Edgar Bodenheimer)、皮特·德沃霍斯(Peter Drahos)等学者也对此命题有类似论证,此处不再赘述。

我们从前述理论中得到了对前述命题的证明,即"脑力劳动"也是"劳动"的一种,此种劳动所形成的成果是人通过其自由意志所形成的有价值的财产,这与普通体力劳动所创造的财产在实质上没有差别。脑力劳动者的付出所创造的成果归属于该脑力劳动者的正义性,这种"正义性"体现在法哲学、法律制度等对"劳有所得"的承认与保护之上。〔5〕在此意义上,脑力劳动中的"劳有所得"正契合乌尔比安的三个有关"正义"的公式之一,即"把各人自己的东西归给他自己"。〔6〕

---

〔1〕[德]黑格尔:《法哲学原理》,范扬、张企泰译,商务印书馆1961年版,第203页。

〔2〕吴汉东:《正当性与形而上学——知识产权制度的哲学思想》,载吴汉东:《知识产权精要——制度创新与知识创新》,法律出版社2017年版。

〔3〕参见吴汉东:《正当性与形而上学——知识产权制度的哲学思想》,载吴汉东:《知识产权精要——制度创新与知识创新》,法律出版社2017年版。

〔4〕参见吴汉东:《正当性与形而上学——知识产权制度的哲学思想》,载吴汉东:《知识产权精要——制度创新与知识创新》,法律出版社2017年版。

〔5〕See Jane C. Ginsburg, *Creation and Commercial Value: Copyright Protection of Works of Information*, 90 Colum. L. Rev. 1865 (1990).

〔6〕参见[德]康德:《法的形而上学原理——权利的科学》,沈叔平译,林荣远校,商务印书馆1991年版,第48~49页。

(二)应受保护的“创新差异性”:创新的正义性

市场经营者通过劳动(包括“脑力劳动”)所获得的财产价值应归其所有,这一逻辑在前述的论证中是得到充分肯定的。接下来需要进一步对以下两个命题予以论证:其一,盲从模仿行为的客体之“创新差异性”是被模仿者脑力劳动的创造结果,由盲从模仿得来的被仿品只是对这种创造性结果的机械重复,不存在任何新的脑力付出,因而盲从模仿所付出的劳动并不是创新意义下的脑力劳动;〔1〕其二,不具备“创新差异性”的信息(或客体)完全属于公有领域的范畴,属全人类共有,任何人对它的使用,哪怕是具有盲从模仿特征的无差别再现,也是合理且合正义的,但是这种“公有领域”不等同于“不受知识产权法保护的对象”,后者排除“公有领域之对象”后的其他对象才存在被盲从模仿的可能。

第一个命题实际上还可以表述为以下两个方面,即“‘创新差异性’是否由脑力劳动所创造”以及“盲从模仿行为为何不能凭借其‘劳动’获得有关利益”。对于前一问题,脑力劳动成果区分于非脑力劳动成果的重要区别在于前者附加了人类智慧。人类智慧是人类主观能动性的具体体现,人类为了追求更高的价值,其所创造的成果也将更先进卓越,更有利于人类的生活品质,故而,蕴含着人类智慧的脑力劳动成果,必然是比在该成果出现以前的现有成果更具创新性,随之形成在“创新”上的“差异性”成果,换言之,这种“创新差异性”的本质来源即为人类智慧。〔2〕对于后一问题,盲从模仿得来的“成果”与具备“创新差异性”的“被仿品”之间没有任何实质差异,原因在于盲从模仿行为是对“创新差异性”的无差别再现,这种“无差别再现”并不附加任何人类智慧,其仅仅是简单地“有样学样”,正因如此,即便我们承认盲从模仿者付出了有关“劳动”,这些“劳动”也绝不是附加了人类智慧的“脑

---

〔1〕 See Bruce P. Keller, *Condemned to Repeat the Past: The Reemergence of Misappropriation and other Common Law Theories of Protection for Intellectual Property*, 11 Harv. J. Law & Tec. 401 (1997).

〔2〕 参见吴汉东:《正当性与形而上学——知识产权制度的哲学思想》,载吴汉东:《知识产权精要——制度创新与知识创新》,法律出版社 2017 年版。

力劳动”。譬如,盲从模仿者可能在盲从模仿的过程当中购置相应的生产设备、原材料,按照被仿品的样子进行生产等,但这些“劳动”本质上只是重复已有成果,不具备付出脑力劳动而获得创新之“新价值”。

关于第二个命题,事实上笔者在本书的第三章第二节中曾作探讨,在此,笔者仅从法哲学上“正义性”的角度另作一番论述。值得笔者再作强调的是,“不受知识产权法保护的对象”与“公有领域之对象”是不同的,二者在逻辑上不属同一领域。“公有领域之对象”得供全人类自由使用,这本身就是“正义”的,但“不受知识产权法保护的对象”除包含“公有领域之对象”外,还有部分属于“不真正的”公有领域范畴。这些范畴内的对象本身也是经营者(盲从模仿行为中的被模仿者)经过脑力劳动之投入、附加了人类智慧的创造性成果,即便这些成果所呈现的“创造性”不足以使该成果成为知识产权保护的对象,市场也不能当然地将附加了人类智慧的脑力劳动排除,否则是对“劳有所得”的“正义性”之摒弃。〔1〕 有学者曾批判认为,智力劳动不应适用自然权学说,因为知识本身是不能也不应当被控制和垄断的,在一种智力劳动成果面市后,如果该成果不受知识产权法保护,即说明该成果不应受保护,应当被任何人使用。〔2〕 笔者并非否认知识产权不能被归入自然权利之中,但是认为此种观点超过了知识产权应有的含义。知识产权制度的设计理念在于“知识共享、权利垄断”,任何一种知识——哪怕是刚刚被创新创造出来的——都可以被传播出去,这是知识等信息、资讯的客观属性,但即便如此,这种属性也不限制法律为其设定一种排他性权利,从而禁止对其未经许可的使用。本书探讨的“创新差异性”成果在“知识”这一层面显然是应当被传播、令他人学习和模仿的,但需要考虑到,经营者之所以创造此种“创新差异性”,是为了获得市场现行利益,如果他的目的不在于将这种

〔1〕 See Gary Myers, *The Restatement's Rejection of the Misappropriation Tort: A Victory for the Public Domain*, 47 S. C. L. Rev. 673 (1996).

〔2〕 参见崔国斌:《知识产权法官造法批判》,载《中国法学》2006 年第 1 期。

“创新差异性”投入市场,则根本不可能获得任何市场利益,盲从模仿者吸收了这种知识之后用于市场也当然地不存在侵害任何人利益一说,而市场甚至更欢迎竞争者将“纸上的创新”实现为“市场的创新”。故而,前述学者的批判虽然有道理,但并不妨碍经营者凭借创新劳动获取其应得市场利益的正当性。

三、盲从模仿行为后果的“非正义性”证成

第二方面的考察是对“盲从模仿行为造成的后果是否‘非正义’”这一问题之回答。如果说前一方面的考察是对盲从模仿行为的主体和客体正义性的探讨,那么这一方面的考察则是对“行为后果”和“行为与后果之关联性”之正义性的探讨。与前一个问题的论证方式类似,这一问题也可以分解为以下两个方面。

第一,盲从模仿者对被模仿者是否造成以及造成了何种有关后果?这是一个事实性前提。关于这一前提,实际上在前述章节对“构成要件”的分析中笔者已作出回答,即盲从模仿者与被模仿者之间存在一种“此消彼长”的竞争关系。在这种竞争关系存在的前提之下,“后果”是必然存在的。至于此种后果具有何种表现的问题,按照前述分析,模仿者作出的盲从模仿行为是对被模仿者“创新差异性”的无差别再现,盲从模仿者的行为实质就是攫取被模仿者创造的价值,并将其作为自己的成果,被模仿者因此而遭受损失,并且,这种损失可以分成两部分,即创新成本的损失以及可得利益的损失。这一点也有相关论述在前,此不赘述。

第二,为什么是这两种损失?这一问题在前述的分析中并没有论及,在前述的“构成要件”部分的内容中,笔者也只是对此两种损失“是如何形成的”作出论述,仅能说明这两种损失是客观存在的。厘清盲从模仿行为造成被模仿者损失(而且是特定的“两种损失”)的原因事实上颇为重要,对事物内因的探索即为对其内在规律的探索,上述损失源于盲从模仿者的行为,故

而对造成此种损失的内因探索即是对盲从模仿者的行为与被模仿者损失之间的关联性考察。换言之,如果有关分析证明此种关联性是客观存在的,那么盲从模仿行为便很难被认为是“正义”的,其造成的损失也将被证明是对被模仿者个体自由的侵害,以下分点分析。

首先,盲从模仿行为与被模仿者“创新成本损失”之间的关联性几乎不会受到质疑。质言之,“创新差异性”既然是付出了脑力劳动的结果或产物,这种“脑力劳动”也当然地包含了成本付出的过程,其或表现为获取有关知识或信息的成本,或表现为对既有产品、技术或生产条件进行改造的成本,或表现为在创造“创新差异性”的过程中的研发试错成本等。这些成本不仅本身受到被模仿者的控制,同时也是创新行为发生的前提与基础,因此,保护这些“创新成本”是被模仿者“劳有所得”的必有含义,必然是适当且正义的。

其次,盲从模仿行为与被模仿者“可得利益损失”之间的关联性可能会受到某种争议,这种争议并不是在于“可得利益”是否属于盲从模仿行为带来的损失范围之问题,[1]而是在于此种“可得利益”的不确定性,即被模仿者因被攫夺了市场竞争优势而受到的损害事实上难以计算,这种“难以计算”是否意味着损害范围的不确定,从而使这种“可得利益损失”存在正当性上的瑕疵?笔者认为并非如此。其一,“可得利益”被认为是将来必然会得到的切实利益,这种利益是客观存在的,[2]而具备“创新差异性”的商品在市场供求关系之下无疑占据优势,这种优势本身就是一种切实利益,换言之,盲从模仿行为中被模仿者之可得利益就是其本应获得的“市场优势”;其二,尽管这种“可得利益”最终无可避免地要通过计算得出可得偿之数额,但是这种“可得利益损失”在客观上的“确定性”绝非在数学上的“精确

---

〔1〕 如前所述,被模仿者凭借“创新差异性”所获得的竞争优势已然证明了此种“可得利益”的存在性。

〔2〕 参见宋晓明、张勇健、王闯:《〈关于审理买卖合同纠纷案件适用法律问题的解释〉的理解与适用》,载《人民司法》2012年第15期。

性”，[1]换言之，在“市场优势”本身是确定的，足以被认定为“可得利益”的情况下，如何转化为可计算的数额并不影响损失之定性。

综上，经过前述从“私”的角度之考察，盲从模仿行为是对他人自由的侵入。质言之，在法律意义上，盲从模仿者具有对被模仿者之创新努力的攫取，并凭借这种“不劳而获”与“坐享其成”直接造成被模仿者的损失，不符合法律所保护的个体正义。换言之，从实现个体正义的角度看，应对盲从模仿行为予以矫正。

第三节　市场竞争中的盲从模仿：效率正义下的两面性

从盲从模仿行为的定义上看，“由于该行为存在对个体正义的侵犯，因此要求从法律的角度对该行为予以规制”这一思路本身是简单而明确的。然而，正如本书在此前章节中所分析的那样，盲从模仿行为虽然系由个体作出，但兼具对私权利益和公共利益的损害后果。因此，对盲从模仿行为的法哲学考察还应将与市场竞争密切相关的公共利益纳入考量范畴，评价这种行为在公共利益的范围内是否符合法上的“正义性”要求。

一、“模仿—创新”路径下的盲从模仿与效率

“效率”是经济学领域的概念，在许多领域中与“效益”为同义词，是指以最小的资源消耗取得最大的效果，强调的是对资源的有效利用。传统上认为法学以“正义”为主题，而“效率”是经济学领域的主题，其考虑如何最大限度地创造社会财富或个人财富，二者似乎只在各自不同领域发挥作用。但

---

〔1〕 参见田韶华：《论侵权责任法上可得利益损失之赔偿》，载《法商研究》2013年第1期。

晚近以来,法律逐渐在社会经济生活的领域施加了越来越多的影响,效率之观念逐渐被引入法学领域,成为法律价值之一,法经济学的兴起正是这种观念在法学中的重要体现之一,以效率为本位的经济学分析“对解释法律和立法制度、司法是有用的”[1]。由此可见,“效率”可以成为对有关行为是否符合“正义性”,尤其是市场竞争的“正义性”之评价进路。

本书此处在于评价盲从模仿行为对市场竞争秩序之公共利益在效率问题上的影响,对此,需要回答两个层面的问题:第一个层面,盲从模仿行为对市场竞争秩序的效率之影响具体体现在哪个方面?第二个层面,此种效率对盲从模仿行为的影响是否侵入了法律对于公共利益的保护?笔者认为,对上述两个层面的问题之回答是十分必要且关键的,有关回答决定了盲从模仿行为对于公共利益的影响是否达到了应当通过法律的手段来调整的程度,也即回答了盲从模仿行为是否符合“公”的正义之问题,对此,笔者试作以下分析。

对于第一个层面之问题的回答并不困难,只需回顾本书的论述基点。盲从模仿行为作为现象的出现与“模仿—创新”路径有关,市场竞争中的经济发展有赖于这一路径的良好运行。质言之,市场经营者普遍通过模仿而实现创新,从而提高自己获取的经济利益,我们可以理解为模仿和创新之间存在一种富有效率的转化关系,在特定条件之下,模仿能够推动创新,乃至转化为创新,创新则会引起市场上更多的模仿。可以说,正是上述特定条件的存在使模仿与创新的转化达到最优效率,这是良好的市场竞争秩序所要求的。反言之,如果上述“特定条件”不存在,或者面临某些方面的瑕疵,那么模仿与创新的转化效率将无法达到最优状态。

值得说明的是,前述的这种“模仿与创新之间的转化效率之最优”与前述的“效能竞争”有类似之处。不过,“效能竞争”是从竞争效率的角度就经

---

〔1〕 卢现祥、刘大洪主编:《法经济学》,北京大学出版社2007年版,第21页。

营者的具体行为是否符合积极创造竞争机会,提高市场即消费者福利而言的,[1]而笔者此处分析的“模仿与创新之间的转化效率之最优”仅在“模仿—创新”路径之意义上。为便于论述,笔者将“模仿与创新之间的转化效率”简称为“创新效率”。

对于第二个层面之问题,笔者认为还可以将其分为两个方面予以考量。

第一,推动或影响“创新效率”的条件或因素是什么?

盲从模仿行为属于模仿行为之一,按照前述论证,它是一种不能引起或被转化为创新的模仿行为,遵循上述逻辑,盲从模仿行为是在“特定条件”下表现出的一种具有负面性的创新效率结果。分析出现这种结果的原因应从此“特定条件”入手,笔者认为这一条件可分为经济方面的条件和法律方面的条件。

首先,经济方面的条件主要是市场规律和政府调控的作用。在不考虑其他因素的情况下,对于以利益最大化为目的的市场经营者而言,完全照搬他人的创新成果必然需要最小的成本,故而当特定创新在市场上出现时,对其盲从模仿自然是最理性的选择,所有人都照搬某一种技术的结果就是产品同质化现象的产生,竞争的激烈性致使商品价格下降,从而导致作出此种创新的经营者之利益减少。在此情况下,市场规律——如供求关系等——作为经济方面的条件,能够在一定客观程度上促使新的“模仿”向“创新”转化,譬如市场经营者出于对更高利益的追求而不顾被全盘“照抄”的风险,继续坚持寻求创新。这在知识产权法律制度出现之前的社会并不罕见,但是,在仿制技术日益成熟、复制成本逐渐降低的当代社会,盲从模仿行为的存在必然会大大降低创新的效率。因此,仅仅依靠市场规律的作用不足以使创新效率达到最大化。此外,经济手段还包括政府的相应调控措施,譬如减免税收、增加补贴、人才引进或大力推动各项“创新产业园”等,相比于纯粹依

---

〔1〕 参见王博文:《德国反不正当竞争法私法属性的历史和理论建构(下)》,载《竞争政策研究》2016年第5期。

靠市场规律作用的方式，政府的调控和干预确实能在一定程度上提高创新效率，使更多的资金、人才和技术投入创新活动，这一点在现实中已经被证明了。然而，政府的调控措施仍然是外部性质的，只能通过上述如“资金、人才和技术”等特定要素来刺激模仿向创新的转化。对于经营者而言，他们实施创新的本源动机在于“获取更多的市场价值”，尽管如“资金、人才和技术”等要素也能给经营者带来利益，但这种利益并不是源自市场本身，更不是经营者市场行为的追求结果，而对于政府而言，这种外部式的措施也不是一劳永逸的，其随时可能会基于其他更重要、更紧迫的原因而对这种措施予以调整、变更甚至革除，更不用说这种政府措施还可能因决策者的更替或过错而引致经济的波动乃至不良后果。〔1〕故而，政府作出的相关干预措施尽管相对于纯粹依靠市场规律的调整更为有效，但这种措施注定是缺乏持久性的，或者是存在不可靠因素的，不能真正地在本质上推动创新效率的提升。

其次，法律方面的条件则是知识产权法和竞争法等经济领域的立法制度之作用。同样在不考虑其他因素的情况下，市场经营者从事一定行为时须符合法律制度的规定与安排，这是由法律的强制性决定的，经营者违反这些规定或安排将为其自身带来不利的法律后果，这对于市场经营者而言是一种“法律成本”。〔2〕从创新效率的角度来看，法律成本的高低在很大程度上影响经营者对于模仿与创新行为的选择，譬如，知识产权法制度的出现使经营者不能在未经许可的情况下将他人的有权知识成果据为己有或任意使用，否则将构成对他人知识产权的侵害，需要承担法律上的责任。从这个角度来看，对于创新效率而言，法律条件比经济条件有更为明显的效果。不过，经营者的法律成本高低直接取决于法律如何对模仿行为进行限制或对

〔1〕对此，有管理学学者从政府官员变更的角度研究了这种变更所产生的波动对经济政策之影响，参见杨海生、陈少凌等：《政策不稳定性与经济增长——来自中国地方官员变更的经验证据》，载《管理世界》2014年第9期。

〔2〕参见李胜兰、周林彬、邱海洋：《法律成本与中国经济法制建设》，载《中国社会科学》1997年第4期。

创新活动进行鼓励:法律如果完全不鼓励市场中存在创新活动,不对模仿行为给予任何规制,此时意图模仿的经营者的法律成本趋近于零,创新效率即回到了前述的、纯粹依靠市场规律的作用之中;相反,法律如果对市场中的一切模仿行为均采取极为严苛的态度,非有显著创新活动者不允许进入市场,此时意图模仿的经营者的法律成本趋近于无限大,除作出创新的经营者外,任何人均无轻易进入市场之可能,此时的市场则近乎为少数几个创新者所垄断,后续创新将缓慢地在这些创新者之间进行,甚至创新能力逐渐停滞,最后所表现出来的仍然是创新效率低下。因此,法律条件虽然能在很大程度上影响创新效率,但是法律是人为制定的,法律制定的好坏本身就是能否良好地推动创新效率的影响因素,只有在合适的法律制度之规定下,才能推动创新效率的提升,以至于达到效率的最优。

第二,盲从模仿行为与此种条件或因素是否具备关系以及具备何种关系?

有了前述分析,第二个方面的问题相对而言便更容易理解。盲从模仿行为的出现本身是一种客观实在,这种行为的产生本质在于人类的行为本能,而这种本能体现的是更深层次的人类社会心理,这些属于人类自身性质的产物是不可能被禁止的,也无法被归咎或被科以何种责任,正如一个人不能因为自身患有某种疾病而不被允许生存,也不能因为这种疾病而被要求受法律的苛责,〔1〕因此可以肯定,盲从模仿行为是必然存在,而且无法被任何方式禁止的行为。但是,在创新效率所涵盖的模仿与创新之转化方面,盲从模仿行为在性质上是不致任何创新活动发生的,若任由盲从模仿行为自由存在而不对其加以限制,势必对创新效率产生负面影响,这一点在前面已有所论述。因此,如不限制盲从模仿行为的出现频率或引导经营者摈弃此种行为,创新效率则无提高之可能,“模仿—创新”路径将难以推动经济发

〔1〕 除非他存在传播这种疾病的行为,但若如此,法律追究的便应当是他传播疾病的行为,而非他患有疾病状态之本身。

展,最终承受损失的将是最大的公共利益——整个市场。可以认为,鉴于盲从模仿行为的不可消除性及其对创新的无贡献性,对盲从模仿行为的限制应当是上述创新效率提升的“特定条件”之重点。

结合前述分析,笔者认为,单纯地通过经济手段或法律手段限制盲从模仿行为均不可取。如前所述,单一的经济手段带来的效果要么不显著,要么不持久,而单一的法律手段尽管效果明显且可持续作用于创新效率,但其所依据的法律在制定时即应当是合适且有效的,只有二者相结合,才能最大限度保证盲从模仿行为被局限在一个适度且不致妨碍创新积极性和阻延创新有效性的范围之内。

总结而言,市场竞争中盲从模仿行为的必然存在将对创新效率造成影响,因此通过一定经济手段和法律手段来共同限制盲从模仿行为是提升创新效率的必要思路。鉴于对经济手段的分析并非本书的研究方向,故下文中仅以法律手段为有关分析的立足点。

二、盲从模仿有关“正义”的两个面向:基于效率之考察

(一)创新效率与正义:一个法哲学视角的分析

遵循前述分析结果,盲从模仿行为受法律规制时,对于提高市场的创新效率并最终实现市场竞争之“公共利益”的最大化是必要的,因为对“公共利益”的维护在相当程度上等同于对公共之“正义”的维护。这一思路事实上也是诸多既有的持“应当规制盲从模仿行为”观点之学者(特别是国内学者)在有关研究中的主要立场。[1] 但即便以该立场而论,仍有以下两点需要深入分析。

第一,上述所谓“公共利益”实际上是“创新经营者的收益”。对于市场

---

〔1〕 参见郑友德、刘平:《盲从模仿与非专利技术保护初探》,载《中国工商管理研究》1995 年第 11 期;柳福东、朱雪忠:《试论盲从模仿的法律调控》,载《科技与法律》2000 年第 1 期;颜湘蓉:《论不正当竞争中的寄生行为》,入世后知识产权法律服务实务研讨会暨全国律协知识产权专业委员会 2002 年年会论文;何炼红:《盲从模仿行为之反不正当竞争法规制》,载《知识产权》2007 年第 2 期。

而言,市场的“公共性”不止在于作为供给方的经营者,还在于作为需求侧的消费者(或需求者),换言之,市场的公共利益不仅包括竞争之经营者通过创新所得到的收益,还包括消费者的福利。因此,仅仅将公共利益停留在经营者层面是片面的,这只能反映“创新经营者的收益”,以这种“创新经营者的收益”来说明盲从模仿行为的“非正义性”,在逻辑上是缺乏说服力的。

第二,前述的“创新效率”绝非等同于“由创新获得的收益最大化”,创新效率的重点在于模仿能够更快速地转化为创新,从而使创新活动能够不断推动经济发展,而经济的景气才是公共利益的根本所在,仅仅是经营者凭借创新所获得的收益只能评价经营者本身,故而,仅以此来评论盲从模仿行为对市场之“效率”的影响显然也是片面的。

整体上看,“效率”既然可以作为一种公共层面上的“正义”,并且是被用于评价盲从模仿行为的过程中,那么盲从模仿行为是否符合法哲学之“正义”,显然要结合创新效率进行分析,即是对盲从模仿行为是否符合市场的“效率”之评价。反言之,从这种市场所需要的“效率”之要求出发,即可对盲从模仿行为是否满足“正义性”作出真正的评价。[1]

与此前的诸多研究不同,笔者认为以创新效率为基点所探寻到的,对盲从模仿行为之“正义性”评价,呈现出两种截然不同的面向,这两种不同面向是基于经济学领域中存在的一种理论假设,即一个市场存在两种极端的结构,一为完全垄断,二为完全竞争。尽管这两种市场结构极少存在于如今的现实社会当中,但此两种极端情况给予了我们分析盲从模仿行为的思路,即从“创新效率”的角度来看,“完全垄断”与“完全竞争”之市场均不符合“令模仿快速向创新进行转化”之要求,但是,基于对“效率”——尤其是“创新效率”——的考察,盲从模仿行为在此两种市场中可能呈现出不一样的性质。

(二)破除垄断之面向:合正义性的“盲从模仿”

在趋向于“完全垄断”的市场结构中,只有一个经营者或少数几个经营

---

〔1〕 参见吴汉东:《知识产权法价值的中国语境解读》,载《中国法学》2013年第4期。

者控制市场,这些市场垄断者控制商品的来源或价格,并且这些商品在该市场中不存在任何可替代的商品。假定市场一直存在,那么这对于上述市场垄断者而言,供求关系使他们能够占据市场的相应份额并从中获利,并且这种"获利"是稳定而持续的。在这种市场结构下,市场几乎不存在"竞争"之状态,或者说即便有"竞争"也仅存在于极其有限的条件下,譬如只在该几个经营者之间存在些许"竞争",甚至若干经营者可以相互联合或合并("托拉斯"),或者订立垄断协议以达成"互不竞争"("卡特尔")之状态。然而,垄断一旦发生,创新活动就不可能继续进行,从而导致整体经济效益的降低,乃至商业道德的败坏。〔1〕

自"二战"后,各国注意到"垄断"所带来的各项弊端,〔2〕相对应地,"竞争"所带来的"促进产业进步、提高资源分配及利用效率、扩大人民福利"等优势得到了重视,〔3〕由此,各国开始制定相应的反垄断或反不正当竞争之法律法规以促进市场竞争的发生。可以认为,市场垄断是一种在市场竞争之公共利益上的"不正义",而处于"完全垄断"状态的市场结构则显然负有此种"不正义性",对这种由"垄断"形成的"不正义"之矫正则是引入"竞争","竞争"相对于"完全垄断"之市场结构是"正义"的。这一点也与我国许多学者所主张的,以"适当"的法律保护(特别是知识产权法保护)促进竞争之观念相向。〔4〕

---

〔1〕 参见[日]富田彻男:《市场竞争中的知识产权》,廖正衡等译,商务印书馆2017年版,第111页。

〔2〕 参见[日]富田彻男:《市场竞争中的知识产权》,廖正衡等译,商务印书馆2017年版,第109页。

〔3〕 参见刘孔中:《解构知识产权法及其与竞争法的冲突与调和》,中国法制出版社2015年版,第79~80页。

〔4〕 吴汉东教授的观点是:"知识产权是政府公共政策的选择,任何国家都有理由根据现阶段的经济、科技发展状况,并且考虑未来社会发展所需以决定适合本国国情的保护标准和水平。"这一点,对于处在市场"垄断"这一事实之下的经营者而言,破除垄断、增加竞争不论是对其个人,还是对整个市场,均应是正义的。参见吴汉东:《我国知识产权不存在超高或过低保护的问题》,载吴汉东:《我为知识产权事业鼓与呼》,中国人民大学出版社2014年版;何炼红:《知识产权的重叠保护问题》,载《法学研究》2007年第3期。

如前所述，即便在“完全垄断”的市场中，盲从模仿行为也是存在的，这是客观规律使然。具体而言，该行为将毫无疑问地存在于以下两种可能的情况之中。

第一，垄断者之间的“盲从模仿行为”。

对于垄断者而言，在自身处于对市场的控制状态之下，垄断者始终处于在市场上获利的状态，如此之处境使垄断者失去对创新活动的需求。质言之，在没有其他因素影响的情况下，实施创新活动不仅不能让垄断者获得更大的利益，还可能使垄断者为创新活动付出相应的成本，从而承担这种损失。这对于一个理性的垄断者来说是不可能的选择，因此，垄断者更愿意“安于现状”。不过，这种“安于现状”也并不代表垄断者“无事可做”，至少在一些非“托拉斯”或“卡特尔”之情况下，这些垄断者与同一市场中的其他垄断者仍有竞争关系，其对其他垄断者实施盲从模仿行为的可能性是存在的，将他人的创新差异性照搬过来归自己使用，可能会在已经垄断的基础之上增加其市场占有份额。不过即便如此，垄断者实施盲从模仿行为本身也可能需要付出相应成本，譬如为了生产其他垄断经营者的商品而须自行购入设备等。因此，垄断者之间虽然存在盲从模仿行为之可能，但现实中出现的可能性并不大。相较之下，笔者认为接下来的第二种情况才是值得深入分析的。

第二，意欲打破此种垄断的“潜在”竞争者〔1〕之对于垄断者的“盲从模仿行为”。

对于“完全垄断”的市场而言，“竞争”是特别符合公共利益的，也是所有与竞争有关的法律之立法主旨。这是因为“竞争”能够给市场带来有利于所有市场参与者的益处：对于市场整体而言，“竞争”能够优化市场结构，优化

---

〔1〕关于“潜在”竞争者，波斯纳认为将此分别表述为“感觉上的潜在竞争(者)”和“实际上的潜在竞争(者)”更为合适，而且后者更应被定义为“未来竞争者”。本书在后文中将详细讨论此问题，笔者在此处的“潜在”竞争者暂概括述之，不作上述区分。参见[美]理查德·A.波斯纳：《法律的经济分析》，蒋兆康译，中国大百科全书出版社1997年版，第176页。

资源的配置;对于消费者而言,“竞争”能够使商品的价格下降,提高市场上的消费者福利;对于垄断者而言,“竞争”能够使他们内部转型、升级和变革,使之更具创造力和竞争力;[1]对于那些“潜在”的经营者而言,出于对利益的追求和在市场上生存的需要,他们不仅希望打破垄断者控制市场之现状,更希望就此占据市场份额,获取更高的利益,“竞争”的引入则使他们拥有这样的机会。因此从客观上看,在引入“竞争”的过程中,这些“潜在”竞争者扮演了重要的角色。

“潜在”竞争者存在两种引入“竞争”的方法,首要的就是“创新”,不论这种创新是足以构成专利法上的发明创造或著作权法意义上的具备独创性的作品,还是如本书所提及的虽不受知识产权法保护但仍具有实在价值的“创新差异性”。质言之,在遵循市场规律进行合理经营的前提之下,“创新”是引入市场“竞争”、打破现有垄断的最有力且最长效的方式。

另一种引入“竞争”的方法则是“盲从模仿行为”,这或许是一个意料之外却也在情理之中的方法。具体而言,“盲从模仿行为”系将知识产权法所不保护的有关客体在市场当中无差别再现的过程,这一过程减少了经营者的创新成本,其只需要照搬市场上其他经营者已有的投入即可快速进入市场,与既有经营者一同竞争,而这种“竞争”一旦被引入,将客观上打破市场的垄断状态,成就前述的由引入“竞争”而得到的利益。仅从表面上看,“潜在”竞争者的“盲从模仿行为”似乎入侵了既有经营者(尤其是被模仿的经营者)的个体利益,超出了模仿自由的道德与法律限度,但是当我们把既有市场置于“完全垄断”或者“垄断过度”的背景之下时,这种“盲从模仿行为”的性质似乎有所改变:它已不是简单地侵害被模仿者利益、造成市场公共利益损害的行为,而是成为破除垄断、引入竞争、提高市场整体利益的行为。同

---

[1] 当然,“竞争”的引入必然使垄断者承受一定的损失,譬如内部的结构变动乃至破产重组,生产力落后的垄断者遭受淘汰等。但从长远来看,“竞争”能够改变垄断者怠于创新、失去竞争力的情形,这必然是一件有益的事情。

样的"盲从模仿行为"却在"市场是否处于垄断之状态"这一背景下得到两种不同的评价,其原因值得探讨。

笔者认为,形成上述两种不同评价的根本原因在于市场的"效率"是否能促进整体经济的发展,而在众多的"效率"因素中,"创新效率"是推动经济整体发展的最重要因素。但是在一个"垄断"的、缺乏"竞争"的市场中,垄断者没有创新的动力,"潜在"竞争者缺乏创新的条件,将导致"创新效率"始终处于极低的状态,这是不符合市场对于公共利益的追求的,质言之,引入"竞争"是提高"创新效率"的前提。因此,对于处在这一背景之下的市场而言,首先要考虑的是对"竞争"的追求,市场竞争的存在将提高市场的整体效率,"创新效率"的提高才有路可循。[1] 故而,"潜在"竞争者通过"盲从模仿"引入"竞争"的行为是应当得到允许,甚至是应当被鼓励的。从这个角度来看,"盲从模仿行为"的实施对于打破市场的"垄断"而言是积极的,它符合经济整体发展中有关"效率"之考量,满足市场公共利益之追求,具备"正义性"。

值得进一步回答的问题是,在市场垄断之下,"潜在"竞争者的此种"盲从模仿行为"是否构成对垄断者利益的侵害?毕竟根据前述分析,盲从模仿行为本身也是一种不能引起任何创新的行为,允许其存在似乎背离了对个人自由的保护。笔者认为这一点是不足顾虑的,首先,根据前述笔者总结的构成要件来看,"潜在"竞争者的"盲从模仿行为"并不满足"构成损害后果"之要件:其一,此种"盲从模仿"的客体并非现行法律,尤其是知识产权法保护的对象,从实证法的角度看尚不构成对个体的违法与侵权;其二,此种"盲从模仿"在根本上是为提高市场竞争水平、打破市场垄断状态,即对公共利益的满足,即便垄断者取得市场垄断地位并非因其过错(如自然垄断或进入新市场等),若严格地考察前述构成要件,"潜在"竞争者并非实施了真正意

〔1〕 参见张东:《法治如何促进大众创新创业——基于专车服务微观样本的分析》,载《法学》2016 年第 3 期。

义上的盲从模仿。其次,即便假定这种"盲从模仿行为"确实存在攫夺垄断者正当的创新成本与可得利益的情形,相比于垄断对公共利益的损害而言,前者在利益平衡的考量之下也应适当让步,因为市场整体秩序之完善所带来的利益,才更符合所有市场参与者之共同利益,才更近于"正义"之本质。〔1〕

由此我们可以得出结论,即在完全垄断之市场,需要适当的"盲从模仿行为"以引入"竞争",这是经济整体发展与市场公共利益所要求"效率"价值使然,也是"创新效率"得以实现的前提。在此情况下,所谓"盲从模仿"符合"效率"之"正义",应当被允许。

(三)效能竞争之面向:非正义性的盲从模仿

"完全竞争"的市场结构与"完全垄断"的市场结构相反,即没有任何一个经营者可以控制或影响市场(包括商品种类、数量、价格等因素),所有经营者销售的商品是相同的或者几乎没有差异的,市场上商品的可替代性极强,不存在"垄断"之状态。

有前述内容为基础,此处的分析相对更为简单,也更容易被理解。市场的"完全竞争"状态被认为是一种可实现市场资源的"帕累托最优"配置。〔2〕但是,"完全竞争"之市场结构并不符合市场所追求的"正义"。质言之,在"完全竞争"的市场之中,处于竞争关系的经营者尽管也有创新活动,但这种创新活动仅仅是经济规律之下的反应,即特定经营者为了追求利益而尝试对"完全竞争"的突破,但是在知识产权特别法不保护特定客体的情况下,有关经营者所创造的创新差异性将很快被他人盲从模仿而去,且有关经营者并无可能获得法律的保护和认可。〔3〕 经营者个体的损益已在前述提及,此处无须赘言,而需要笔者在法哲学角度分析的是,在"完全竞争"或者"过度

---

〔1〕 参见高富平:《竞争法视野下创新和竞争行为调整的体系化思考》,载《法商研究》2015年第3期。

〔2〕 参见卢现祥、刘大洪主编:《法经济学》,北京大学出版社2007年版,第20页。

〔3〕 参见崔国斌:《知识产权法官造法批判》,载《中国法学》2006年第1期。

竞争”的市场结构之下,什么样的状态对于市场中的公共利益而言才是“正义”的?答案其实与前述一致,仍然是“效率”,市场高效率的运行才是所有市场参与者(包括市场本身)所追求的最高价值。

具体而言,“完全竞争”的市场结构所缺乏的“效率”并非“市场资源配置”之效率,而仍然是“创新效率”。具言之,足够的竞争应当引起参与竞争的经营者提高创新能力,付出创新努力和投入之动机,但是,除了受到知识产权特别法保护的发明、作品之外,不受法律保护的“创新差异性”在竞争激烈的市场之下将很容易被任意使用,任何创造这种“创新差异性”的经营者将不得不从自身利益出发,减少将此种类型的创新投入市场。如前所述,创新也是一种“从量变到质变”的过程,“创新差异性”的出现正是这种“量变”的直接体现,在“完全竞争”或者“过度竞争”的市场当中,这种“量变”式的创新尤为重要,它不仅打破了这种市场状态之下的商品同质化,也显示出了提高“创新效率”的作用,此即前述的“效能竞争”之内在基础。在此情况下,如果法律不保护这种“创新差异性”,或法律不对盲从模仿行为作出相关的调整与限制,那么“完全竞争”状态下的“创新效率”仍然无法发挥作用,其结果便是“模仿—创新”路径无法达到最优,经济发展趋于平缓,这显然是背离市场公共利益之本质的。[1]

综上所述,并结合本章之分析,笔者可以从法哲学的角度对盲从模仿行为的“正义性”问题作出以下结论性的评价:其一,对盲从模仿行为的“正义性”之评价可以从自由与平等、效率及秩序三个维度分别进行,其中对个体的“正义性”分析宜从自由与平等之维度进行,对公共利益的“正义性”分析宜结合效率之维度;其二,从个体角度看,盲从模仿行为是对私利益之个体自由的侵入,具言之,个体通过努力和投入获得“创新差异性”以参与市场竞争、获得经营利益的行为是符合法律上的“正义”的,盲从模仿行为则恰是对

---

〔1〕 参见刘太刚:《公共利益法治论——基于需求溢出理论的分析》,载《法学家》2011年第6期。

这种私之“正义”的违反；其三，从公共角度看，对盲从模仿行为的“正义性”评价应围绕其是否促进市场的“创新效率”为依据，完全或过度的“垄断”需要引入竞争以提高“创新效率”，在此情况下，经营者从事类似“盲从模仿”的无差别再现行为不存在损害性，符合公共利益对于“效率”的追求，应当具有“正义性”之评价，而完全或过度的“竞争”则需要限制盲从模仿行为，通过法律对模仿行为设置一定的创新性要求，以保全市场竞争之活力，满足公共利益的追求。

第五章
效率论：规制盲从模仿的法经济学透视

本书前一章节阐释了盲从模仿行为的非正义性，笔者认为，盲从模仿行为在特定条件下存在对个人利益和公共利益的侵害，并且这些侵害足以达到对个体自由和市场效率的不正当侵扰，因此有必要对其采取法律规制措施。不过，仅仅以上述结论为依据并不足以直接进入对“如何规制盲从模仿行为”的分析，这是因为在笔者的前述结论中存在“特定条件”这一前提。何谓“特定条件”？如何凭借此“特定条件”来理解对盲从模仿行为的规制？是否对“特定条件下不存在违反正义性的盲从模仿”予以排除？缺乏对上述问题的探讨是鲁莽的，将使本书的研究过程笼统而不详尽，有违学术性。故而，紧循本书前述章节之结论，本章需要进一步回答的是“盲从模仿行为何时具备受法律规制之必要”这一问题。

对这一问题的探索和回答可以是多种多样的，事实上，法学研究方法是多样而丰富的，每一种研究方法都含有其内在的逻辑和特殊的视角，甚至于来自不同逻辑和视角的分析可能会得出明显差别,乃至大相径庭的最终结论,如何选择适当的研究方法正是研究者智慧的体现。[1] 在此,笔者无意评判任何一种研究方法,也不希望本书囿于选择研究工具的"非此即彼"之桎梏中,但是笔者认为,选择与"市场"——特别是"市场竞争"——最具关联的研究方法对盲从模仿行为进行考察是最为适当的。质言之,这种适宜体现盲从模仿行为存在的客观背景就是经济意义上的市场,如果没有相关市场或者涉及市场的相关活动,那么盲从模仿行为及其法律问题是不存在的。"市场"是经济活动的重要场所,故而盲从模仿行为必然存在经济因素,鉴于对"盲从模仿行为何时具备受法律规制之必要"问题的回答,事实上正是对"法律应如何规制盲从模仿行为才能保障市场的创新效率最大化"这一问题的厘清,它涉及的问题实质是"法律对盲从模仿行为的规制效率性",故而以经济学思维来考察这一法律问题必然是最为适当的,此种方法即法经济学的方法。[2]

本章中,笔者将在第四章的基础之上,运用法经济学及相关经济学分析方法,专注于从创新效率角度来评析盲从模仿行为之可规制性问题。

第一节　盲从模仿行为引起的市场失灵

一、市场失灵之概述:基于盲从模仿的视角

在展开下述的一切讨论之前,笔者有必要再次强调这样一个关键的事实前提,即盲从模仿行为首先是一种市场行为,脱离市场的所谓"盲从模仿"并不在本书的讨论之列。笔者之所以作此强调,首先是因为盲从模仿行为由市场竞争触发,实施盲从模仿行为的经营者寄希望于凭借这一行为获得

---

〔1〕 参见吴汉东:《知识产权的学科属性与研究方法》,载吴汉东:《我为知识产权事业鼓与呼》,中国人民大学出版社 2014 年版。

〔2〕 参见卢现祥、刘大洪主编:《法经济学》,北京大学出版社 2007 年版,第 23 页。

市场竞争中的优势;其次是因为盲从模仿行为在市场竞争中普遍存在,其直接引起了市场竞争中某些消极后果的发生。

在本书的前述章节中,笔者初步论述了盲从模仿行为造成的一系列足以引起法律规制的后果,其中包括市场效率的降低和对个体利益的侵害,二者之间有必然的联系。质言之,盲从模仿行为首先显著地表现在对个体利益的侵害之上,此种行为影响的广泛性又将使更多的经营者实施盲从模仿行为,如此便会对代表公共利益的市场效率产生阻碍,反过来,此种市场效率的低下将使经营者对创新的投入更为谨慎,从而形成"创新效率低下"的结果。因此,明确此种"创新效率低下"何时形成以及因何种原因而形成,将有利于在后文中对盲从模仿行为的规制进行探讨。

根据经济学理论,市场本身具备自我调节功能,在一定条件下能自行优化资源的配置,以达到此种调节下的最优,而市场效率的高低与此种市场资源配置的结果有关,最优的市场资源配置将使市场效率达到最高。但是在某些因素存在的情况下,市场无法通过自我调节以达到这种资源配置之最优,便会引起效率低下、资源浪费等消极后果,并由市场及其参与者共同承担这些消极后果,此种情况被称为"市场失灵"。应对市场失灵的其中一种重要方式在于通过经济法律制度对其进行调整,质言之,对于具体地引起效率低下、资源浪费等后果的原因,可以通过公权力如政府调控或法律手段予以约束。[1] 根据上述阐释,盲从模仿从性质上具备引起市场失灵的可能性,尤其是当我们把盲从模仿对"创新效率"的阻延考虑在内时,这种可能性会更为具体地呈现出来,这一点笔者在本书第二章中已经从"是否超出法律的规制边界"角度证实了。本章所要解决的是"盲从模仿行为在何种情况下应当受到法律规制"这一核心问题,这一问题延伸至此处也可表述为"盲从

〔1〕 参见[美]罗纳德·哈里·科斯:《社会成本问题》,载[美]罗纳德·哈里·科斯:《企业、市场与法律》,盛洪、陈郁译校,格致出版社、上海三联书店、上海人民出版社2009年版。转引自王文敏:《反不正当竞争法中的禁止盗用规则及其适用》,载《现代法学》2021年第1期。

模仿行为所引起的市场失灵因何受到法律的调整”，质言之，对本章之核心问题的回答，尚需先行对盲从模仿引起市场失灵的因素予以透视，这些因素是否应受法律的调整，决定了盲从模仿行为是否应受法律的规制。

如前所述，盲从模仿行为引起的市场失灵源于“公共品”和“外部性”这两个因素的存在，此二者是市场中的交易成本之主要表现，交易成本即“市场交易的成本”，指交易过程中在法律框架内实施相关行为的劳务付出，它是法经济学所要探讨和解决的主要范畴。[1] 故而在以下内容中，笔者试从法经济学角度证明以下命题，即“公共品”是盲从模仿行为客体“创新差异性”所具备的公共品属性，“外部性”是盲从模仿行为因“无差别再现”而获利所引起的“负的外部性”，二者相互关联，使盲从模仿行为具备为法律制度所矫正的必要。

二、“创新差异性”的“公共品”属性分析

本书在此所述的“公共品”是“纯公共产品”，即“对所有社会成员供给同等数量的物品”[2]。一般认为，公共品具有两个重要的特征，一为供给的非竞争性，即增加任何一个个体对此种公共品的消费均不会妨碍他人的使用，使用者在公共品使用之上不存在相互争夺的情形；二为归属的非排他性，只要公共品被生产出来，每一个社会成员都可以自由地消费，而无须经过其他任何人的同意。[3] 公共品的供给几乎毫无疑问地会带来“搭便车”之问题，即每一个市场经营者都试图消费公共品，从中获得利益，却希望其他人承担公共品的生产成本。[4] 常见的公共品类型如国防、消防资源、畅通而不收

---

[1] 参见张乃根：《法经济学：经济学视野里的法律现象》，上海人民出版社 2014 年版，第 114~115 页。

[2] 卢现祥、刘大洪主编：《法经济学》，北京大学出版社 2007 年版，第 41 页。

[3] 参见卢现祥、刘大洪主编：《法经济学》，北京大学出版社 2007 年版，第 42~43 页。

[4] 参见[美]朱·弗登博格、[法]让·梯若尔：《博弈论》，黄涛等译，姚洋校，中国人民大学出版社 2010 年版，第 173 页。

费的公共道路[1]等，由政府承担供给的成本（当然，如果考虑政府通过税收等方式回收此部分成本的话，此成本的最终承担者仍为政府所管领的全体成员，即受益人），任何人均可消费而不承担成本。

通常认为，公共品如果归个体所有，使之拥有私权属性，那么从法律上对其作出产权界定或者对其权利加以维护的成本（譬如排除他人的“搭便车”行为所要付出的成本）将会非常高，因而此种情形下将公共品置于公共领域是合理且应当的。[2] 如前所述，作为财产的知识产品（或称“知识财产”）基于其独有的性质具有公共品属性或特征，在没有知识产权法对其进行调整的情况下，任何人的使用都不减损其本身的价值，每个使用者都可以从中获利。[3] 但是，这种财产在知识产权法律制度之下具有了排他性，具体而言，知识产权法的制度逻辑在于为这种知识产品的创造者设定一个法律上的权利，符合要件的创造者即权利人，对该知识产品享有排他性的权利，法律并不要求（也不可能要求）权利人实际地控制或占有此种知识产品，需要使用这种知识产品的人则须向权利人付费并征得其同意。这种制度一旦消失，知识产品将彻底沦为公共品，任何人都可以进行使用（或消费）并从中获益，但它的成本并非由政府或所有受益者承担，而是由生产、创造此种知识产品的人独自承担，这对创造者来说是十分不利的。从经济学的角度来看，创造者为创造此种知识产权而投入的固定成本无法回收，还丧失了由此获利的可能性，更重要的是，知识产品的边际成本相当低，结合知识产品

[1] 对于“公共道路”本身是否是“纯公共产品”，有学者对此持不同意见。其认为它是一种“拥挤性公共产品”，即该产品在容纳了足够多的消费者之后，消费者数量过多所造成的拥挤降低了每一个消费者的受益，譬如本来已经拥挤的公共道路再增加一个额外的使用者，将会使本来就拥挤的车道更加难以通行。故此处笔者仅以“畅通而不收费的公共道路”表述之。参见卢现祥、刘大洪主编：《法经济学》，北京大学出版社2007年版，第41页。

[2] 参见卢现祥、刘大洪主编：《法经济学》，北京大学出版社2007年版，第42~43页。

[3] 仅从经济学意义上看，许多学者认为知识产品就是一种“公共品”，尽管这种表述“听起来就像是一种由政府生产的产品”。参见[美]威廉·M.兰德斯、[美]理查德·A.波斯纳：《知识产权法的经济结构》，金海军译，北京大学出版社2005年版，第17页。

的非物质性和如今发达的复制技术，此种知识产品的边际成本甚至趋向于0，换言之，使用者复制这种知识产品几乎不需要任何付出或投入即可凭此获利，那么此后甚至不会有新的知识产品被创造出来。〔1〕

公共品也被认为是一种引起市场失灵的重要因素，主要原因即在于公共品所引起的“搭便车”现象，该现象可能使市场无法达到最优的资源配置。〔2〕不过对于一般公共品以及上述的知识产品而言，现实对这一问题似乎有很好的回应：对于一般的公共品，政府所承担的成本可以从对公民——也就是这些公共品的受益者——的税收中“回收”，即便拒绝为此种“公共事业”付费的人仍能享受这种待遇，但其仍旧具备相当的合理性。这很大程度上是源于此种公共品的不可销售性和不可计量性，二者决定了它不能为市场机制所左右。〔3〕对于知识产品而言，知识产权法律制度的设计很好地平衡了权利人的利益和公众对知识产品的使用问题。但是，这一情况从盲从模仿行为的角度来看是存在疑问的，质言之，盲从模仿行为可能存在因其公共品特征而形成一种不太受关注却又客观存在的重要市场失灵现象。

遵循上述逻辑，我们可以明显得出这样一个展开后续分析的前提，即盲从模仿行为是否因“创新差异性”的公共品属性而对市场失灵的发生存在现实之可能。质言之，如果“创新差异性”投入市场即属于任何人都能随意使用的知识产品，那么这种“市场失灵”就是子虚乌有的，因为已明确不属于知识产权法保护的范畴——如已过保护期的作品或专利——基于公共的自由而被他人使用本身就是正当的，这种行为不会在任何意义上干涉市场的最优资源配置。但反过来，如果“创新差异性”只是(广义上的)知识产权法“尚未”保护却事实上应当受保护的客体，那么这种“公共品”导致的市场失灵是

〔1〕 参见[美]威廉·M.兰德斯、[美]理查德·A.波斯纳：《知识产权法的经济结构》，金海军译，北京大学出版社2005年版，第29~31页。

〔2〕 参见冯玉军：《法经济学范式》，清华大学出版社2009年版，第207页。

〔3〕 参见[美]理查德·A.波斯纳：《法律的经济分析》，蒋兆康译，中国大百科全书出版社1997年版，第257页。

确实存在的,哪怕它是多么得不明显,市场无法达到最优配置是由于此种真实的法律空白造成的。“创新差异性”是盲从模仿行为的具体对象,属于前述构成要件中的客体,主要表现形式为不受知识产权法保护的智力劳动成果。有学者指出,一旦法律“抛弃”了某些知识产品,那么这些知识产品就应当成为公有领域的一部分,没有人能对其主张排他的财产权。〔1〕笔者认为这一观点虽有道理,但有所局限,这一观点的成立具有一个明显的前提,即没有新情况或新情势出现,知识产权法律能够清楚且完全识别任何一项客体(或无形财产),以判断其是否应当受到保护。反言之,一旦有新的知识产权客体出现,或者因某些情况的发生而使本不被纳入知识产权保护的客体具备了可保护性,知识产权法律制度可能无法将其涵盖在内。换言之,盲从模仿行为之公共品属性是否引起市场失灵,取决于以下问题之答案,即现有知识产权法律制度不保护“创新差异性”是“法律的有意沉默”还是“切实的法律空白”,而如前所述,本书认为后者显然才是答案。

三、盲从模仿行为之“外部性”特征分析

相对于“公共品”,盲从模仿行为的“外部性”特征更容易被理解。如先前章节所述,外部性也是造成市场失灵的一种重要因素,其主要表现为生产或者消费对其他人产生的附带成本或收益,从造成的结果来看,主要分为正的外部性和负的外部性,前者表现为“损己利人”,即边际社会收益大于边际个体收益(或者边际社会成本小于边际个体成本),后者则表现为“损人利己”,即边际社会收益小于边际个体收益。〔2〕

创新具备正的外部性之表现,进行创新活动的经营者所承担的是为研发该创新而付出的成本——包括研发过程中所投入的资金,这种成本的大

---

〔1〕 参见[美]威廉·M.兰德斯、[美]理查德·A.波斯纳:《知识产权法的经济结构》,金海军译,北京大学出版社2005年版,第40~41页。

〔2〕 参见冯玉军:《法经济学范式》,清华大学出版社2009年版,第207~208页。

小因创新成果的不同而有所差异，相对而言，使用这些创新成果者能获得很高的收益，但对该作品的复制和重现所付出的边际成本几乎为0。质言之，对此种创新成果的使用不会对其产生有形损耗，不会导致创新成果的减少，但是会增加社会上的此种创新成果之总量。〔1〕在此情况下，如果法律不保护此种创新成果，实施创新的经营者将无法回收其成本，最终会造成越来越少的人愿意投身于创新活动中。有虑于此，知识产权法在制度设计上便内在地包含了一种激励机制，即通过授予创新者以创新成果的独占权利为利益刺激，使之有权从使用其创新成果者之处获得收益，其目的在于使"社会收益率"与"个体收益率"大致相等，从而使制度呈现最优效率的状态，有效地减少发明创新导致的"外部性"而产生的市场失灵。〔2〕

诚如前述，盲从模仿行为是在市场竞争中对"创新差异性"的无差别再现，从表征上看，该行为也表现出了正的外部性之特征。刨除那些绝对处于公有领域范围的知识产品，"创新差异性"与受知识产权法保护的客体均蕴含经营者创新努力的付出与投入，二者在这一点上几乎无本质差别。然而在目前盲从模仿行为中"创新差异性"得不到知识产权法保护的情况下，此种呈现为个体收益率显著低于社会收益率的外部性表现依旧具有存在的可能，因而，盲从模仿行为因正的外部性而致使市场失灵之发生的情况是具备可能性的。值得说明的是，盲从模仿行为构成市场失灵的原因应是公共品属性和外部性特征兼而有之。从法经济学角度来看盲从模仿行为，公共品决定了盲从模仿者能获益而不需承担使用"创新差异性"的成本，外部性则是被模仿者创造"创新差异性"所获得的收益显著地少于使用这种"创新差异性"所带来的社会收益，可见，二者之间本身就具有很强的关联性。尽管某一市场失灵是否真正地形成并非取决于存在多少种可能触发此种失灵的原因，但是，盲从模仿行为使创新中的个体利益无法得到满足，阻延了个体

〔1〕参见卢现祥、刘大洪主编：《法经济学》，北京大学出版社2007年版，第66页。
〔2〕参见冯玉军：《法经济学范式》，清华大学出版社2009年版，第208~209页。

创新的积极性，对创新效率事实上构成了损益。在“创新差异性”既缺乏知识产权法的保护，对它的盲从模仿又存在正义性缺失的情况下，盲从模仿行为会引起市场失灵的后果便不难理解了。

四、采用博弈论方法考察盲从模仿行为的适当性

上述分析给予笔者这样一种视角，即市场失灵事实上并不会因为仅仅存在公共品属性或者外部性特征这些因素而发生，它所表现出的市场资源无法得到最有效配置的后果源于“市场竞争中经营者的行为”。质言之，经营者在参与市场竞争时所作出的行为绝不是孤立存在的，经营者通常是根据市场上其他人的行为而作出反应，从而对应地作出策略选择。然而在“市场失灵”中，市场的调节手段本应更好地促使经营者为一定行为而实现资源的最优分配，但特定经营者的行为往往会受到其他经营者行为之影响，如“上游工厂排污影响下游农田灌溉”等，从而使市场效率无法达到最优之状态。由此，市场失灵的发生与经营者的行为因素是密切相关的，研究特定经营者的行为与其他经营者的行为之间相互影响，从而作出何种决策的问题，对于分析特定市场失灵的发生，从而考虑是否以及如何采取法律干预手段予以调整，是颇具意义的。最有助于通过对经营者的最优行为（决策）的分析以确定法律干预的适当性与实效性的方法为“博弈论”（game theory）方法。[1]

博弈论是这样一种研究方法，即当人们知道相互之间行为的影响，而且每个人都将这种影响作为其作出某种决策的考量时，博弈论将回答“理性的个体会如何作出决策”的问题。[2] 据有关研究，博弈论是“二战”以后发展起来的经济研究方法，并在20世纪末以前形成了较为丰富和完整的理论体

---

〔1〕 参见［美］罗伯特·考特、［美］托马斯·尤伦：《法和经济学》（第5版），史晋川、董雪兵等译，格致出版社、上海三联书店、上海人民出版社2010年版，第32页。

〔2〕 参见冯玉军：《法经济学范式》，清华大学出版社2009年版，第226页。

系。以博弈论为法经济学分析工具来研究法律问题被认为是十分有利的，原因在于博弈论立足于研究行为人的对策行为，这种所谓"对策"即是行为人在面对其他人的行为对策时所作出的应对策略。法律以鼓励或禁止行为人的行为为表现，法律规制之下的任意行为人的行为都将产生不同的后果（如承担法律责任或受法律保护等），从而对自己或其他人造成影响，二者对"行为"，尤其是"交互的行为及其应对"的关注呈现高度的相似性，可以说，博弈论作为一种理论分析工具非常适合于对法律问题的分析。[1] 故而，这种分析工具当然可以用于对盲从模仿行为——特别是盲从模仿行为中"盲从模仿者"、"被模仿者"乃至"市场参与者"之间为追求市场竞争利益而呈现不同的对策及应对——的分析，对这些对策和应对的博弈论分析，将有助于从法经济学的角度回答盲从模仿行为是否以及何时应当受到法律规制的问题。

博弈论的根本在于回答"如何选择"的问题，这种"如何选择"必不是随机的或是有大范围可供决策者选择的，而是会遵循一种符合各博弈者行为的预期，此种构成或达到"预期"的状态为"纳什均衡"（nash equilibrium）。具言之，博弈论中的纳什均衡使得每一个决策者将根据他所预期的对方的策略支付最大化作出相应的反应，而每一个决策者的预期都是正确的。[2] 需要说明的是，纳什均衡与经济学中的"帕累托最优"（pareto optimality）之概念并非相同，二者甚至没有本质关联，后者在于使资源配置达到某种状态，在这种状态下，不损及他人即无法再让至少一个人得到好处时达到的最优状态也叫"帕累托效率"（pareto efficiency）。各方决策者达到纳什均衡的状态，说明任一方对于有关预期拥有足够的确信，以至于其所选择作出的策略和行为是确定而不变更的。但这种策略或行为的作出只是对于决策者而

---

〔1〕 参见冯玉军：《法经济学范式》，清华大学出版社 2009 年版，第 226~227 页。

〔2〕 参见［美］朱·弗登博格、［法］让·梯若尔：《博弈论》，黄涛等译，姚洋校，中国人民大学出版社 2010 年版，"前言"第 2~3 页。

言的最佳选择，却并不意味着对于双方而言都是效率上最优的，[1]而帕累托效率的达成是资源配置的最优效果，此种情况下社会福利（或经济剩余）是最大的，[2]决策者在具体博弈中达到纳什均衡并不意味着处于帕累托最优状态，而这种差异可能会成为分析“如何使博弈者（经营者）作出的选择达到效率上的最大化”这一问题的关键。

博弈论中包含三个基本要素，即决策者、决策者的策略以及决策者每一种策略的支付。[3] 盲从模仿行为本身就可以被视为一种博弈——市场竞争者之间通过从事创新与不创新活动而获得利益的博弈，决策者则无疑是各市场经营者。决策者的策略可归纳为两种，其一为选择“从事创新活动”，向市场提供“创新差异性”的成果，其二为选择“不从事创新活动”，即作出盲从模仿行为。决策者策略的支付则是从事创新活动或盲从模仿行为所付出的成本或得到的收益。在下文中，笔者将采用博弈论的方法，试析在不同市场条件下市场竞争者作出盲从模仿行为之选择的结果。

第二节　“囚徒困境”：盲从模仿之“集体不理性”

一、一般市场竞争中经营者的盲从模仿策略分析

（一）博弈论中的“囚徒困境”及其理论模型

“囚徒困境”是著名的博弈论模型。该模型预设了这样一种场景，嫌疑犯1与嫌疑犯2合谋犯罪被捕，警察将二人分别羁押在两间分开的审讯室以

---

〔1〕 参见［美］罗伯特·考特、［美］托马斯·尤伦：《法和经济学》（第5版），史晋川、董雪兵等译，格致出版社、上海三联书店、上海人民出版社2010年版，第33~34页。

〔2〕 参见冯玉军：《法经济学范式》，清华大学出版社2009年版，第218~219页。

〔3〕 也有学者认为，一个正式的博弈应包含“博弈的参与者，对弈的次序，博弈时对弈者可利用的信息、行动、策略以及博弈的结果、支付等”。参见姚海鑫：《经济政策的博弈论分析》，经济管理出版社2001年版，第22~23页。转引自冯玉军：《法经济学范式》，清华大学出版社2009年版，第226页。

防止二人串供,由于警方掌握的犯罪证据较少,证明力度不够,如果据此证据对二人进行起诉,该二人将被判处非常轻的刑罚,故警方寄希望于从二者的供词中获得证据。警方分别在不同的审讯室中提审二人,并告诉任一方,如果他作证证明对方有罪,并且另一方也不指证他有罪,他将因为“立功”而被立即释放(不被判处任何刑罚,刑期为 0),但另一方则将因被指证罪行且无坦白之事实而被重判(刑期为 8 年有期徒刑);如果二人相互指证对方有罪,则双方都将按该罪被判 5 年有期徒刑;如果二人均不指证对方有罪,或说二人在毫无沟通的情况下“合作”脱罪,则双方只能因妨碍公务而被判 2 年有期徒刑。[1]

根据上述刑期的数值,“囚徒困境”博弈的支付矩阵如图 5-1(支付矩阵中在前的为“嫌疑犯 1”的刑期数值,在后的为“嫌疑犯 2”的刑期数值):

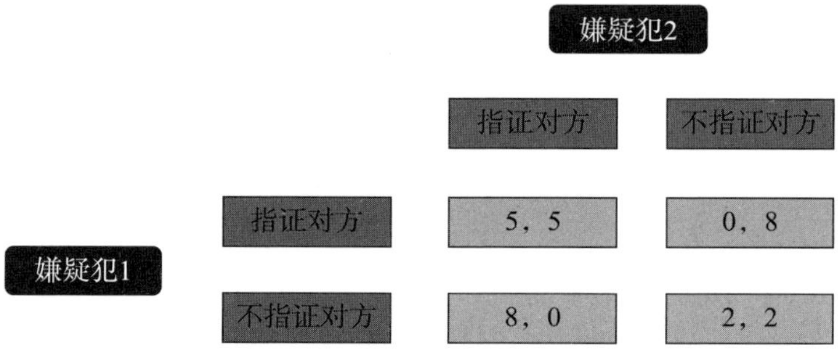

图 5-1 “囚徒困境”博弈的支付矩阵

从上述支付矩阵模型可见,由于两人——在不考虑他们之间有何足以影响其理性选择的因素之下——没有可能提前串供或者存在共同达成“不指证对方”合意的可能,因此对于嫌疑犯 1 而言,其作出决策考量的因素有两个:其一,嫌疑犯 2 向警方指证他的罪行时,嫌疑犯 1 的最优决策是也作出“指证”对方的行为,否则将被判处 8 年有期徒刑之重罪;其二,相反,嫌疑

〔1〕 参见[美]朱·弗登博格、[法]让·梯若尔:《博弈论》,黄涛等译,姚洋校,中国人民大学出版社 2010 年版,第 9 页。

犯2选择不揭发对方的罪行时，对于嫌疑犯1来说最优策略仍然是“指证”对方，因为在此种情况下，嫌疑犯1只要指证对方即可“立功脱罪”。对于嫌疑犯2而言，考量亦如此类。故而，不论对方作出何种行为的选择，对于嫌疑犯1来说，“指证”对方始终是最好的决策。[1]

上述分析见诸多处，而在此之间，“囚徒困境”中还有一个问题值得深思。对于两名嫌疑犯而言，如果将两人视为一个整体，那么双方均不指证对方无疑是最优选择，这样两人只会被判处轻罪的刑罚。但问题在于，抛开其他非理性的因素，作为理性人的两名嫌疑犯在分开的情形下所作出的、合乎其个人理性的最优选择，最终对于作为“集体”的二人来说却是最不理性的选择。

（二）盲从模仿行为的博弈论模型：以“囚徒困境”为参照

“囚徒困境”的博弈论模型同样可以用于解释盲从模仿行为，质言之，该模型可以同样明晰盲从模仿行为这种博弈中的类似问题。以“囚徒困境”为参照，在一般市场中的盲从模仿行为应当首先按照博弈论之要素作下述假定：

第一，关于决策者。在盲从模仿行为中，决策者即为市场竞争中的两个及两个以上的经营者，在即将构建的模型中，假定每一位经营者（决策者）都能在纯粹理性的驱使下作出相同的决策，并为此付出相同的成本，获得相同的收益；同时我们假定，经营者所在的市场为开放性的、足够大的一般市场，没有垄断性因素或禁止竞争因素的存在，法律制度健全，任意经营者进入市场的成本也足够低。

第二，关于决策者的决策。在盲从模仿行为中，市场上的任一经营者可以且只能作出两种决策，一为可以构成“创新差异性”成果的“创新活动”，二为无差别再现的“盲从模仿”，并且在所述市场之中有大量的此两类决策之

---

[1] 参见［美］罗伯特·考特、［美］托马斯·尤伦：《法和经济学》（第5版），史晋川、董雪兵等译，格致出版社、上海三联书店、上海人民出版社2010年版，第32~33页。

发生与存在。如果经营者选择“创新活动”,则其须先付出一定的创新研发成本,并在没有其他经营者对其作出“盲从模仿”的决策之时,其将获得高额的收益;如果有其他经营者对他的成果作出“盲从模仿”之决策,则其收益将大大减少。如果经营者选择“盲从模仿”,则不需要付出任何研发成本,直接将他人凭借“创新差异性”所获得的收益攫取而用,当然,盲从模仿者为了占有市场、获得竞争优势,只会获取“创新差异性”中的部分收益。

第三,关于决策者每种决策之支付。其一,现假定一个市场中有两名经营者 i_1 与 i_2,二者对于该市场有足够的认知且不存在信息差异,此外,二者之间为纯粹的竞争关系,以获得或占领市场竞争(相对)优势为目的。其二,假定经营者选择“创新活动”时需投入数量 m 的创新研发成本,在没有其他经营者对其进行盲从模仿时,其能获得数量 n 的价值,因而该经营者所获利润为 n-m。但如果在这一市场中有其他经营者对他的创新活动予以盲从模仿,则这一价值必然减少,假设只能获得数量 k 的价值,则 $n>k$。盲从模仿的经营者不需要承担成本的支出,且至少与作出创新活动的竞争者处于同一市场竞争地位,因而这种情况下,两个经营者的利润同样为 k,但由于作出创新活动的经营者付出创新成本为 m,故此时作出创新活动的经营者利润总额为 k-m。值得说明的是,“法律成本”在本模型中是完全被考虑在内的,其包含在上述的创新成本 m 之中。其三,假定经营者都选择“盲从模仿”,则其不需要投入任何创新研发成本,即 $m=0$,此时付出创新研发成本,作出创新活动之决策的,则是市场上除经营者 i_1 与 i_2 以外的其他经营者,而 i_1 与 i_2 所获利益就是 k。此外,从现实角度分析,需要排除上述经营者亏本经营之情形,否则所谓“利润”将毫无意义,即得出的上述数值均只能为非负数。

据此,在市场中的经营者 i_1 与 i_2 存在四种博弈结果,包括:

① i_1 与 i_2 同时作出“创新活动”之决策;

② i_1 作出“创新活动”之决策,而 i_2 选择“盲从模仿”;

③ 与结果②相反，i_2 作出“创新活动”之决策，而 i_1 选择“盲从模仿”；

④ i_1 与 i_2 同时作出“盲从模仿”之决策。

这一博弈中有关经营者依据他们的决策所获得利益之支付矩阵，如图5-2所示（同理，矩阵内容中在前的为“经营者 i_1”的数值，在后的为“经营者 i_2”的数值，所示序号对应本段中所述之四种博弈结果）。

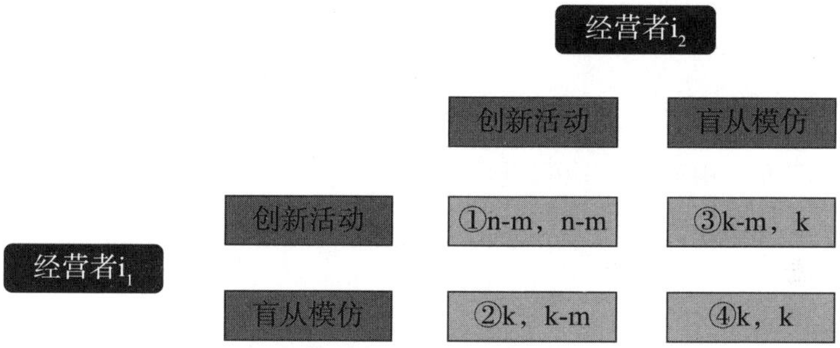

图 5-2　“盲从模仿”博弈的支付矩阵

二、个体理性所导致的集体不理性：基于“矩阵”之分析

（一）“盲从模仿博弈”中的纳什均衡评析

将上述“盲从模仿”博弈的支付矩阵中的数值作为考察特定经营者作出策略选择之信息基础，我们可以研究各个经营者之间的最优策略。[1]

经营者之间存在一定的竞争关系，而这种竞争关系是直接冲突的，因此不能寄希望于其存在合作等正和博弈现象之出现。可以说，市场在总量上是一定的，具有竞争关系的经营者之间存在的是零和博弈，因此，不论经营者之间作出何种决策，决定其是否达到该博弈的“纳什均衡”之关键，在于经营者希望占据比他的竞争对手更具优势的地位。从数值上看，不论作何选

〔1〕 有关分析之基础参见[美]朱·弗登博格、[法]让·梯若尔：《博弈论》，黄涛等译，姚洋校，中国人民大学出版社2010年版，第9页；[美]罗伯特·考特、[美]托马斯·尤伦：《法和经济学》（第5版），史晋川、董雪兵等译，格致出版社、上海三联书店、上海人民出版社2010年版，第32~34页；冯玉军：《法经济学范式》，清华大学出版社2009年版，第226~227页。

择，经营者 i_1 总是要求竞争对手 i_2 乃至 i_n 的获利数量比自己要少。

从图 5-2 之“盲从模仿”博弈的支付矩阵来看，只要经营者 i_1 选择“盲从模仿”之决策，将使得其竞争对手无论作何选择都无法超过自己所获得的利益：当经营者 i_1 选择“盲从模仿”决策时，经营者 i_2 如选择“创新活动”这一策略，后者虽然在总体价格 k 上与前者无异，但后者将实在地投入相关成本 m，即 $k>k-m$；当经营者 i_2 选择将“盲从模仿”作为策略时，两名经营者都对市场上同一“创新差异性”进行无差别再现，此时二者的获益相当，经营者 i_1 与经营者 i_2 相比并未有市场竞争利益上的落后。经营者 i_2 和经营者 i_1 的决策信息与条件相似，因此可以预见，在市场上具备竞争关系的二者出于对市场份额及相关利益的追求，均以“盲从模仿行为”为符合个体理性之最佳选择。

但是，从图 5-2 支付矩阵所列各数值来看，两方经营者均作出“盲从模仿”之决策不一定能使市场达到帕累托最优的状态，这一点即取决于无盲从模仿下的创新活动所带来的收益（$n-m$）和完全通过盲从模仿所得到的收益（k）之间的差异。一般而言，由于盲从模仿行为并不存在创新研发的成本问题，并且为了在市场竞争中获得更高优势，由盲从模仿而来的有关成果在价格上必然要低于创新者，故 $n-m>k$ 在大部分情况下是成立的。[1] 因此，对于这一市场中的经营者而言，共同作出“创新活动”之决策而获得的利益 $n-m$，要高于共同作出“盲从模仿”之决策所获的利益 k。由此，对于前述的经营者 i_1 和 i_2（甚至更多的经营者 i_n）而言，上述“盲从模仿行为”之博弈模型解释了个体理性的实现如何引起了市场经营者集体的不理性。[2]

（二）法律成本的增加：“盲从模仿博弈”的帕累托改进思路

如果市场中的各经营者达到帕累托最优状态所要求的集体理性是可能

---

〔1〕 值得说明的是，$n-m<k$ 的情形并非不存在，此种情况大体存在两种原因，其一，创新获益率畸低，形成此种情况的原因可能为该创新所形成的价值几乎等同于成本，即被“创造”出来的所谓“成果”根本不具备“创新差异性”；其二，实施盲从模仿者故意抬高其收益（k）。不过，上述二者大多可能因其低效率而被市场自发调整。

〔2〕 参见任寿根：《模仿经济学》，中国财政经济出版社 2003 年版，第 26 页。

的,那么接下来的问题是,我们是否可能,以及依靠何种方式能够使经营者的个体理性向集体理性集中,如此既能共同获得更高的个体利益,又能促使市场完成帕累托改进?笔者认为有两种思路可以实现帕累托改进,从而达到上述帕累托最优之状态。

第一种思路源于对“经营者”之间“零和博弈”关系的反思。在前述“盲从模仿”博弈的模型之中,经营者 i_1 与经营者 i_2 是在同一市场中的纯粹竞争对手,二者“以获得或占领市场竞争(相对)优势为目的”,因此,经营者之间的个体理性以“纯粹的零和博弈”为导向,经营者之间是“对垒”的状态,任一方都不能容忍在任意选择中处于劣势,故而不可能就“集体理性”所获得的利益最大化达成一致。有虑于此,笔者认为第一种思路是在上述“盲从模仿”博弈模型的基础上,改变经营者 i_1 与 i_2 之间“零和博弈”的思路,引入宏观的调整机制,使得经营者可以在缺乏市场效率之时受到一个地位较高或公信力较强的第三方(譬如政府机关或相关行业协会)之干预,促使经营者了解集体理性所能带来的利益,并放弃不能带来最大效益的所谓“个体理性”之选择。总结而言,第一种思路寄希望于通过一个有影响力的第三方之介入干预,经营者之间的有关选择即使作出有关改变,也是以这些“第三方”的介入干预为条件的,可以说,第一种思路采取“外部干预”的形式促成“帕累托改进”。然而,第一种思路存在两个问题:其一,这种“外部干预”是被动的,它要求时刻需要有一个能够有如此作为的第三方介入相关市场竞争之中;其二,这种“外部干预”大多不具备强制效力,从而不可能使所有经营者都接受这种“外部干预”。

第二种思路在根源上与第一种思路有所区别,即希望通过“内部的利益驱动”的方式,使经营者在某些条件具备的情况下主动作出改变。具体而言,该思路是从“盲从模仿”的博弈模型出发,通过在“盲从模仿”博弈中对有关的支付项增加(或减少)相应的数值,从而影响经营者对于具体决策的作出(或不作出)。图 5-2 所列之“盲从模仿”博弈的支付矩阵显示,由于经营者采取“盲从模仿”之策略时所获得的利益(k)是一定的,且不低于其竞争对手所获(k 或者 $k-m$),因此,要“内在地”引导经营者的策略选择从“个体理性”(从事盲从模仿)向“集体理性”(作出创新活动)转变,使“盲从模仿”的决策所获完全低于“创新活动”的决策所获。由此,有必要从经营者因“盲从模仿”决策而获得的利益数值中扣除一个常数 p,这一常数 p 也应当大于创新成本 m,即 $p>m$,从而使得经营者作出“盲从模仿”行为时获得的 $k-p$ 的利益小于其作出“创新活动”行为时获得的 $k-m$ 的利益,即 $k-p<k-m$。由于前述 $n>k$,显然 $n-m>k-m>k-p$,究此,图 5-2 的支付矩阵将变成图 5-3 之支付矩阵:

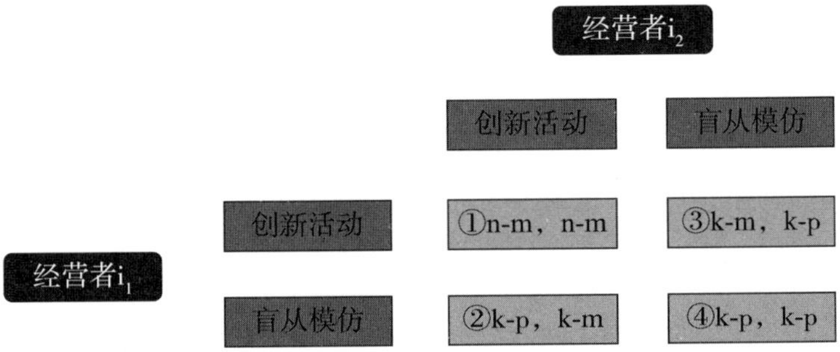

图 5-3 集体理性下“盲从模仿”博弈的支付矩阵

当如图 5-3 所示的此种数值情况成就时,无论经营者 i_2 作出任何决策,经营者 i_1 的“创新活动”都会使其所获利益不小于对方经营者的利益,而双方共同作出“创新活动”之行为选择时,不仅该博弈模型达成“纳什均衡”,同时这种“纳什均衡”处于“帕累托最优”之状态,即双方均有 $n-m$ 之获利。

接下来需要解释的是常数 p 的构成,通过对支付矩阵内容的分析来看,p 的支付形式为“成本”而非“收益”,即作出盲从模仿决策者需要扣除该“成本”之数值才能完成上述“帕累托改进”。在现实之中,能够准确地为盲从模仿者施加上述“成本”之负担的只有“法律制度”,质言之,唯“法律制度”方可对盲从模仿者附加相应的成本,即“法律成本”,并且这种“法律成本”可超过创新行为人投入的“创新研发成本”(p>m)以发挥作用。故而,在图 5-3 所揭示的博弈模型中,为促进“集体理性”的达成,提高市场利益总量及竞争效率,有必要使实施盲从模仿行为的经营者受到法律的相应规制,使其在法律中承担这样一种成本 p,p 的数额应当超过包含在“创新差异性”之中的“创新研发成本”m,唯此,市场上之经营者方能在利益的驱动下减少对盲从模仿行为的实施,通过各自增加创新活动以获取更高利益。

综上两种“盲从模仿”博弈中的“帕累托改进”思路,其中第二种即“通过引入法律规制,增加法律成本负担以引导经营者主动投入创新”的思路,具备十足的说服力和激励性,其充分说明了通过法律来规制盲从模仿行为是必要且有效的,可以遵循图 5-3 之改进后的思路来探讨如何通过附加盲从模仿行为的法律成本。质言之,循上述改进后的思路,笔者在本书中将有必要探讨通过何种法律制度来规制盲从模仿行为。

第三节　“智猪博弈”:市场垄断下盲从模仿的合理性评价

一、垄断市场下经营者的盲从模仿行为策略选择

前述“囚徒困境”之博弈论模型阐释了在一般市场竞争中,经营者面对已存在于市场之创新成果时,其作出盲从模仿的策略选择存在必然性,同时,该“囚徒困境”博弈模型证明了经营者的这种策略选择有条件转化为帕累托最优,即对实施盲从模仿行为的经营者附加相应的法律成本,引导盲从模仿者“主动”选择创新。

不过,“囚徒困境”博弈模型所揭示的盲从模仿行为暗含了一个前提,即模型内的经营者所在的市场,是一个存在“竞争”的市场,正因市场允许“竞争”,允许不特定多数的经营者参与竞争,通过“创新活动”以获得更高价值

之目的才可能实现,并且,由于竞争是平等的,经营者之间不存在除竞争之外的其他市场关系,譬如某市场已受另一经营者“支配”或“控制”等。由此,应当承认上述“囚徒困境”博弈模型所阐释的存在“竞争”的市场并不能代表所有的市场,某些市场在特定的阶段,或者因特定的条件而缺乏有效的竞争,致使市场整体呈现出由一个或少数几个经营者垄断或控制的状态,在这种情况下,“囚徒困境”的博弈模型是无法被用以分析的。质言之,“垄断市场”是缺乏竞争者的市场,当特定市场只有有限的竞争者,甚至这些竞争者——如前文所述——已然达成任何垄断合谋、“托拉斯”或“卡特尔”时,这些特定竞争者往往只有一个决策可选择,即“维持自己与市场的现状”。换言之,用“允许不特定经营者不同策略选择”的“囚徒困境”博弈模型来分析“特定经营者只会作出一种策略”的“垄断市场”,显然在方法论上是不恰当的。

故而,笔者探寻到另外一种适于解释“市场垄断中创新活动与盲从模仿的影响”的博弈论模型,此便是“智猪博弈”模型。

（一）博弈论中的“智猪博弈”及其理论模型

“智猪博弈”是博弈论中另一有名的纳什均衡模型,该模型多用于评估不同条件（尤其是体量上存在强弱差异）的对弈者之间可能作出的决策类型。该模型预设了这样一个场景:在一个足够大小的长条形猪圈里有大猪 δ_1 和小猪 δ_2,长条形猪圈的一端 B 有一个踏板,踩下踏板后会有 10 个单位的食物从猪圈的另一端 A 处落下,大猪 δ_1 和小猪 δ_2 一开始都在 A 处,任一头猪从 A 处跑到 B 处踩下踏板然后从 B 处返回 A 处这一折返（包括踩踏板）将总共花费 2 个单位的成本,不仅如此,按下踏板的猪将失去优先进食的机会,这意味着如果其中一头猪在 A 处等待,另一头猪踩下踏板并折回的过程中,A 处的猪已经先行进食了 1 个单位的食物。假定两头猪跑动速度相同,大猪 δ_1 的进食速度大于小猪 δ_2 的进食速度,此时,对于大猪 δ_1 和小猪 δ_2 而言,有如下四种决策选择结果:

①δ_1 和 δ_2 同时作出"踩下踏板"的决策,即相当于二者同时进食,则 δ_1 与 δ_2 获得的食物量(收益)比为 7∶3,但是由于二者都消耗了 2 个单位的体力,最终二者的获益比为 5∶1。

②δ_1 作出"踩下踏板"的决策,而 δ_2 同时决定在原地 A 处等待,即相当于 δ_2 先行进食,则 δ_1 与 δ_2 获得的食物量比为 6∶4,由于 δ_1 消耗了 2 个单位的体力,最终二者的获益比为 4∶4。

③δ_2 作出"踩下踏板"的决策,而 δ_1 同时决定在原地 A 处等待,即相当于 δ_1 先行进食,则最终 δ_1 与 δ_2 获得的食物量比为 9∶1,由于 δ_2 消耗了 2 个单位的体力,最终二者的获益比为 9∶-1。

④δ_1 和 δ_2 同时作出"原地等待"的决策,二者均不去踩动踏板,此时二者均得不到食物,最终二者的获益比为 0∶0。[1]

根据上述内容,可以得到"智猪博弈"模型的支付矩阵图 5-4(其中数据的比值为 δ_1∶δ_2):

		小猪 δ_2	
		踩踏板	原地等待
大猪 δ_1	踩踏板	5, 1	4, 4
	原地等待	9, -1	0, 0

图 5-4 "智猪博弈"模型的支付矩阵

从图 5-4 的支付矩阵可见,假设两只猪都拥有同等的智慧,那么对于小

[1] "智猪博弈"是博弈论中除"囚徒困境"博弈外的另一个著名的纳什均衡模型,许多研究均用到此种博弈模型。具体参见张维迎:《博弈论与信息经济学》,上海三联书店、上海人民出版社 2004 年版。转引自郭超、李军:《"智猪博弈"模型改进与国企监督激励机制研究》,载《长安大学学报(社会科学版)》2005 年第 1 期。参见王亚玲:《构建中小企业创新的政府支持系统——基于"智猪博弈"模型的分析》,载《生产力研究》2008 年第 11 期。

猪 $δ_2$ 而言,“原地等待”这一策略是最优选择。$δ_2$ 选择“踩踏板”时,不论 $δ_1$ 作出什么样的选择,对于 $δ_2$ 而言都不是最优的,譬如在决策①中,$δ_1$ 也作出“踩踏板”的策略时,$δ_2$ 只能获得 1 个单位的利益,甚至在决策③中 $δ_1$ 选择“原地等待”时,$δ_2$ 还会有利益上的损失,只有在 $δ_2$ 选择“原地等待”,并且 $δ_1$ 作出“踩踏板”的选择时,前者能获得所有选择中最高的 4 个单位的利益,即便是决策④,它也不会承受损失。质言之,对于 $δ_2$ 而言,最好的策略就是“原地等待”。在 $δ_2$ 只可能选择“原地等待”这一策略时,对于大猪 $δ_1$ 来说,最有利的选择是“踩踏板”,即形成决策②,由此可见,$δ_1$ 和 $δ_2$ 的上述策略在决策②下达到了“纳什均衡”。

进一步而言,即便是从“效率最大化”的角度看,决策②后果仍然是最优的。质言之,决策④后果是 $δ_1$ 和 $δ_2$ 都没有获得利益(0∶0),是所有策略中效率最低的;决策①是 $δ_1$ 和 $δ_2$ 付出了成本(都去踩踏板),这种成本是重复且可避免的,因而也不属于效率最高的选择;决策③中,虽然 $δ_1$ 和 $δ_2$ 的获利总量达到了最大,但 $δ_2$ 处于利益损失的状态,而相较之下,决策②既能使得获利总量达到最大,且保证了 $δ_1$ 和 $δ_2$ 都处于获利状态。

(二)市场垄断下选择“盲从模仿”决策的博弈模型

1. 得以参照的原因

应当承认,即便在一个处于“垄断”状态的市场当中,“竞争”也并非绝对不存在的,其要么表现为一种“在有限的经营者之间发生的竞争”,要么成为一种“隐藏”起来的,破除市场垄断状态的“潜在”动力。区别在于:前者的“竞争”更多发生在处于垄断地位的经营者之间,由于这些经营者在创新动力上存在不足,这种“竞争”并不以“创新活动”为表现,甚至在垄断经营者之间可能会形成“托拉斯”或“卡特尔”,进一步限制竞争的存在;后者的“竞争”实质上是增加市场上的经营者,或者提高了垄断地位之外的其他经营者之整体实力,可以说,后者的“竞争”——正如笔者在第四章所论述的那样——在于破除市场垄断的状态,而这正是活化市场效率,提高市场整体水平,以及增加消费者福利的正当之举,质言之,不论是“潜在”的竞争者还是“未来”的竞争者,这种“竞争”都是值得提倡的。[1] 但是,坦率而言,处于垄断地位的经营者无不具有广泛的影响力和较强的竞争力,他们无不希望凭借自身的经济水平或所依仗的市场优势将“潜在”或“未来”的竞争参与者“扼杀在摇篮里”,利用自身优势继续实施创新是其中一种手段,即通过高投入得到的创新进一步提高其竞争力,从而保持适当的竞争优势,又或者评估“潜在”竞争者的实力后决定不做改变,或称“以不变应万变”。在此情况下,垄断经营者与“潜在”经营者之间客观地存在这样的策略选择,即任一经营者可以同时选择从事“创新活动”,以及选择从事毫无创新的“盲从模仿”。

评析上述两种经营者所作出的策略选择,可以运用“智猪博弈”的理论模型,这种模型的适用性是基于以下三点。第一,垄断经营者与“潜在”经营者之间存在较大的实力差距,与前述的 δ_1 和 δ_2 之间的差别存在类似之处。第二,两种经营者是特定的,正如“智猪博弈”模型中只有 δ_1 和 δ_2 两个“主体”,这里所述之“特定”并非指各类经营者的数量“特定”,而是指在垄断市场中并不存在第三种类型的经营者,故而可以适用“智猪博弈”模型。第三,对于任意经营者而言,都存在且仅存在两种策略的选择。首先为“创新活动”,即作出构成“创新差异性”的成果,当然,这里的“创新活动”并不包括“创造出新作品、新发明技术等构成知识产权保护的客体”之行为,因为如果任意经营者构成此种类别的创新,则其完全可以受到知识产权法律制度的调整;其次为“盲从模仿”,即完全不投入创新,而是将他人构成“创新差异性”的成果无差别再现后投入市场,这两种策略选择类同于“智猪博弈”中“踩踏板”和“原地等待”两种策略选择,尤其是“创新活动”所对应的“踩踏板”策略均以付出相应的成本为前提。

---

〔1〕 参见[美]理查德·A. 波斯纳:《法律的经济分析》,蒋兆康译,中国大百科全书出版社1997年版,第176~178页。

2. 市场垄断下经营者的“盲从模仿”策略考察:以“智猪博弈”为参照

同“囚徒困境”一样,在采用“智猪博弈”的模型来考察市场垄断下经营者的策略时,仍需要结合博弈论之要素来考察各要素。

第一,关于决策者。在市场垄断下,决策者分为两类,一类为处于垄断地位的经营者 θ_1,另一类为除上述经营者以外的其他经营者,客观而言,这些经营者均具有打破上述垄断的“潜力”,因而笔者再次将这些经营者称为“潜在”经营者 θ_2,二者之间存在竞争关系,属于“对弈”的双方。

第二,关于决策者的决策。θ_1 与 θ_2 在“经营者”这一地位上是平等的,均具有两种选择,其一为“创新活动”,其二为“盲从模仿”,这两种决策也是彼此对应的关系。

第三,关于决策者每种决策之支付。这也是决定该博弈是否成立的关键。假定在一个市场中有两名经营者 θ_1 与 θ_2,其中 θ_1 强于 θ_2,二者之间除创新研发实力外均不等同(如产能、工人数量、资金总值等),此外,二者对于该市场有足够的认知且不存在信息差异,且二者之间为纯粹的竞争关系,以获得或占领市场竞争(相对)优势为目的。经营者如进行“创新活动”,且假定这种“创新活动”所创造的成果是唯一的,那么创造者会先付出 2 个单位的创新成本,得到的“创新差异性”成果将获得 10 个单位的收益,而经营者如进行“盲从模仿”,则不付出任何成本,但可以先行开始获取收益。此时,θ_1 与 θ_2 的支付矩阵列明如图 5-5 所示:

		潜在经营者 θ_2	
		创新活动	盲从模仿
垄断经营者 θ_1	创新活动	①5，1	②4，4
	盲从模仿	③9，-1	④0，0

图 5-5 垄断市场下经营者的“智猪博弈”模型支付矩阵

θ_1 与 θ_2 在垄断市场环境下的博弈选择及后果与“智猪博弈”模型所阐释的情况，可以解释为如下四种情况：情形①，由于 θ_1 与 θ_2 都付出了创新劳动并获得唯一的“创新差异性”成果，那么这种成果所获得利益由 θ_1 与 θ_2 共同享有，但我们可以看到，θ_1 凭借其产能、资金等方面的优势，所获得的利益将是更大的，而 θ_2 尽管也有所获益，但其收益远无法与前者相比，凭借此等收益，θ_2 的增长是缓慢的。情形③，θ_2 选择“创新活动”这一策略，并为此付出 2 个单位的成本，但 θ_1 选择“盲从模仿”之策略，进而完全无差别再现了由 θ_2 创造的“创新差异性”成果，结果即 θ_1 对大部分收益坐享其成，而 θ_2 遭受了损失。情形④，θ_1 与 θ_2 同时采取“盲从模仿”即不作出任何创新的策略，此时二者所盲从模仿的均为现有技术，并无直接的创新获益。综合来看，仅有在情形②之下，θ_1 与 θ_2 都获得了相应的利益，此时，θ_1 选择投入创新成本，创造出相应的创新成果，而 θ_2 选择的策略是“盲从模仿”，即对该创新成果进行无差别再现，在这一种策略选择当中，θ_1 与 θ_2 策略选择达到纳什均衡，换言之，这一结果意味着在一个垄断的、缺乏竞争的市场中，如果处于垄断地位的经营者作出了某种创新活动，创造了足以构成创新的“创新差异性”成果，那么处于非垄断地位的经营者最佳的策略选择是对这种成果进行“盲从模仿”。此种情况下，双方的获益都将达到最优，换言之，在此种情况下，市场效率将达到最优状态，此时的盲从模仿行为是合乎效益价值的。进一步言之，尽管 θ_1 与 θ_2 在此种策略之下都获得同样的利益，但是鉴于 θ_1 在整体实力上强于 θ_2，因此 θ_2 在收益率上更高，进而能够更快地在垄断的市场环境下获得积累。

二、盲从模仿的“有限合理性”：基于法经济学的分析

（一）垄断市场下“潜在”经营者“盲从模仿”决策的合效率性

根据上述模型得出的结果似与本章第二节所论述的“囚徒困境”模型相左，质言之，在“囚徒困境”模型之中，经营者之间的条件是相当的，市场也处

于自由竞争的状态，在没有附加法律成本，或说在没有受到法律规制的情况下，作出“盲从模仿”的策略是经营者的最优选择，但这一选择已被证明不具备最优的市场效率。然而在“智猪博弈”模型之中，经营者之间的条件并不相当，市场处于垄断的状态，θ_1 在整体实力上强于 θ_2，同样在没有附加法律成本的情况下，双方的最优选择（达到纳什均衡状态）是 θ_1 作出“创新活动”之策略、θ_2 作出“盲从模仿”之策略，但与此同时，此种纳什均衡状态又达到了市场效率之最优。由此而来的问题是，如何根据上述两种情况得出合理的解释？盲从模仿行为是否以及应当如何受到法律的约束？

在进一步展开有关论述之前，笔者认为不妨将前文中改进“囚徒困境”模型的市场效率因素，即法律成本 p，引入有关的“智猪博弈”模型中，此做法是为了说明这样一个问题，即在市场垄断的状态之下，如果同样对经营者实施的盲从模仿行为施加法律规制措施，会给经营者的个体利益和市场的效率带来怎样的影响。

据此，笔者将前述模型的假定条件作以下变更：在保持其他假定条件不变的情况下，对作出盲从模仿行为的经营者 θ_1 与 θ_2 同时附加一个法律成本 p，鉴于法律成本的意义在于从“矫正”意义上限制他人的有关行为，故而 p 值不应当小于创新成本，因而在这一改进模型中 $p \geq 2$。由此，所得到的支付矩阵将如图 5-6 所示：

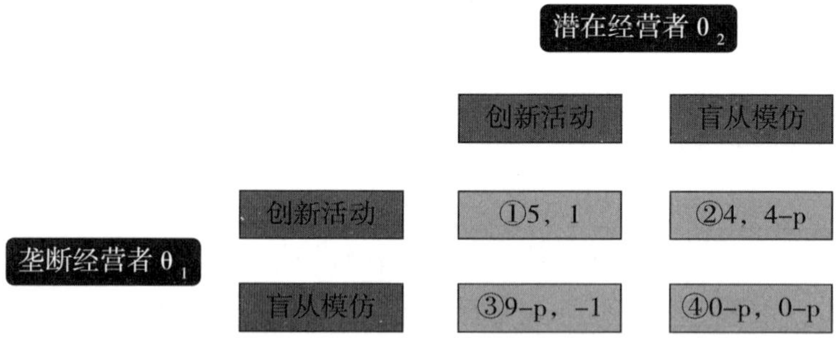

图 5-6　附法律成本的垄断市场下经营者“智猪博弈”支付矩阵

从图 5-6 中可见，当垄断市场下所有的盲从模仿行为均受法律规制，增加了法律成本 p 之后，θ_1 与 θ_2 的决策选择将发生很大的改变：除了情形①选择没有发生获益上的改变外，在情形②中，即 θ_1 选择“创新活动”并且 θ_2 选择没有创新的“盲从模仿”时，θ_2 的“盲从模仿”行为受到法律的约束，附加了法律成本 p，故而无法获得纯粹盲从模仿他人创新成果时可能获得的最大利益，且他所获得的利益应当为 $4-p\leqslant2$；在情形③中，θ_1 从事“盲从模仿”活动而受到法律的规制，故而所得利益为 $9-p\leqslant7$，θ_2 尽管没有承担法律成本，但其获益仍为负值，即仍处于损失状态；在情形④中，双方都因“盲从模仿”之决策而受到法律规制，在没有获得任何创新利益的同时还承受了 p 单位的法律成本损失，二者的获益均为 $0-p\leqslant-2$。

从经营者个体而言，θ_2 如果仍选择“盲从模仿”之策略，在情形②中，他的获益将显著降低——尽管其绝对利益可能仍为正值。但是，如果 θ_1 也选择“盲从模仿”策略（情形④），则其损失将超过其选择“创新活动”时之损失，因为即便按照情形③，θ_2 也仅仅损失 1 个单位的利益，故而在此种情况下，不论 θ_1 如何选择策略，对于 θ_2 而言选择“创新活动”之策略都是最优选择。但由于 θ_2 系基于上述策略选择，那么对于 θ_1 来说，评估法律成本对他的影响是优先且必要的，因为如果 $2\leqslant p\leqslant4$，那么基于利益最大化的趋势其将选择“盲从模仿”，即构成情形③，此时的 θ_1 将处于利益之最大（$9-p\geqslant5$）状态，反之，若 $p>4$，则 θ_1 会选择同样进行“创新活动”。就市场整体效率而言，从图 5-6 所示的支付矩阵来看，情形①应当是市场效率最优的情形：双方均有获利，不附加法律成本且整体利益可能为最大（$5+1=6$），但是如前所述，只有当法律成本大大超出创新成本时，即法律规则对盲从模仿行为的限定科以极高的成本时，这种市场效率最优的情形才会成为该博弈的纳什均衡状态，否则情形③会成为上述 θ_1 与 θ_2 的最终选择，而从市场效率所代表的公共利益来看，这绝非最佳的选择。对比不增加法律成本 p 的变量时的情况，在 θ_1 与 θ_2 之间策略达到纳什均衡时，其已经达到了市场效率的最优，并且在这种市场效率最优的情况下，θ_1 与 θ_2 的个体利益亦不存在显著的减损。换言之，即便没有相关法律规范对垄断市场中的盲从模仿行为作出规制，该市场本身也将引导经营者自行作出最优市场效率的决策，反而，如果在垄断状态的市场中仍然通过法律约束盲从模仿行为，那么法律所附加的成本将使得市场失去资源配置的最优状态，无法达到市场效率的最大化。回顾本书第一章中所述的 19 世纪末的德国、“二战”前后的美国以及 20 世纪中后期的日本，这些国家中的诸多盲从模仿现象随着这些国家的经济水平显著提升而增加，并在经济发展到一定程度后，这些国家才开始通过各种法律手段约束盲从模仿行为，由此，对于上述之逻辑就不难理解了。

（二）盲从模仿与市场整体效率：基于“卡尔多-希克斯效率”的评析

那么接下来的问题是，依据图 5-5，θ_1 在①和②情形之下同样作出“创新活动”之策略选择，θ_2 作出的“盲从模仿”决策使 θ_1 所获得的利益相比于其在情形①下所获得的利益要减少 1 个单位，那么 θ_2 的“盲从模仿”行为是否导致了 θ_1 的损失呢？客观来看，①和②情形之间唯一的变化在于 θ_2 的决策选择，因此，可以认为 θ_2 的“盲从模仿”与 θ_1 的损失之间存在因果关系。接下来的问题是，关于 θ_2 对 θ_1 造成的损失，是否有必要采取法律的形式予以矫正呢？笔者认为这一问题的提出并非毫无道理，如前所述，个体通过自己的劳动所获得的财产与利益是应受保护的自由，这种自由受到法律的支持，由此，如果某些“创新差异性”成果是由处于垄断地位的经营者通过一定的脑力劳动付出得来的，那么他的有关损失应当如何评价？或者说，是否有必要通过特定的制度安排弥补他们的这些损失？

笔者认为，结合本章前述的法经济学分析论证，在垄断的市场环境之中，盲从模仿行为没有必要也不应当受到法律的规制。原因可以总结为以下四个方面。

第一，市场的自适应性。比较前述模型（包括图 5-5 和图 5-6），在垄断状态之下，占据垄断地位的经营者与“潜在”经营者之间在市场的调整之下是可以自行达到效率上的最优的,并且这种"最优"本身并不显著地以损害任何一方经营者本身的利益为条件;相反,如果对盲从模仿行为施加法律规制,则这种市场效率的最优将被破坏,甚至导致投入了创新成本的经营者受到损失。

第二,有关"损失"之"不适格"。在前述的有关盲从模仿行为的构成要件中,笔者阐释了该行为可能带来的损失,该损失既包括个体的私的利益损失,也包括市场竞争秩序之公共利益损失,前者内在地含有创新成本和可得利益之损失,后者则是市场秩序中的效率损益。然而,从上述"智猪博弈"模型可见,在垄断的市场状态中,"潜在"经营者对处于垄断地位的经营者所创造的"创新差异性"进行盲从模仿时,前者对后者造成的损害相比于后者无损失状态下的获益而言是微小的,进一步而言,这种损失直接地表现为垄断地位的经营者在可得利益上的减少,而其所付出的创新活动成本则在其获益中得到了清偿。此外,该模型揭示了在此种状态下,"潜在"经营者实施的"盲从模仿"并没有减损市场的整体利益,甚至这种行为还为市场的总收益带来了提升,使得市场秩序朝着更有利于公共利益的方向前进。故而,笔者认为在垄断的市场状态下,有关的"盲从模仿"并未达到损害公共利益的程度,反而为提升整体的市场竞争效率有所"贡献",因此此时的"盲从模仿"不应当受到法律的规制。

第三,有关博弈符合卡尔多-希克斯效率标准(Kaldor-Hicks Principle)。尽管在上一点原因中,笔者阐释了"潜在"经营者的"盲从模仿"不应受到法律的规制,但应当承认,这种行为客观上确有可能给处于垄断地位的经营者之创新活动带来一定的损益,如何评述这一现象决定了笔者提出的这一观点是否具有理论上的自洽性。对此,笔者认为经济学上的卡尔多-希克斯效率标准理论可以很好地对其进行解释。前述的帕累托效率常被认为是建立在一系列不符合现实的假定之上,而卡尔多-希克斯效率标准是一种比帕累托效率更具现实性的理论,又被称为"潜在的帕累托改进"。该理论可以表述为,如果某种改进活动令部分人得利的同时又令部分人受损,且得利者所得的利益超过了受损者的损失,则这种改进活动便是有效的。[1] 在前述问题中,占据垄断地位的经营者被“潜在”经营者盲从模仿时,尽管其在可得利益上存在一定损失,但市场整体利益得到提升且“潜在”经营者得以发展并逐渐打破市场垄断状态,这是符合卡尔多-希克斯效率的。此种情况下,禁止盲从模仿行为则无必要。

第四,垄断状态的非长久性。从现实、动态且发展的眼光来看,在法律制度已然被设立以干预市场中的有关“垄断”问题之情况下,纯粹处于垄断状态的市场相对较少,其大多是新市场开辟后的一个必经阶段,在“竞争自由”得以彰显的现代市场之中,纯粹垄断的市场是不为所有经营者所容忍的,因为“垄断”意味着“竞争”的显著降低,其会致使市场竞争效率下降,不符合公共利益。在此逻辑之下,“垄断”的市场状态本身就不可能长久存在,在这种不长久的市场状态中,专门为禁止“盲从模仿”而对有关的“潜在”经营者施加法律限制的行为本身就需要付出极高的立法成本,换言之,如此不效率、不经济的立法活动本身就有违社会效率,更不用说该“法律限制”是有悖于市场本身的。

三、法经济学下盲从模仿的应受法律规制性

总结本章内容,笔者证明了在一般市场之中,经营者实施盲从模仿行为除了会导致被模仿者的损失外,还将引起市场失灵,且这种市场失灵源于“创新差异性”的公共品属性与外部性,最终所呈现的结果是市场效率无法达到最优,使得公共利益减损。

在进一步论述中,笔者认为博弈论对经营者行为决策的探讨为笔者对盲从模仿行为的深入透视提供了分析工具。首先,采用博弈论中的“囚徒困

---

[1] 参见冯玉军:《法经济学范式》,清华大学出版社 2009 年版,第 218~219 页。

境”模型，很好地解释了一般市场竞争中经营者所作的“盲从模仿”决策具有低效率的特点，此决策不仅损害他人的个体利益，也会对整个市场竞争的效率产生负面影响。对此，法经济学即提出为这一市场中作出盲从模仿行为的经营者施加一种“法律成本”，即施加相关法律规制以减少盲从模仿行为，提高经营者的创新积极性。其次，博弈论中的“智猪博弈”模型，对于分析垄断市场下经营者的策略选择具有重要作用。它从规律上说明了在该市场中占据垄断地位的经营者选择“创新活动”以及“潜在”经营者选择“盲从模仿”的必然性，并且在如此策略选择之下，有关的“盲从模仿”已经达到了市场效率的最优，且这种效率上的最优大于特定被模仿者的可得利益损失，因而另行设置法律规制是没有必要的，从而形成了盲从模仿行为应受法律规制性的例外。

在上述总结之下，结合第四章对于盲从模仿行为的合正义性分析，笔者在此可为本书第三章所提出的定义增加一个必要限定，即除了一般市场竞争中的盲从模仿行为外，市场垄断中也存在此类“盲从模仿”，但是在“垄断”之市场状态下，如果这种盲从模仿行为不影响市场效率达到最优，则无必要对此“盲从模仿”进行法律上的约束。

第六章

规制论:现行法对盲从模仿的约束及其困境

从本章开始,笔者将在前述论证的基础上进一步回答本书的第三个问题,即在盲从模仿行为具备可规制性的前提下,如何完善或设置相应法律制度以对其进行适当的规制?当然,笔者在此是从我国(不含港澳台)法律制度的视角来分析。下文中对有关法律非特别提及的,均系指我国法律。

上述问题涉及面非常宽广且显然无法被简单回答,该问题本身又可以梳理成两个层面:第一个层面,是否能在现行法当中实现对盲从模仿行为的规制?笔者认为,如果能够在既有法律制度中找到某一问题的解决方式,则没有专门为此问题寻求建立何种“新制度”的必要,故而,对现有法律制度是否能合理解决盲从模仿行为带来的法律问题的考察是必要而关键的。第二个层面,如果现行法没有,或无法提供合适的规制路径,那么在必要范围之内应通过何种路径、构建何种体系来规制盲从模仿行为?第二个层面的问题以第一个层面的问题为前提,质言之,只有在穷尽现有法律制度均无法找到适当的解决方法时,才应考虑另行寻找乃至建立相应规制进路。本章中,笔者先行对第一个层面进行考察。

第一节　私法制度规制盲从模仿行为的有限性

盲从模仿行为对个体私权利益的侵害相对而言更为显而易见,质言之,当市场竞争中某一经营者所创造的"创新差异性"具体地受到他人的无差别再现,并被投放至市场时,此种被他人攫夺智力劳动的私权性质之损害是更容易被注意到的。民法是调整私权主体之间法律关系之制度,故而盲从模仿行为对个体自由的入侵必然要受民法相关制度之检视,而在此之中,知识产权特别法作为民法的特别法之一,在规制盲从模仿行为中似有可探讨之处。对此,本节将先后从知识产权特别法与一般民事法律制度这两个角度,探寻盲从模仿行为的私法规制进路。

一、知识产权特别法规制:基于知识产权客体之考察

如本书在此前的章节所述,盲从模仿行为的构成要件要求其所针对的客体为"创新差异性"。在本书的视角之下,"创新差异性"成果所涵盖的范围极其广泛,与知识产权法保护的客体尤其契合,质言之,这种"创新差异性"表现的是经营者为获得市场优势而为的创新活动,这种创新活动的成果并非何种具有实体外观的"物",而可能是一种具备非物质性特征的"知识产品",由此,优先考虑在知识产权特别法的范畴内寻找规制盲从模仿行为的路径是必然的思路。尽管盲从模仿行为所针对的具备创新差异性的成果不属于现行知识产权特别法保护的客体,但鉴于人类主观能动性会促使多样的创新知识成果不断地涌现,知识产权特别法和公有领域之间事实上永久地存在一个狭窄但总不会闭合的空间,这一空间所容纳的正是这些具备"创

新差异性”的创新知识成果,这是人类的智慧能力与法律的滞后属性所共同决定的。换言之,对知识产权特别法之考察,应集中在对其所保护的客体及其相关性质之上。

故而,笔者在本部分内容中试从知识产权特别法的角度对盲从模仿行为进行的探究,并不在于阐释现行的知识产权特别法“为何无法规制”盲从模仿行为(既有研究对此方面已着墨不少),而是在于探讨现行知识产权特别法是否适于“规制盲从模仿行为”之目的,调整其保护范围而将有关创新成果保护涵盖在内——如果答案是肯定的,如何作出调整?如果答案是否定的,为什么?

(一)著作权法与盲从模仿:“思想创意”的不受保护性

受著作权法保护的客体是作品,即“有独创性的表达”。具体而言,作品作为著作权法保护的客体,应具有“反映一定的思想感情”、“具有独创性”、“可固定于一定载体”以及“具备可复制性”等四项构成要件。[1] 相较之下,纯粹的“思想创意”及其相关内容并不受著作权法保护,因此,考察著作权法对盲从模仿行为的规制,在此即是对具备“创新差异性”的成果是否可以被认定为著作权法所保护的客体之考察。进一步而言,此种考察可以具体分为两个部分:其一,上述“创新差异性”成果能否在著作权法上被认定为“作品”?其二,为规制盲从模仿行为之缘故,是否适当扩大著作权法所保护的客体范围?

1.《著作权法》对“作品”范围的不同认定

能否将具备“创新差异性”的成果认定为著作权法上的“作品”,其前提条件在于著作权法是否将其保护范围扩大到所有的“作品”,质言之,著作权法因立法技术上的原因而无法将所有“作品”涵盖在内,即著作权法所不保护的“创新差异性”成果事实上属于应受保护的“作品”。一般而言,此种情

---

[1] 参见吴汉东:《著作权客体论》,载吴汉东:《知识产权多维度学理解读》,中国人民大学出版社 2015 年版,第 522~525 页。

况发生的情况几乎是不存在的，因为“作品”在法律上的定义正是由著作权法规定的，换言之，超出著作权法所认定的“作品”范围，就不是“作品”。然而笔者认为，这一说法是值得商榷的，著作权法所规定的“作品”是实在法意义上的，具有“实然”性，而此处所述之“作品”是“应然”意义上的，这便意味着二者范围必有差别，尤其是在新型作品不断出现的现代社会，“应然”意义上的“作品”在范围上要比“实然”意义的更为宽广，从著作权法的立法意义上看，保护“应然”意义上的作品，维护作者和著作权人的利益是其应有之义。这一问题早在2010年《著作权法》上就有所反映，发生于2017年的音乐喷泉案是其典型。

在音乐喷泉案中，原告设计了一种喷泉，此种喷泉在展示时可以伴随音乐、灯光、颜色和节奏等作出一系列富有美感的动态变化，形成感官上可享受的效果，对此，原告寻求法院认定上述“喷泉效果”为著作权法上的作品。[1] 本案的一审中，法院首先认为该“喷泉效果”不属于2010年《著作权法》第3条第1~8项中的任何一种作品法定类型，但肯定了这种“喷泉效果”是具有独创性的，因而其应受著作权法保护，故而扩张地解释了该法第3条第9项中的“法律、行政法规规定的其他作品”，将这种“喷泉效果”认定为著作权法上的“其他作品”。[2] 二审法院并不认同一审法院的观点，其认为司法不能扩张对2010年《著作权法》第3条第9项规定的解释，因为该条款所规定的“其他作品”有一个法定的前提，即有“法律、行政法规规定”，而“喷泉效果”并不属于此类，在此意义下，二审法院从“呈现美感”这一视角出发，认为“喷泉效果”是一种“水型三维立体形态”的呈现，水柱在空中形成的富有美感的形态与“立体美术作品”相当，故而二审法院认定原告的音乐喷泉所

〔1〕 参见北京市海淀区人民法院民事裁定书，(2016)京0108民初15322号。
〔2〕 参见北京市海淀区人民法院民事裁定书，(2016)京0108民初15322号。

呈现之“喷泉效果”〔1〕属于著作权法意义上的“美术作品”。〔2〕

有学者认为,2010 年《著作权法》第 3 条遵循作品类型法定之原则,质言之,除该法所列的九种类型外,其他客体将被排除在“作品”的范围之外,其中,2010 年《著作权法》第 3 条第 9 项所规定的“法律、行政法规规定的其他作品”不能被简单地解释为“兜底条款”,〔3〕在其他法律和行政法规(譬如《著作权法实施条例》等)没有规定其他形式的“作品”时,“作品”不应当被扩张解释。〔4〕 根据有关学者的观点,一审、二审法院的认定均存在可商榷之处,质言之,其认为一审法院扩张解释了 2010 年《著作权法》第 3 条第 9 项的规定,二审法院据以认定“美术作品”的观点难以成立。〔5〕 笔者列叙此种观点并非为了对其加以批判,而是为了引起这样一种思考,当某一种客体在本质上具备著作权法上的应受保护性,却因该法在立法设计上存在限制而无法提供相应保护时,应当采取何种措施?

就音乐喷泉案而言,如一审、二审法院所提及的,该“喷泉效果”本身是富有美感的,也具备独创性的表达形态,更可以凭借相同的方式被“复制”到其他地方呈现,因此从应然角度上看,“喷泉效果”显然符合“作品”的构成要素,其唯一不被认为是“作品”的原因是 2010 年《著作权法》缺失了此种对“应然”的作品提供保护的选择。诚如二审法院在判决中所述,即如果不从 2010 年《著作权法》中寻求相应的方式来规制对“喷泉效果”这种“应然”作品的保护,将“挫伤权利人积极投入和努力创造的动力,导致抄袭模仿盛行,最终影响的是广大公众从中受益”〔6〕。前述的大都会歌剧院案也是此种情

〔1〕 判决书原文描述的是“音乐喷泉喷射效果的呈现”,参见北京知识产权法院民事判决书,(2017)京 73 民终 1404 号。

〔2〕 参见北京知识产权法院民事判决书,(2017)京 73 民终 1404 号。

〔3〕 参见桂红霞、陶韬、张晓荣:《从“音乐喷泉著作权第一案”看“新作品”的认定》,载金杜律师网,https://www.kwm.com/zh/cn/knowledge/insights/the-music-fountain-copyright-20180803。

〔4〕 参见王迁:《论作品类型法定——兼评“音乐喷泉案”》,载《法学评论》2019 年第 3 期。

〔5〕 参见王迁:《论作品类型法定——兼评“音乐喷泉案”》,载《法学评论》2019 年第 3 期。

〔6〕 北京知识产权法院民事判决书,(2017)京 73 民终 1404 号。

况的体现,[1]在该案付诸司法审判时,唱片录音尚不属于彼时美国版权法的保护范围,此种情形一直持续到美国1972年《联邦版权法》颁行。[2] 再者,《伯尔尼公约》第2条第1款即明确了“文学、艺术作品”是指包括文学、科学和艺术领域内的一切成果,且不论其表现形式或方式如何,此条款已将“应然”意义上的“作品”涵盖在内,因此,应当承认2010年《著作权法》的有关条款在“作品”的保护范围上存在一定的遗漏。故而,从“盲从模仿行为”角度出发,如果2010年《著作权法》仍然有效,则不受该法保护但又构成“作品”的“创新差异性”成果是确实可能存在的——笔者认为前述“音乐喷泉”以及常被学界提及的“实用艺术作品”即是此例。

当然,《著作权法》在2020年已被修改。2020年《著作权法》在前述第3条中作出了较大的变更,在规制盲从模仿行为的意义上,也将此前不受保护的、构成“应然”作品的“创新差异性”成果纳入了现行著作权法的保护范围。具体而言,区别于2010年《著作权法》中严格的作品类型法定,2020年《著作权法》第3条明确了“作品”的定义,即“文学、艺术和科学领域内具有独创性并能以一定形式表现的智力成果”,同时,2020年《著作权法》第3条第9项将原本的“法律、行政法规规定的其他作品”修改为“符合作品特征的其他智力成果”,[3]上述修改使得2020年《著作权法》对作品的认定成为真正意义上的“开放式列举”,成就了著作权法制度在应对新型作品时的灵活性;此外,此种改变使得现行《著作权法》中的著作权客体更加接近“应然”意义上的“作品”,相对地,在这种“作品”范围之外的客体将成为“应然”意义上不受著作权法保护的对象。

由此,那些可能构成“新型作品”,且根据2010年《著作权法》不能寻

---

〔1〕 See Metropolitan Opera Ass'n v. Wagner-nichols Recorder Corp., 101 N. Y. S. 2d 483 (1950).

〔2〕 参见李明德:《美国知识产权法》(第2版),法律出版社2014年版,第681页。

〔3〕 参见《著作权法》(2020年)第3条。

求保护的“创新差异性”因《著作权法》2020年修正而获得了保护，因而此部分“创新差异性”在现行《著作权法》中可以得到解决，无须另行寻求规制途径。

2. 著作权法绝对地排除对“思想”的垄断

关于著作权法能否规制盲从模仿行为的另一个层面之交结，是“著作权法能否为规制盲从模仿行为而扩张其保护范围”之问。与上一层面有所不同，此处的“扩张”并非一种从“实然”到“应然”的填补。鉴于“创新差异性”成果中包含一定独创性或具有较高创新价值的“思想”，故而此种“扩张”在著作权法上的含义是“能否将著作权法扩张至对此种‘思想’的保护”。表面上看，在“著作权法不保护思想创意”这一基础之下，此种“扩张”之问似是荒谬的，即便是一直不愿意采用反不正当竞争法而是采取扩张版权法的解释来实现对有关成果的保护的英国、加拿大等国家，均以“版权法不延及思想”为界限，认为纯粹的思想不受版权法保护。[1] 然而在某些法律实践中，这一问题却不乏讨论的价值，其中的典型是对“游戏规则”的法律属性探讨。

现有研究大多排除游戏规则的可版权性，譬如有学者即认为“游戏规则”只是一种根据玩家的操作而予以限制或奖励的约束“系统”，属于“思想”之范畴。[2] 司法实践中亦有类似观点，如2014年暴雪娱乐有限公司（Blizzard Entertainment, Inc.）等诉上海游易网络科技有限公司的著作权、不正当竞争二案（以下简称“卧龙传说”案）中，原告开发并运营一款名为“炉石传说”的电子游戏，该游戏推向市场后不久，被告即制作了一款名为“卧龙传说”的电子游戏。相比之下，“卧龙传说”在整体的游戏规则和部分表现效果上与原告的“炉石传说”几无差别。原告即诉至法院，请求认定被告的行为

〔1〕 参见王文敏：《反不正当竞争法中的禁止盗用规则及其适用》，载《现代法学》2021年第1期。

〔2〕 See Bruce E. Boyden, *Games and Other Uncopyrightable Systems*, 18 Geo. Mason L. Rev. 439 (2011); Sonali D. Maitra, *It's How You Play the Game: Why Videogame Rules are not Expression Protected by Copyright Law*, 7 (4) Landslide 34 (2015). 参见郝敏：《网络游戏要素的知识产权保护》，载《知识产权》2016年第1期。

侵害其著作权并构成不正当竞争。在判决中,法院对于"游戏规则"是否应当受著作权法的保护持否定的意见,认为游戏规则实质是"思想创意",不属于著作权法的保护范畴,但符合反不正当竞争法对这种抄袭游戏规则行为的规制条件。〔1〕类似观点也可以在美国 1982 年的 Midway Mfg. Co. v. Bandai-America, Inc. 案中得到体现。〔2〕客观来看,"游戏规则"的构建与形成需要制作者付出相当的智力劳动,拥有极高的价值,如不对其采取相应的保护将严重挫伤创作者的积极性,这也是"卧龙传说"等案件中法院对涉及"不正当竞争"之判决的说理。〔3〕有学者认为,作为具有较高价值、处于较低抽象层级的思想创意,此种"足够具体"的思想创意拥有一定的"表达"外观,著作权法是不应当忽视对它的保护的。〔4〕这一观点初看之下有一定道理,但事实上正是对著作权法保护客体的扩张,质言之,著作权法上的"思想"与"表达"之间的界限虽非分明但足够清晰,著作权法不应当突破其在"作品"之下的限度,而达到对"思想"的控制,不论此种"思想"拥有多大的价值,都不能改变"思想不能被垄断"这一铁律,这一点在著作权法上是明确的,超出"表达"这一领域的"思想"是应当公开且为任何人所自由使用的。〔5〕换言之,著作权法不能以任何理由将其保护客体向"思想"这一领域扩张,即便构成这种思想的"创新差异性"拥有极高的价值。因此,扩张著作权法的客体到"思想"领域,寻求著作权法对于盲从模仿行为的规制路径,这条路是行不通的。

综上二者可见,现行《著作权法》对 2010 年《著作权法》的修正,已经将其客体——"作品"从"实然"层面推向"应然"层面,一些长久以来被认为应当属于"作品"的"创新差异性"成果为《著作权法》的开放式列举所涵盖在

---

〔1〕参见上海市第一中级人民法院民事判决书,(2014)沪一中民五(知)初 22 号。

〔2〕See Midway Mfg. Co. v. Bandai-America, Inc., 546 F. Supp. 125, 148(D. N. J. 1982).

〔3〕参见上海市第一中级人民法院民事判决书,(2014)沪一中民五(知)初 23 号。

〔4〕参见卢海君:《网络游戏规则的著作权法地位》,载《经贸法律评论》2020 年第 1 期。

〔5〕参见吴汉东:《著作权客体论》,载吴汉东:《知识产权多维度学理解读》,中国人民大学出版社 2015 年版。

内,规制盲从模仿此些“创新差异性”成果的行为已然能够在著作权法框架内得到实现。然而,除了前述“创新差异性”外的其他客体,尤其是基于创新而享有价值的“思想”,均不应受著作权法的保护,这是由著作权法的本质决定的,对那些“创新差异性”的规制似应从其他法律制度中寻求相关路径。

(二)专利法与盲从模仿:纯粹思想之可专利性否认

接下来需要考察的是专利制度,与笔者在上述著作权法相关研究类似,此处着眼的是专利法能否提供规制盲从模仿行为之路径。从理论上看,对专利法在这一问题上的考量也可以细分为两个问题:其一,“创新差异性”成果是否属于专利法上的“应然”客体,且不受现行专利法的保护?其二,专利法能否因规制盲从模仿行为之缘故扩张其客体范围,以将对此类“创新差异性”的保护涵盖在内?

然而,第一个问题事实上是不成立的。与著作权中的“作品”不同,专利权之客体并不存在“应然”与“实然”之虞。首先,从客体类型上看,著作权之“作品”所涉范围十分广泛,在概括类别(文学、艺术、科学等)、载体形式(纸质件抑或数字化版本等)、创作难度(从简单手稿到鸿篇巨著)等方面皆无所限制,只要满足法定条件、符合法定特征,有关客体即可被认定为“作品”。但正因构成作品的“可能性”是无法估量的,不断会有新表现、新种类的作品诞生,这些新作品往往是难以预见的,而专利本质上是“技术方案”,这一本质决定了不论其呈现出何种新的外在形态,投入了多少前所未有的劳动或创造力,更或者在创造性和新颖性上达到何种程度,其所解决的必然是“技术问题”,这也是商业方法不能受到专利法保护的重要原因,除非这些商业方法能够解决具体的技术问题。[1] 在此问题上的回归使得专利的客体本身是明确的,不存在何种“应然”或“实然”之分。其次,从法律规定上看,《伯尔尼公约》与2010年《著作权法》事实上存在差异,前者对“作品”之规定相

---

〔1〕 参见陈磊:《论商业方法专利的“技术性”标准——以欧洲专利审查实践为研究对象》,载《科技与法律》2012年第3期。

比于后者更接近著作权法所应当保护的“作品”范围,后者在严格的作品类型法定之下,对一些构成类似于新型作品的“创新差异性”成果显然难以在其实在法范畴内进行扩张,而对专利制度而言,《专利法》对专利权客体范围的规定与《巴黎公约》的规定是一致的,只有发明、实用新型与外观设计(工业设计)三个类别,不论新的技术方案以何种形式表现,均以这三种客体类别为基础。[1]

如此,本书在此所要解决的只有前述第二个问题——客体能否“扩张”之问,换言之,即专利权保护的客体能否突破“技术方案”这一界限。盲从模仿视角下的“创新差异性”是经营者创新劳动的成果,一些尚未达到专利权要求的“新颖性”高度之创新自然不在专利制度的讨论范围之列,但是,倘若这些“创新差异性”成果是一些非以解决技术问题为目的的方法(譬如“商业方法”),且该商业方法足以达到明显的创新高度,那么专利法能否适当地对客体范围作出扩张,以解决对商业方法的盲从模仿问题呢?对此,首要厘清的问题在于“商业方法”本身,从类别上看,商业方法有交织一定技术特征的商业方法以及纯粹的商业方法之分,前者已经被专利法纳入客体范畴,[2]不在讨论范围之内;后者才是笔者此处所要探讨的“创新差异性”。具体而言,纯粹的商业方法是一种由经营者以实现商业功能或解决商业问题为目的的方案,属于一种人为设计的抽象思想,并不解决技术问题。如果“商业方法”具有可专利性,那么“商业方法”这种“创新差异性”即成为专利权的客体,对商业方法的盲从模仿将受到专利法的规制。然而,上述假定是与专利法制度的主旨不符的。在美国 Bilski 案中,原告创造了一种规避市场风险的计算方法,但这种方法并不包含任何的具体技术特征,在专利的描述上无法

---

〔1〕 当然,我们不能否认人类的主观能动性将使新技术成果层出不穷,技术成果也可能形成新的种类,但根据有关实践,对于新技术方案更倾向于采用专门法进行规制,如植物新品种、集成电路布图设计等。参见闫文锋、王福涛:《新科技革命对我国三种专利保护客体模式的挑战》,载《知识产权》2017 年第 12 期。

〔2〕 参见郑友德:《商业方法的专利保护研究》,载郑友德:《知识产权与公平竞争的博弈——以多维创新为坐标》,法律出版社 2011 年版。

对其作任何技术角度的限定,并且这种方法并不依靠任何具体设备来实现,仅仅是使用了抽象的思想来处理数字上的问题,质言之,此种不具备技术特征的抽象思想概念是为专利法所排除的。[1] 我国现行《专利法》第 25 条第 1 款第 2 项也对此作出了有关规定。当然,笔者并不否认“商业方法”本身是具有价值的创新成果,对盲从模仿商业方法的规制,似可探寻其他相关进路。

(三)其他知识产权特别法制度对盲从模仿规制的不兼容性

1. 商标法及保护经营性标记的法律制度

与前述著作权法、专利法不同,商标法以及类似保护经营性标记的法律似乎并不在本书的探讨之列。质言之,商标与其他经营性标记的属性在于“识别”,因而只有对这种“识别性”造成干扰的行为——譬如构成消费者对于商品来源之“混淆”——才受有关法律的规制。盲从模仿行为之“创新差异性”成果在性质上即排除将“混淆”作为其显见要素,而是否构成“混淆”正是商标法等相关法律判断某行为是否构成相关侵权的必要路径。

然而,有关探讨不止于此。商标法等相关法律的逻辑在于,这些法律对商标及其他经营性标记的保护并不仅仅在于这一“标记”本身,而是保护这些标记所承载的商誉,如有关标记属“形象的商品化”时,这种“商誉”则是源于该形象所蕴含的对消费者的吸引力。[2] 那么,如果盲从模仿行为针对的是此种“商誉”,或者当这种“商誉”与“创新差异性”成果联系在一起,商标法等相关法律能否将对此类盲从模仿行为的规制包容在内呢?笔者认为,这一问题的实质在于“创新差异性”成果是否可以涵盖经营者的“商誉”。

如前所述,盲从模仿意义下的“创新差异性”是经营者在现有成果的基础上增加了自己的创新活动而有所区别的成果,那么这种增加的“创新活

---

[1] See Bilski v. Kappos, 561 U. S. 593 (2010).

[2] 参见吴汉东:《形象的商品化与商品化的形象权》,载吴汉东:《知识产权中国化应用研究》,中国人民大学出版社 2014 年版。

动”能否是“商誉”呢？这一答案似乎是否定的，“商誉”一般是经营者从事商业活动所积累的评价（且一般是良好的评价），是一种“企业给顾客们的商业信誉”，〔1〕这种评价和信誉的建立一般不是由经营者的某一次创新活动造就的结果，而是经营者经过劳动所反复、多次且逐渐累积起来的名声或口碑，这与“创新差异性”的形成完全属于不同的逻辑，故而以保护商誉的思路通过商标法或相关法律制度来规制盲从模仿行为似不妥当。

不过，如果这种“商誉”的累积过程是短暂而快速的，譬如商业活动中的所谓“爆款”的出现，经营者仅仅依靠一次创新即获得市场的优异评价，此种情况下又该如何视之？笔者认为，仍然应当考虑商标法等相关法律制度的规制逻辑。质言之，创新活动所造就的结果，即“创新差异性”成果，在本质上与“商誉”不属于同一范畴，经营者因特定创新活动而获得的商誉系承载于经营者自身（同理之下的“形象”之商誉亦以该“形象”为本源），而“创新差异性”之成果是经营者创新活动的结果，两者属于完全不同的概念体系，希冀通过保护“商誉”的方式来保护“创新差异性”成果，实则与商标法等相关法律制度的立法主旨不符。

综上可见，商标法等保护经营性标记的相关法律不可能对盲从模仿行为作出规制，前者在规制逻辑上即与后者存在差别。

2. 对“商业外观”的保护制度

商业外观（trade dress）系指产品或服务等各种包装、装潢元素所构成的整体，这些元素共同呈现给消费者以整体的视觉形象，且可以作为一种商业标志或者标识来源的符号而获得排他性的权利。〔2〕一般认为，“商业外观权”的概念在我国并不完善，仍有待于进一步研究，但这并非代表现行法没有对于商业外观的保护，这种保护主要体现在《反不正当竞争法》对于包装、

〔1〕 参见郑成思：《知识产权论》（第3版），法律出版社2007年版，第279~280页。
〔2〕 参见叶若思：《商业外观权研究》，法律出版社2010年版，第17页。

装潢等不正当竞争行为的规定之上。[1] 当然,也有学者认为现行法并不完善,为保护商业外观,仍有必要为其构建相应的、独立的知识产权权利。[2]

问题在于,不论是学者希冀构建的"商业外观权",还是现行《反不正当竞争法》对于商业外观的保护,都是建立在"防止混淆"的基础上的。[3] 具言之,商业外观在性质上与商标等经营性标记类似,都为"标识来源"服务,不过相比于商标等标记,商业外观又具有明显的创新属性,质言之,其所呈现出来的"效果"兼具"创新差异性"和"防止混淆性"。由此逻辑,经营者对他人的商业外观所作之无差别再现是否属于盲从模仿行为?对于这种行为的规制是否适合诉诸保护"商业外观"之法律?笔者认为,"商业外观"显然具有"创新差异性",其所呈现出不同于其他商品外观的差异即是有关经营者创新的具体体现。[4] 然而,根据商业外观的本质,此种"创新"只是一种手段和过程,最终是为了形成独特的标识来源效果,形成显著性而使经营者获取更大的利益。[5] 换言之,从禁止混淆和仿冒的角度来规制对商业外观的无差别再现,才符合对商业外观的法律保护,而单纯规制盲从模仿行为并不能达到此目的。

3. 商业秘密法律制度

相比于本部分所述的其他知识产权客体,商业秘密可以说是最接近"创新差异性"的知识产品,对商业秘密的侵害并不要求构成何种"混淆"之法律后果,且对侵害商业秘密行为的规制逻辑与规制盲从模仿行为大体相同,甚至美国法上的"禁止盗用原则"在相当长一段时间内都被用于经营者商业秘

---

〔1〕 参见《反不正当竞争法》第6条。

〔2〕 参见叶若思:《商业外观权研究》,法律出版社2010年版,第241~243页。

〔3〕 参见吴伟光:《商业外观的法律保护——以保护来源标识功能为原则》,载《清华法学》2009年第6期。

〔4〕 参见何炼红:《盲从模仿行为之反不正当竞争法规制》,载《知识产权》2007年第2期。

〔5〕 参见钱光文、孙巾淋:《我国商业外观的法律保护问题探讨——以〈反不正当竞争法〉的适用为中心》,载《知识产权》2009年第1期。

密的保护。[1]

但是，从本书所述的盲从模仿行为来看，商业秘密不可能成为盲从模仿行为的对象。商业秘密尽管具有"新颖性"之特点，但其关键属性仍在于"秘密性"，即不为一般公众所知悉。[2] 这种"不公开"的特性即已说明了"商业秘密"并不能被其他经营者简单地"无差别再现"，要获取经营者的商业秘密，必然需要先有"破除"此"秘密性"之不正当手段（如偷窃、欺诈或商业贿赂等），从而再行将此种商业秘密在市场中"无差别再现"。尽管根据前述，盲从模仿行为不对具体的再现手段作描述，但对于希冀"坐享其成""寄生得利"的盲从模仿者而言，此种"破除"手段已超出"无差别再现"的内在含义。况且，对商业秘密的上述侵害已然为保护商业秘密的法律制度所规制，在此情况下并无必要在既有制度之下再行创设"对盲从模仿商业秘密行为的规制方式"。

那么接下来需要回答的问题是，如果商业秘密被他人泄露或盗取，此时存在一个善意第三人受让了该被披露的商业秘密并付诸使用时，是否能将此"善意第三人"的行为认定为盲从模仿？这一观点值得探讨。有学者认为，现行法对此虽无相关的规定，但在地方性法规《深圳经济特区企业技术秘密保护条例》第36条中有规制路径，即该"善意第三人"构成的对商业秘密的损害赔偿责任由"非法出让人或违约披露人承担"。[3] 在此种情况下，"善意第三人"主观上无法知晓其所持有的信息属于权利人的独占财产，他为了获得此种信息付出了相应的对价，对其本人而言，此种行为仅仅是对持有信息的使用，并不属于将明知为他人的创新劳动成果作无差别再现的行

---

〔1〕 See Dale P. Olson, *Common Law Misappropriation in the Digital Era*, 64 Mo. L. Rev. 837 (1999).

〔2〕 参见郑友德：《论我国〈反不正当竞争法〉对商业秘密的保护》，载郑友德：《知识产权与公平竞争的博弈——以多维创新为坐标》，法律出版社2011年版。

〔3〕 参见唐青林、李舒：《商业秘密可否善意取得？应当满足何种条件？》，载微信公众号"民商事裁判规则"2018年4月2日，https://mp.weixin.qq.com/s/1VV3BabojexpYWeKd_3bZA。

为,因而不符合盲从模仿行为的构成。

综上所述,商业秘密保护制度对于如何禁止他人对商业秘密的侵害已有较为完整的规制路径,其不存在在该制度中另行构建一种规制“盲从模仿商业秘密”之行为的必要。

二、一般民事法律制度下的盲从模仿规制考察

根据前文的论述,知识产权特别法对于规制盲从模仿行为只能提供十分有限的支持。首先,就盲从模仿行为的对象来看,“创新差异性”成果本身与知识产权特别法所保护的客体之间在逻辑上是互为相反的关系,因此,对“创新差异性”成果的侵害行为是难以为知识产权特别法所规制的。即便立法技术的原因使得少数本应得到知识产权特别法保护的“创新差异性”成果被不公平地排除在外,也不能就此证明知识产权特别法能够成为规制盲从模仿行为的主要路径。其次,“创新差异性”是一种“量变式创新”,大部分“创新差异性”成果的创新程度显然无法与知识产权特别法保护的客体相比,尽管这些成果也可能产生或蕴含重大的价值。

然而,“创新差异性”成果难以寻求知识产权特别法的保护,并不意味着这种成果不具备知识产品之特征,也不意味着它不在广义的知识产权范畴之内。正如本书上述论证所反复提及的那样,“创新差异性”成果是经营者实施创新活动的力证,是其付出和投入智力劳动所获得的成果,不论此种“量变式创新”达到多么微小的高度,其所蕴含的经营者之智力劳动价值是绝对不可被忽视的。故而,在广义的知识产权领域寻求对盲从模仿行为的规制仍是主要思路。

由此,笔者认为对规制盲从模仿行为的路径考察,应扩展到广义的知识产权保护范围。质言之,以下两种思路是必要的考量:第一种思路,寻求知识产权法之上位法的支持。知识产权法是私法,也是民法的特别法之一,当对于某种行为的规制无法在特别法中获得支持时,首要的思路即在民法制

度中探寻相关的规制进路。第二种思路,寻求反不正当竞争法的支持。知识产权特别法与反不正当竞争法之间存在功能上的互补,二者之间关系紧密,同为广义的知识产权制度之组成,在规制盲从模仿行为上考量反不正当竞争法的补充保护也是必要的思路。

由于民法属私法制度之范畴,故而在本部分中,笔者将先行循第一种思路进行分析与论述。

(一)合同法制度的有限规制:以合同关系为前提

合同法是民法制度的重要组成部分,两个或两个以上当事人基于一致的意思表示而形成的相互权利与义务受到合同法的保护,换言之,当事人之间存在合同关系是受到合同法保护或规制的前提。在此意义上,盲从模仿行为是否能够受到合同法的约束,将取决于盲从模仿者与被模仿者之间是否具有一致的意思表示以及是否存在合同关系,显然,这种可能性是存在的。

除了经营者之间存在合同关系外,适用合同法约束盲从模仿行为的另一个前提,是经营者之间对任一方未经另一方同意而盲从模仿其创新劳动成果的行为作出相关约定。此类约定在技术开发合同或类似合同中较为常见,譬如设定相应的合同义务以明确在一方构成此类盲从模仿时所应当对另一方承担的违约责任或赔偿责任,只要此种约定不违反法律的强制性规定,即属有效。当然,当事人之间的此种约定存在某种技术性问题,即由于“盲从模仿”这一定义及其表征并不为公众所熟知,合同各方可能对于“盲从模仿”的表现形式与保护实质存在认知上的偏差,故而有关的约定尚且达不到合同法对于盲从模仿行为的应然规制效果,或者合同双方可能需对“盲从模仿”的具体方式达成更为细致的协议,交易成本可能由此提升。但不可否认的是,对于存在合同关系的经营者而言,通过合同法所保护的合同约定构成盲从模仿行为时所应当承担的责任,无疑是规制盲从模仿行为的有效路径。

进一步来看,以下问题值得关注:合同法制度本身是否能够将对盲从模仿行为的规制纳入其中？譬如,《民法典》第三编第 20 章规定的“技术合同”、《著作权法》规定的委托创作合同等,在这些与经营者创新活动密切关联的合同之规制中增加规制盲从模仿行为的强制性规定,似乎是一种可行的进路。对这一问题的回答,笔者认为有两方面因素需要考虑。第一,盲从模仿行为的多样性。这种多样性主要表现在盲从模仿行为对象或客体的“多样”之上,它体现的正是经营者创新活动的多样性,有关的“创新差异性”成果并不限于某一领域或方向,《民法典》第三编提及“有名合同”的目的仅在于对具备特殊性质的合同予以特别规定,与经营者在具体合同中是否具有此种创造“创新差异性”成果的活动毫无关联,在任何合同中只要经营者主观意愿上存在对创新活动的追求,对“创新差异性”成果的盲从模仿即可能存在。第二,合同法立法目的的明确性。《民法典》明确合同编所调整的是“因合同产生的民事关系”,[1] 而盲从模仿行为本身并不因合同而产生,即便该行为客观地存在于某些具备合同关系的民事主体之间。换言之,合同法制度从其立法目的上明确了如下客观事实:以造成被模仿者损害和市场秩序损害为表现的盲从模仿行为并不属于合同法的规制范围,超出此种范围而要求合同法制度对盲从模仿行为予以约束,是违反《民法典》的上述条款规定的。因此,有关的合同法制度仅在当事人对该行为有所约定时尊重和保护当事人的此种约定,从而实现有限地规制盲从模仿行为之功能。

综上所述,合同法制度基于其在民法中的主旨与目的,仅能对盲从模仿行为作有限的规制。

（二）“准合同”中不当得利制度的适用之困

另外一种具有实现规制盲从模仿行为之功能的制度是“不当得利制度”,该制度在我国《民法典》中被归于“准合同”制度之列。[2]

在规制盲从模仿行为的诸项研究中,不当得利（unjust enrichment）制度

[1] 参见《民法典》第 463 条。

[2] 参见《民法典》第 985~988 条。

提供的规制合理性是常被探讨的。具体而言，不当得利之构成要求“得利人获得利益”、“受损人存在损失”以及“得利人的获利没有法律上的依据”，其制度之目的在于“保有利益的正当性”，并以此要求无法律上原因的得利者向受损人返还其获得的利益。[1] 相较之下，盲从模仿行为也存在“得利人”与“受损人”之分，得利人因盲从模仿而获得他人通过付出智力劳动创造的成果在表面上似乎也无法律上的依据，通过不当得利之制度限制盲从模仿行为，要求实施模仿者“返还”其因盲从模仿行为而获得的利益，此种解释似乎是可行的。国外的司法实践中亦有将不当得利制度用于规制“盗用行为”和“寄生竞争”，[2] 更有学者认为，美国法院在国际新闻社案中确立的禁止盗用制度正是将普通法中的不当得利制度引入反不正当竞争法当中。[3] 然而，笔者认为用不当得利制度来规制盲从模仿行为似乎存在理论上的困境，有关原因为如下三点。

第一，构成要件与制度之差异。有学者指出，尽管国内外均在民法制度之下构建“不当得利”制度，但长久以来，我国和其他国家——如英美法系国家——在“不当得利”的构成上存在明显的差异。在英美法系国家中，“unjust enrichment”虽然被翻译为“不当得利”，但它是由“准合同”（quasi contract）制度发展而来，并在历史发展中逐渐通过判例法以固定成为一种民事规则，[4] 故英美法系国家中的 unjust enrichment 范围要更宽泛，其不仅包括我国民法典意义上的“不当得利”，还包括无因管理、违反信托义务以及侵害知识产权性质的利益之行为；其对于“不当”的构成要件之解释，除了法律

〔1〕 参见王泽鉴：《债法原理（二）·不当得利》，中国政法大学出版社 2002 年版，第 140 页。

〔2〕 See Anselm Kamperman Sanders, *Unfair Competition Law-Some Economic Considerations*, in Adrian Sterling, ed., Intellectual Property and Market Freedom, Sweet & Maxwell, 1997, p. 152-153.

〔3〕 See Rudolf Callmann, *He Who Reaps Where He Has not Sown: Unjust Enrichment in the Law of Unfair Competition*, 55 Harv. L. Rev. 595 (1942).

〔4〕 如美国法学会 1937 年《返还请求权法重述》（restatement of restitution）中，“unjust enrichment”即作为利益返还请求的依据。参见李语湘：《比较法视野下英美不当得利制度历史演进研究》，载《湖南科技大学学报（社会科学版）》2016 年第 4 期。

上不具备正当理由外，还包括道德上具备瑕疵。[1] 我国《民法典》颁布后，不当得利制度被纳入“准合同”之中，其构成要件在《民法典》第985条中有明确规定，仍然是“相关利益的取得不存在法律上的依据”，显然该制度的规制范围本身就十分有限，是否能拓展到规制盲从模仿行为的领域还要看其他原因。

第二，“没有法律依据”不等同于“没有法律保护”。在不当得利制度的构成中，得利人所获得的利益“没有法律依据”和所获得的利益“没有法律保护”并不在一个概念上，二者的含义可能完全相反。质言之，所获利益“没有法律依据”指的是该特定利益的持有或获得者在“取得”此利益上存在瑕疵，受损人由于对享有该特定的利益具有法律上的依据，故而具有“矫正”此种形态的合法要求，而特定利益——如“创新差异性”成果——并不受现行法之保护，或许这些创造性的努力可以通过寻求其他法律制度的定性后将“不当得利”作为赔偿或救济的方式，但在实在法意义上不受保护的“创新差异性”成果，任何人都有权利对其加以使用。

第三，“创新差异性”利益之不可返还性。与其他财产不同，“创新差异性”成果具有非物质性之特征，符合知识产品之构成。得利人从受损人处获得的直接财产利益，是“创新差异性”成果本身，其一旦被他人知悉，那么在性质上即不存在“返还”之可能。[2] 此外，尽管此种“返还”在一定程度上或许能通过支付相应的赔偿以替代“返还”义务，但此种形式已然背离了不当得利的制度，况且作为知识产品的“创新差异性”成果本身的价值——特别是其可得利益——客观上是难以计算的。因此，不当得利制度在目前的民法制度框架内不适用于对盲从模仿行为进行规制。

---

〔1〕 参见任培君：《不当得利制度之构建理念的探究——以英美法上 Unjust Enrichment 的历史沿革为视角》，载《网络财富》2010年第8期。

〔2〕 See Edson Beas Rodrigues Jr., *Using the TRIPS Agreement's Unfair Competition Clause to Curb the Misappropriation of Biological Resources, Traditional Knowledge and Expressions of Folklore in User Countries*, 4 Queen Mary J. Intell. Prop. 139 (2014).

此外,也有学者指出,规制盲从模仿行为的正当性基础在于防止市场失灵,因而更应当借鉴侵权行为而非不当得利的规制进路,以确保该规制能够有效维护市场竞争秩序的运行。[1]

(三)一般侵权:作为“民事权益”的“创新差异性”成果

除了知识产权特别法对侵权行为的调整外,对盲从模仿行为适用民事侵权的规制是存在可能性的,这一点并不难理解。根据盲从模仿行为之定义,它与民事侵权在构成要件上存在诸多相似之处,譬如都要求有一定的主体、存在一定行为、造成一定损失,以及行为与损害之间具有因果关系等。在既有的制度中,法国便是将盲从模仿行为适用民事侵权责任的认定与调整之典型,任何民事主体在受到他人盲从模仿时,皆可诉诸法国《民法典》的第1240~1241条。[2]

仅从私法角度来看,《民法典》中的民事侵权责任制度似是可对盲从模仿行为进行调整的。首先,如前所述,民事侵权责任制度对侵权行为的构成要件与盲从模仿行为的构成要件几乎一一对应,此不赘述。其次,《民法典》中民事侵权行为侵害的客体是“民事权益”,这是一个相当宽泛的概念,[3]从本书的角度看,此处需要厘清的是盲从模仿行为所针对的“创新差异性”成果是否可被解释为“民事权益”。这一问题在普通法系国家也引起了比较激烈的探讨,美国1997年的National Basketball Ass'n v. Motorola, Sports Team Analysis and Tracking Systems, Inc.案(以下简称NBA诉摩托罗拉案)是其中的焦点之一。该案中,被告美国体育队分析与追踪系统公司(以下简称STATS公司)将NBA的实时赛况、比分及控球情况等有关NBA比赛的实时统计数据通过被告摩托罗拉公司的传呼机及网络提供给用户,原告提

---

[1] 参见王文敏:《反不正当竞争法中的禁止盗用规则及其适用》,载《现代法学》2021年第1期。

[2] 参见颜湘蓉:《论不正当竞争中的寄生行为》,入世后知识产权法律服务实务研讨会暨全国律协知识产权专业委员会2002年年会论文;冯术杰:《“搭便车”的竞争法规制》,载《清华法学》2019年第1期。

[3] 参见《民法典》第1164条和第1165条。

出上列与比赛有关的实时统计等同于比赛本身，属于原告 NBA 联盟在版权法意义上的合法财产，故诉请法院给予其保护。[1] 在美国地区法院的判决中，法官认为尽管比赛本身不属于美国版权法意义上的作品，有关比赛的实时比分、统计信息等也不属于美国版权法意义上的作品，但被告的行为构成了对原告具有财产性的信息之盗用，故美国地区法院支持了原告的诉请，并对被告实施了销售禁令。[2] 随后本案上诉至美国第二巡回上诉法院，上诉法院在判决中否定了 NBA 关于其篮球比赛本身构成作品的主张，认为比赛本身因不具备“可复制性”的特点而不属于版权法保护的客体，同时认为被告所发布的信息不能替代 NBA 的比赛本身，被告的行为只是在传达与比赛有关的客观事实，其所收集的信息并非源于原告的努力，这一点与国际新闻社案中对热点新闻(hot news)的盗用有本质区别，故而上诉法院最终判决被告的行为不构成对原告的盗用或侵权。[3] 从上述案件的判决中可见，上诉法院尽管并不认可该信息的财产权性质，即便该信息是由被告自行获得，但并不否认个体通过努力对公有领域之信息的营利性使用，即这种信息属于财产性利益的观点是足以被认可的。[4] 我国《民法典》并未对“民事权益”的类型作具体列举，但结合《民法典》之体系和内容，以及已被废止的《侵权责任法》之相关规定，可以明确“民事权益”即“民事主体的合法权利和利益”，从最广阔的角度来看，它应当包括人身权益、物权、知识产权以及其他

---

[1] See National Basketball Ass'n v. Motorola and Sports Team Analysis and Tracking Systems, Inc. ,105 F. 3d 841 (2d Cir. 1997); National Basketball Ass'n v. Sports Team Analysis and Tracking Systems, Inc. and Motorola, Inc. ,939 F. Supp. 1071 (S. D. N. Y. 1996).

[2] See National Basketball Ass'n v. Sports Team Analysis and Tracking Systems, Inc. and Motorola, Inc. ,939 F. Supp. 1071 (S. D. N. Y. 1996).

[3] See National Basketball Ass'n v. Motorola and Sports Team Analysis and Tracking Systems, Inc. ,105 F. 3d 841 (2d Cir. 1997); Heather Richtarcsik, *Misappropriation in Massachusetts and Around the Country: How Technology will Utilize this Tort*, 35 New Eng. L. Rev. 717 (2001).

[4] See Claudia Werner, *NBA v. Motorola & Stats, Inc. : Real-Time Basketball Scores-News or Property*, 7 DePaul J. Art ,Tech. & Intell. Prop. L. 288 (1997).

合法利益。〔1〕 根据前述内容，经营者付出智力劳动获得的具备“创新差异性”的成果并不构成既有民法体系中的任何一项权利，即便从知识产权特别法的角度来看，大部分此类“创新差异性”成果在创新程度上可能都达不到构成著作权或专利所保护的客体之高度。然而，正如笔者反复强调的那样，这些“创新差异性”实则是“量变式创新”，它虽达不到“质变”的效果，但并不代表经营者的创新劳动是毫无意义的，故而这种“创新差异性”对于经营者而言同样具有价值，其是一种凭借努力创造而来的、合乎法律上的正义之利益。进一步来看，当我们细致地考察“创新差异性”这种利益的构成时，这种利益又可以分为两种利益组成部分，其一为“创新成本”，其二为“可得利益”。前者的客观实在性自不必言，后者也可被称为“市场竞争优势”之利益，这种利益本身也是确定的，只是因特定条件而无法被评估具体价值。遵循上述所论，适用民事侵权责任制度来规制私权意义上的盲从模仿行为似乎是可行的。

不过，从盲从模仿的构成要件可知，盲从模仿行为所造成的损害后果不仅仅在于对个体的“民法权益”之私权侵害，还在于对公共利益的侵害，即对市场竞争高效运行的秩序之破坏，这是盲从模仿行为区别于一般民事侵权的关键特征。质言之，一般民事侵权行为存在于任何现实条件之中，其所造成的损害是个体的、特定的，而盲从模仿行为存在于市场竞争之中，盲从模仿者的行为会同时产生两种损害：其一为对被模仿者创新成本和可得利益之损害，此一部分损害与民事侵权行为一致，均为对特定主体的损害；其二为减损了市场竞争秩序中的创新效率，对创新可持续性的公共利益构成损害，这也是对不特定的市场主体之损害。〔2〕 综上所述，盲从模仿行为自始

---

〔1〕 参见曹险峰：《我国侵权责任法的侵权构成模式——以“民事权益”的定位与功能分析为中心》，载《法学研究》2013 年第 6 期。

〔2〕 参见王文敏：《反不正当竞争法中的禁止盗用规则及其适用》，载《现代法学》2021 年第 1 期。

至终都存在对私权利益和公共利益的双重侵害性，民事侵权制度在私权意义上可被用于规制盲从模仿行为，但作为一种民法制度，其当然不能简单地入侵公法所规制的领域，又没有足够的理由以私法规制替代公法规制。故而，民事侵权责任制度在规制盲从模仿行为上是不完全的，它只能提供对私权的保护，不过，民事侵权责任的规制思路是值得采纳的，这一思路将在下文所论之反不正当竞争法规制中得到尊重。

第二节　反不正当竞争法对盲从模仿行为的规制探视

在前述分析中，笔者认为我国现行的知识产权特别法对盲从模仿行为的规制是十分有限的，这一情形源于知识产权特别法本身的性质。在此之下，循私法制度考察盲从模仿行为的规制路径是必要思路，但是，鉴于各项主要民事法律制度在规制客体等因素上存在理论上的差异，这一思路下所能提供的规制仍然是有限的。由此，从另一思路来考察盲从模仿行为的规制问题实属必要，此思路即从反不正当竞争法制度的角度寻求规制办法。

一、功能互补：基于反不正当竞争法与知识产权法之关系

通过反不正当竞争法规制盲从模仿行为是一种十分合适的选择，这种合适性可以概括为两个方面：其一，规制形式的合适性；其二，利益保护的合适性。

（一）“客体”包容：作为“行为规制法”的反不正当竞争法

反不正当竞争是经营者在受到他人造成的利益损害时提起的救济，一般认为，反不正当竞争并不单独地形成何种权利，而是由原权利派生出来、

在原权利被侵害时允许权利人实施救济的一种权利。[1] 可以说，知识产权与反不正当竞争之间具有“本原权利”和“救济权利”之区别。与之相对应，保护知识产权的法律与规制不正当竞争的法律之间必然不是相互独立的。知识产权特别法与反不正当竞争法在功能上相互补充与相互配合，这种“补充”与“配合”尤其体现在知识产权特别法所不能保护的领域，如由反不正当竞争法以“维护市场竞争秩序”为核心出发点，对在这些领域内不当利用知识产权的行为施加法律上的约束。[2]

在盲从模仿行为中，“创新差异性”不形成任何独立的权利，具有“创新差异性”的成果正是知识产权特别法所不保护的客体集合。当然，这些客体也不在公有领域的范畴，可以说，此类“客体”属于“应受知识产权保护而没有获得保护”的对象，这正是反不正当竞争法对知识产权补充保护的功能之体现。反不正当竞争法作为“行为规制法”，其并非在于对任何特定权利的维护，而是在于规制不当的竞争行为，“盲从模仿行为”正是非法侵害他人“创新差异性”成果的行为，因此，盲从模仿行为的反不正当竞争规制进路应当是比其他任何规制路径都更加适宜的。[3] 现实当中，尽管相互之间在具体方式和保护范围上可能有所差异，但大多数国家——如前述的德国、美国、日本、瑞士等国家——均通过将盲从模仿行为认定为“不正当竞争行为”的方式对其作出相应规制。

(二)“双重”利益：反不正当竞争法对“公”“私”利益之兼顾

相比于对盲从模仿行为的规制形式，反不正当竞争法能够兼顾对个体利益和公共利益的维护，这一点是对盲从模仿行为适用此种规制的更重要

---

〔1〕 参见韦之：《论不正当竞争法与知识产权法的关系》，载《北京大学学报（哲学社会科学版）》1999年第6期。

〔2〕 参见吴汉东：《试论反不正当竞争中的知识产权问题》，载吴汉东：《知识产权多维度学理解读》，中国人民大学出版社2015年版。

〔3〕 See Edson Beas Rodrigues Jr., *Using the TRIPS Agreement's Unfair Competition Clause to Curb the Misappropriation of Biological Resources, Traditional Knowledge and Expressions of Folklore in User Countries*, 4 Queen Mary J. Intell. Prop. 139 (2014).

的原因。在前述章节中,笔者已经论述了盲从模仿行为对“双重”利益均会造成损害,民事侵权法律制度尽管可以在私权利益角度对盲从模仿行为加以调整,将“创新差异性”成果作为“民事权益”加以保护,但盲从模仿行为造成的“双重”利益损害是同时产生的,此种情况下如仅采取私法规制将存在理论上的瑕疵。

反不正当竞争法所保护的客体——或说这一法律制度所应当维护的利益——是非常宽泛的。根据有关学者的观点,反不正当竞争法保护的利益包括三类:其一,“市场竞争者的利益”。这一利益主要可以分为“劳动成果”以及“活动自由”两个方面,前者是竞争者能够合法占有并使用其自行付出劳动所形成的成果,后者是竞争者得以展开市场经营活动的自由,二者整体上构成了经营者的竞争自由范围。〔1〕其二,“消费者利益”。消费者是市场竞争的重要参与者,其不仅仅是竞争者可以自由争夺的对象,消费者利益在很大程度上反映了市场需求侧的利益,因而反不正当竞争法对消费者利益的保护是有现实意义的。其三,“市场竞争秩序”。此一秩序代表的是公共利益,当然也包含了其他市场参与者之利益。〔2〕市场竞争秩序是最为重要的公共秩序之一,它的高效运行不仅对每一个市场参与者而言都有好处,还有助于市场乃至经济整体的健康发展。〔3〕也有学者将反不正当竞争法保护的客体概括为“法益”。〔4〕

盲从模仿行为产生于市场竞争之中,可以说这一行为对上述三者均构成利益损害之可能。质言之,经营者创造的“创新差异性”属于“市场竞争者

---

〔1〕参见郑友德、杨国云:《现代反不正当竞争法中“竞争关系”之界定》,载《法商研究》2002年第6期。

〔2〕参见王红霞、李国海:《“竞争权”驳论——兼论竞争法的利益保护观》,载《法学评论》2012年第4期。

〔3〕参见韦之:《论不正当竞争法与知识产权法的关系》,载《北京大学学报(哲学社会科学版)》1999年第6期。

〔4〕参见郑友德:《论〈反不正当竞争法〉的保护对象兼评“公平竞争权”》,载郑友德:《知识产权与公平竞争的博弈:以多维创新为坐标》,法律出版社2011年版。

利益"中"劳动成果"之范畴,具备私权利益之属性,故而盲从模仿行为首先构成对私权性质的"市场竞争者利益"的侵害;其次影响市场的创新效率,对"市场竞争秩序"之公共利益造成损害;最后盲从模仿行为客观上会导致商品或服务的同质化,从而减少市场上消费者的福利,换言之,盲从模仿行为客观上也存在间接影响"消费者利益"的情形。[1] 据此,在反不正当竞争法提供的规制路径里,特别是在利益损害的填补之上,以上述三种利益为求偿基础的"侵权责任"主张相比于单纯的民事侵权责任寻求救济将更具理论上的说服力。

由此可见,以反不正当竞争法制度为规制盲从模仿行为提供进路是最为合适的,不仅符合该法的立法目的,同时不存在利益保护上的理论瑕疵。

二、适用之困:基于现行《反不正当竞争法》之考察

反不正当竞争法对于规制盲从模仿行为具有适当性,但这并不意味着该法具有实现这种规制的现实性基础。质言之,通过《反不正当竞争法》对盲从模仿行为进行规制,存在适用上的困难,此种困难可以具体地表述为两个方面:其一,现行《反不正当竞争法》不存在专门条款用以规制盲从模仿行为;其二,适用《反不正当竞争法》的一般条款来规制盲从模仿行为存在困难。以下分点析之。

(一)专门条款规制:盲从模仿的类型化及规制紧迫性问题考察

我国现行《反不正当竞争法》中不存在专门规制盲从模仿行为的条款。在该法所有的有关条款中,与规制盲从模仿行为最为接近的是该法规定的"仿冒行为之不正当竞争",而后者与盲从模仿行为有本质的差别。由此也可以看出,我国对待"模仿"行为的态度仍以"混淆"为界限,即除非经营者所作的模仿行为存在混淆商品来源之可能,否则有关模仿不大可能被认为违

---

〔1〕 参见王红霞、李国海:《"竞争权"驳论——兼论竞争法的利益保护观》,载《法学评论》2012 年第 4 期。

反《反不正当竞争法》。[1]

通过专门条款来约束某种行为具有前提条件,即某行为在特定法律中是适于被类型化的,此种可归于一类的行为具有区别于其他行为的特点与构成。[2] 在竞争法上,采取专门条款来规制盲从模仿行为的国家和地区以瑞士和日本为代表,笔者认为不妨再次将其有关法条列出来,从规制与类型化的角度作进一步分析。1986 年瑞士《反不公平竞争法》有关盲从模仿的规制在其第 5(c)条。该条规定,任何不付出其他相应的努力而借助技术仿制方法用以占有并利用他人畅销成果的行为,均属不正当的竞争行为,应受该条的规制。但是相比之下,以瑞士法为参照和借鉴的 1993 年日本《不正当竞争防止法》对规制盲从模仿的规定则更为“激进”。该法的第 2 条第 1 款第 3 项禁止一方当事人对另一方当事人通过模仿商品形态而形成的商品在被模仿品上市 3 年内实行转让、销售、以转让或销售为目的的展示行为或进出口的行为;但对普遍用于该种产品或相似产品的设计,或者完成了相同的或相似的功能或效果的设计,不在禁止之列。上述两种专门条款中,尽管均明确地对盲从模仿行为之构成作出了描述,但比较而言,瑞士法的规定相对简单而宽泛,日本法的规定则相对复杂而狭窄。质言之,瑞士法为法官适用相关规定以禁止盲从模仿行为给出了较大的空间,如对“畅销成果”并无进一步限定,对模仿者与被模仿者之间是否应具有竞争关系并无明确规定等,[3]但是瑞士法为盲从模仿这一行为的类型化提供了一种很好的样式,即此种不依仗任何创新活动,寄希望于“坐享其成”获得他人创新成果并以此获利的行为,将成为不正当竞争(或不公平竞争)中的一种单独的类型,凡此后具有符合该类型之构成要件的行为,均受瑞士法该条款之约束。相对

[1] 参见《反不正当竞争法》第 6 条。

[2] 参见张永忠、沈玩辉:《我国不正当竞争行为的规制路径及其优化》,载《法治社会》2019 年第 5 期;毕文轩:《互联网不正当竞争行为规制的类型化分析》,载《广西社会科学》2020 年第 6 期。

[3] 参见何炼红:《盲从模仿行为之反不正当竞争法规制》,载《知识产权》2007 年第 2 期。

地，日本法对盲从模仿的规制条款则明确得多，相比于瑞士法，日本法的有关条款将“成果”限定为“商品形态”，将其他有可能同样具有价值的成果（甚至是服务）排除在外。[1] 在日本法的盲从模仿类型中还规定有一个时间限制，即3年的“市场先行利益”。可以说，日本法在为专门规制盲从模仿行为而类型化时，将“不公平地损害市场先行者利益”纳入考量，这一点比照瑞士法是更为具体的，对于突出盲从模仿行为之类型以建立更好的规制是有益的。更重要的是，日本在竞争法意义上提供了一种保护创新努力的、具有知识产权属性之补充，且此种类型化对于1993年的日本而言绝不是无用的。[2]

将视角从上述立法例的探究移回到我国来看，《反不正当竞争法》是否有必要将盲从模仿类型化为一种类型的行为为其设定专门条款，将取决于以下三个要素。首先，行为的客观性。如果一项行为在客观上不可能出现，或者在目前的社会条件下不存在客观实现的可能，那么此种行为是没有必要受到法律限定的，而盲从模仿行为具有客观性，且如前文所述，其已然存在于我国的市场竞争中，故该行为显然符合“客观性”要素。其次，定义/构成的确定性，这一点本书已在第三章专章探明，此不赘述。最后，应受规制的紧迫性。这一要素应当从两个方面看待，一方面，现今我国的市场竞争中，具备“创新差异性”的成果被他人盲从模仿的现象并不少见，许多市场中已然出现创新效率不足、竞争过度，以及产品或服务的同质化影响整体市场效率的现象；另一方面，我国虽仍为发展中国家，但客观上存在某些领域内技术领先，却仍有许多领域落后于先进国家水平的境况，此种情况必然表现为国内某些市场竞争激烈而其他市场呈现较高垄断的情形，上述两个方面

---

〔1〕 See Kenneth L. Port, "*Dead Copies*" *under the Japanese Unfair Competition Prevention Act* (*UCPA*): *The New Moral Right*, 51 St. Louis U. L. J. 93 (2006).

〔2〕 参见［日］田村善之：《商品形态酷似性模仿的规制动向——从制度宗旨来看法律的修改及对判例的评价》，丁文杰、李高超译，载［日］田村善之：《田村善之论知识产权》，李扬等译，中国人民大学出版社2013年版。

如何平衡还需进一步考察，不能简单作出在《反不正当竞争法》中设定或不设定专门条款以规制盲从模仿行为的决定。譬如，在某个市场中处于垄断状态时，考虑到盲从模仿行为能够带来的市场功能与效率提升，规制盲从模仿行为之必要性和紧迫性即自然降低。

由此，上述考察明确了这样一个观点，即根据本书的研究，在《反不正当竞争法》中类型化盲从模仿行为，以至将其归入一项专门的规制条款中予以约束，这一做法已经具备了可能性。然而，鉴于盲从模仿行为在特定市场状态下能够发挥有利于市场竞争秩序之公共利益的功能，该类型化之规制进路在现实中似乎还有进一步探讨的空间。

（二）一般条款规制的局限与偏差：法律解释的困境

从逻辑上看，采用《反不正当竞争法》的一般条款来规制盲从模仿行为的前提，是我国现行《反不正当竞争法》中确实存在这样一种载明该法原则的概括性条款，在具体司法实践中面对一些不属于该法中典型或列举的不正当竞争行为时，能够对该行为施以原则性的保护或规制，该条款的重要性甚至可以表述为"催生新类型知识产权的'孵化器'"[1]。在前述的我国业已判决的诸多与盲从模仿行为有关的案件，如谷米诉元光案、淘宝诉美景案等，也正是采取一般条款规制的方式。但严格地从法律解释的角度看，我国《反不正当竞争法》的一般条款本身就存在相当的局限性，有学者甚至否认《反不正当竞争法》——不论是旧法还是现行法——存在一般条款。[2]

从文义和体系上看，我国《反不正当竞争法》的一般条款应为第 2 条第 2 款，其中"违反本法规定"六字即影响了其作为一般条款的功能。质言之，原本的"一般条款"在于通过设定原则性的规定，使在法律规则不适用于特定

---

〔1〕 Annette Kur, *What to Protect, and How?* In Nari Lee et al. eds., Unfair-competition, Intellectual Property or Protection Sui Generis, Cheltenham: Edward Elgar Publishing Limited, 2014, p. 11-32. 转引自卢纯昕：《反不正当竞争法一般条款在知识产权保护中的适用定位》，载《知识产权》2017 年第 1 期。

〔2〕 参见李胜利：《反不正当竞争法的现代化及本土化——〈反不正当竞争法〉修订的若干意见》，载《安徽大学学报（哲学社会科学版）》2017 年第 6 期。

行为，但该特定行为出于公平正义等理念又有必要受到规制（或保护）时，为该法提供“包容”和“兜底”的作用。然而，《反不正当竞争法》在所谓的“一般条款”内容中增加了“违反本法规定”，从文义上看，该条款所述之“不正当竞争”仅指该法在第 2 章中列举出来的不正当竞争行为，没有列举的均不受该法的调整；而从体系上看，如此解释则失却了“一般条款”的意义，更不用说运用此“一般条款”来规制盲从模仿行为。

比较地看，德国则通过一般条款规制盲从模仿行为，其一般条款足够宽泛，易于将“盲从模仿行为”纳入其规制中。如前所述，德国《反不正当竞争法》将“违背善良风俗”的竞争行为归入可赔偿之范围，任何受侵犯之竞争经营者均享有根据该一般条款追究盲从模仿者因此“坐享其成”而形成之责任的权利。[1] 另有地区在一般条款（又称概括条款）的“欺罔或显失公平行为”的禁止规定中明确，“不劳而获”的行为是可以被追究相关责任的，因为此种行为是“利用了他人的努力成果”，典型的例子即在使用或推广自己的商品或服务行为中“抄袭他人文案、数据库、网站内容”等。[2] 甚至《巴黎公约》的一般条款也并不排除对盲从模仿行为的限制，该一般条款载于《巴黎公约》第 10 条之二（2）中。[3]

结合前述分析，在我国《反不正当竞争法》对盲从模仿行为并无专门条款予以规制的情况之下，寻求法律原则之一般条款来应对此种规制的需求，调和创新劳动与合理获益之间的冲突，显然是合理的，并且也并非没有先例可循。目前，司法机关有如在“卧龙传说”等案件中突破此种“一般条款”的

---

〔1〕 参见郑友德：《论德国反不正当竞争法对模仿行为的规制》，载《知识产权》1997 年第 4 期；邵建东：《德国反不正当竞争法研究》，中国人民大学出版社 2001 年版，第 109～110 页。

〔2〕 参见刘孔中：《解构知识产权法及其与竞争法的冲突与调和》，中国法制出版社 2015 年版，第 114～123 页。

〔3〕 当然，这种规制又会带来另一个问题，即一般条款本身的模糊性乃至过宽的延展性，将可能导致其他一些问题，譬如“道德法律化”，司法机关过度地寻求适用该条款来规制从而导致公有领域被压缩等问题，关于这些问题，本书在第七章中将有所论及。参见蒋舸：《关于竞争行为正当性评判泛道德化之反思》，载《现代法学》2013 年第 6 期；王艳芳：《商业道德在反不正当竞争法中的价值与标准二重构造》，载《知识产权》2020 年第 6 期。

局限之做法,从而切实地保护具有价值的“创新差异性”,维护创新经营者的突出与投入和市场竞争秩序所代表的公共利益。但即便如此,现行法在一般条款上的盘桓不清是令人遗憾的,在盲从模仿行为切实存在于我国市场竞争中这一客观事实面前,是否能够延续司法机关的思路,寻求真正地给予盲从模仿行为以规制的“一般条款”,将决定我国现行《反不正当竞争法》是否能够成为保护创新的“最后一道防线”。

第七章

构建论:规制盲从模仿的体系与实效

在前述的第六章中,笔者从规制盲从模仿行为的角度考察了我国现行法律制度,论证了我国现行知识产权特别法与一般民法制度对此种行为只能提供有限的规制,即除非知识产权特别法存在立法技术上的瑕疵,使得有关法律可能通过补充或修改的形式将少数具备“创新差异性”的成果涵盖在保护范围内,或者模仿者与被模仿者之间通过合同确认了发生盲从模仿行为时所承担的违约责任。但除此之外,上述私权意义上的规制效果不能延及所有的盲从模仿行为。

私权规制的有限性并不意味着其他制度对其无法救济,反不正当竞争法以维护市场竞争为主要目的,兼具对私权利益的保护,同时具有对知识产权的补充保护作用,具备规制盲从模仿行为的可能。不过,反不正当竞争法本身并没有专门规制该行为的条款,从其一般条款中似乎也难以寻得可用的解释,因此可以认为,反不正当竞争法具备规制盲从模仿行为的可能,但尚不具备规制盲从模仿行为的现实性。本章所要解决的就是这一现实性问题，具体而言，即对第六章所提出的第二层面问题进行解决：从反不正当竞争法的角度出发，寻求构建一种科学、合理且兼顾各方利益平衡的盲从模仿规制体系，在这一体系中，经营者的创新努力能够在制度上得到尊重，市场竞争秩序能够保持效率最优，“模仿—创新”路径在这一制度中能够有效运行，从而实现创新的可持续和经济发展的可持续。

第一节　体系构建：盲从模仿行为规制条款的设置

不论试图构建何种体系，对于盲从模仿行为的规制始终要回到具体的法律条文之中，即通过有关条款明确的法律规则或法律原则对特定情况下的盲从模仿行为予以规制。笔者在第六章已经论述过，既有制度对盲从模仿行为的规制中，通过对“专门条款”明确的法律规则进行直接适用，以及通过对“一般条款”包含的法律原则予以补充适用的做法各有典型，也各有特点。在考虑修改现行法以增加此种规制的前提之下，笔者认为我国现行《反不正当竞争法》采取上述任一形式对有关行为进行规制均具有可能性，但采取何种形式能够最大限度地实现市场竞争秩序与个体创新自由之双重利益，这是值得深思的，也是本节亟待厘清的。[1] 换言之，本节将要解决的是如下问题，即对于现行法规制盲从模仿行为而言，在最大限度地维护个体利益与公共利益的前提之下，我们应当继续寻求在反不正当竞争法“一般条款”之中的扩张解释，还是应当在反不正当竞争法中增加“专门条款”以实现专门规制？

---

〔1〕 参见孔祥俊：《反不正当竞争法的司法创新和发展——为〈反不正当竞争法〉施行20周年而作（上）》，载《知识产权》2013年第11期。

一、“一般条款”重塑：回归法律原则的本质

从应然性上分析，反不正当竞争法一般条款通常适用于尚未被类型化的、可被认定为不正当竞争的行为，旨在为立法时难以预见的新问题设定“缓冲”以满足个案正义。[1] 不过，根据笔者在前文中的论述，现行《反不正当竞争法》的“一般条款”看起来并不像是一种法律原则，其第2条第2款中的“违反本法规定”表述确实限定了该法通过以下两种途径获得相关解释之可能：其一，构成该法第2章所包含的以外的“扰乱市场竞争秩序，损害其他经营者或者消费者的合法权益”的行为；其二，构成其他法律法规定义的不正当竞争行为。[2] 因此，有学者认为“违反本法规定”这一表述，在文义解释上是该法将“不正当竞争行为”限定在其第2章内，不能扩张解释至其他不正当竞争行为，即认为上述“一般条款”实质上缺乏概括条款的必备要素，故而我国现行《反不正当竞争法》并不存在严格意义上的“一般条款”。[3] 不过，综观我国现行《反不正当竞争法》全文，该法似乎不否定一般条款的存在。从最简单的文义上看，第2条第2款所称“本法”自然包括该法的第2条第1款；循此逻辑，第2条第1款将第2条第2款纳入其解释中，两款共同被认定为《反不正当竞争法》的“一般条款”之组成，将经营者“遵循自愿、平等、公平、诚信的原则”以及“遵守法律和商业道德”作为该法的原则性规定。[4] 以上述解释为路径，《反不正当竞争法》的“一般条款”可在第2条第1~2款的共同解释下被重塑，换言之，我国《反不正当竞争法》的一般条款应

---

〔1〕 参见蒋舸：《反不正当竞争法一般条款的形式功能与实质功能》，载《法商研究》2014年第6期。

〔2〕 参见《反不正当竞争法》第2条第2款。

〔3〕 参见吴汉东：《论反不正当竞争中的知识产权问题》，载《现代法学》2013年第1期。值得说明的是，我国《反不正当竞争法》自1993年颁行后，分别于2017年与2019年进行过两次修订，但两次修改均未对该“一般条款”进行本质改动。

〔4〕 参见孔祥俊：《反不正当竞争法的司法创新和发展——为〈反不正当竞争法〉施行20周年而创作（上）》，载《知识产权》2013年第11期。

被认为是该法的第 2 条第 1~2 款。

然而,此种重塑是否合理,是否会带来新的问题,有学者对此持有不同的意见。总结而言,此些不同意见可被归结为以下两点:

第一,此种重塑之一般条款将会客观上扩大知识产权的范围,从而缩小公共领域和自由竞争的空间。

持该观点的学者认为,知识产权特别法和反不正当竞争法的既有规定业已构建了一条清楚的边界,在边界内的属于具有有限垄断性质的知识财产权利,边界之外的应当属于人们自由使用的领域,或称公有领域,一般条款的作用仅仅在于适度地提供补充作用,这种补充的范围大小取决于该条款本身,譬如在一些值得保护的知识产品利益出现时,允许法律条款在合理的范围内作适度延展。但这种延展必须是适当的,以不侵入公有领域为必要,否则将存在任意扩大知识产权保护客体,不断入侵公有领域,造成经营者对知识产品的使用失去明确预期,"在市场中动辄得咎"的后果。〔1〕 由此,应当严格遵守知识产权法定主义的原则,特别是在司法审判过程中,法官既不能在法律规定之外创设知识产权客体,也不能任意扩大对法律——特别是原则性条款——的解释以增加知识产权客体。〔2〕 故而,在适用反不正当竞争法的一般条款对知识产权作补充保护的过程中,必不能以牺牲公有领域为代价扩大私权范围。

第二,重塑的一般条款将商业道德和诚信等原则并列,存在"道德法律化"之嫌。

循前述逻辑,反不正当竞争法将"商业道德""商业惯例"等作为其扩张解释的依据,并且不止于此,在一些司法实践中,司法机关还倾向于将普遍世俗道德用以评判具体的行为,从而使反不正当竞争法的规制范围扩张至

---

〔1〕 参见崔国斌:《知识产权法官造法批判》,载《中国法学》2006 年第 1 期;卢纯昕:《反不正当竞争法一般条款在知识产权保护中的适用定位》,载《知识产权》2017 年第 1 期。

〔2〕 参见胡开忠:《知识产权法中公有领域的保护》,载《法学》2008 年第 8 期。

纯粹的道德领域。例如,在山东食品公司与马达庆不正当竞争纠纷案中,司法机关用世俗道德来解释商业机会的争夺,即已然背离了反不正当竞争法的初衷,背离了反不正当竞争法对“竞争秩序”的维护本质。[1] 反不正当竞争法依据“商业道德”或“商业惯例”来评判特定行为是否合法,在于考察该行为是否符合“商业道德”等要求的效能竞争与诚实信用,重塑的一般条款本身所具有的不确定性有可能潜移默化地将一些与前述“效能竞争”和“诚实信用”无关的道德纳入合法性考量中,此种“道德法律化”是值得商榷的。[2]

上述观点均有可取之处,但是至少在盲从模仿行为的规制问题上,笔者认为上述观点所表达的担忧并不存在。

首先,盲从模仿行为已具备类型化的特征,其实质在于侵夺经营者通过智力劳动合法获得的市场先行利益,这种行为具备的不正当性已然超出了法律和市场能够容忍的地步,而从市场角度看,市场本身无法对此进行调节,乃至形成市场失灵,法律作为一种必要的干预手段可以防止市场失灵的出现,引导市场重回效率最优的轨道。在此过程中,法律借助重塑后的一般条款达到此种目的是必要且合理的,不应当视为一种对公有领域的入侵。[3] 反而是盲从模仿行为的存在,证明了知识产权与公有领域并不是截然地一分为二的,这条宽泛的边界还包含许多具有保护价值的成果,而这些成果有可能在未来成为知识产权的客体之一。

其次,本书在前述章节中已然证明盲从模仿行为超出了道德和法律的边界,它不仅仅背离模仿自由的商业道德,更是一种对个体创新劳动成果的

---

〔1〕 参见山东省青岛市中级人民法院民事判决书,(2007)青民三初字第136号;山东省高级人民法院民事判决书,(2008)鲁民三终字第83号;最高人民法院民事裁定书,(2009)民申字第1065号。

〔2〕 参见王艳芳:《商业道德在反不正当竞争法中的价值与标准二重构造》,载《知识产权》2020年第6期。

〔3〕 See Henry E. Smith, *Intellectual Property as Property: Delineating Entitlements in Information*, 116 Yale Law Journal 1742 (2007).

攫夺,是一种对市场竞争秩序中创新效率与可持续性的破坏,如不通过一般条款给予司法机关赋予个案正义之权力,个体利益与公共利益将会在受到实质性侵害时失去救济权利。对此,《巴黎公约》中类似的条款也可用于比较与说明。《巴黎公约》第 10 条之二(2)明确规定,“凡在工商业事务中违反诚实的习惯做法的竞争行为构成不正当竞争的行为”,[1]其仅要求被认定为不正当竞争的行为是“违反诚实的习惯做法”的。虽然这一表述本身也是模糊的,但关键在于,《巴黎公约》该条款的存在并非对法律原则的肆意扩张,而是旨在将个体或公众的合法利益(包括信赖利益)纳入保护范畴。[2] 故而,为了对盲从模仿行为进行规制而对一般条款进行重塑,既非扩大知识产权客体,也不存在道德法律化之嫌,而是盲从模仿行为本身就是一种知识产权应当规制的对象,同时,此种一般条款也并非表现为过度扩张的道德法律化,而是明确地将“效能竞争”纳入反不正当竞争法的保护制度之中。[3]

综上所述,笔者认为现行《反不正当竞争法》在缺乏对盲从模仿行为的规制之前提下,适用重塑后的一般条款是一种正确的选择,此种在法律解释上的扩张是适当且必要的,使得该法能够通过认定盲从模仿是一种不正当竞争行为而对其予以规制。

二、“专门条款”设置:基于本体定义之考量

本书第二、三章的分析已然对盲从模仿行为的本体予以明确,因此,尽管前述对《反不正当竞争法》一般条款的重塑有助于在个案中规制盲从模仿行为,但仅仅依靠司法机关在个案中的保护只是权宜之计。特别是随着近

---

[1] 参见《巴黎公约》第 10 条之二(2)。

[2] 参见谢晓尧:《在经验与制度之间:不正当司法案例类型化研究》,法律出版社 2010 年版,第 43~50 页。

[3] 参见王磊:《法律未列举的竞争行为的正当性如何评定——一种利益衡量的新进路》,载《法学论坛》2018 年第 5 期。

年来科学技术的发展，市场上具备“创新差异性”的成果愈加丰富，盲从模仿行为也将随之增多，在足以将盲从模仿行为类型化的前提下，设置专门条款似乎是更加合理的。质言之，当某种行为已然具备明确的定义，根据构成要件即可将该行为予以准确归纳时，该行为即具有了类型化的基础，从而有必要将其从“一般条款”的解释中抽离出来，通过具体的法律规则将其作为一种单独的不正当竞争类型予以明确。

对此，我们不妨将前述章节中总结的盲从模仿行为之定义再次列叙如下：

> 盲从模仿行为是指这样一种不正当竞争行为，即市场竞争关系中的一方经营者（被模仿者）凭借“创新差异性”成果获得在市场竞争上的先行优势，另一方经营者（模仿者）以营利为目的而将这种具备“创新差异性”的成果进行无差别再现，使被模仿者与市场竞争秩序共同因此承受了损失；同时，模仿者的上述行为不引起，或无法被证明引起各自商品在市场来源上的混淆。此外，在特定市场处于“垄断”状态之下，如果没有证据证明此种行为会引起市场失灵，则无必要对其进行法律上的约束。

从定义的内容上看，上述表述是完备的，然而从专门条款的设定上看，这一定义的描述是冗长的。具言之，法律规则设定相关主体的权利与义务，并在有关主体违反相关义务时令其承担有关法律责任，故而在专门条款为盲从模仿行为作制度安排时，应当保证具体规则在这两个方面的明确性。由此，为设置“专门条款”，有必要对前述定义进行以下两方面的改造。

第一，对内容的改造。内容关系到该“专门条款”是否足以被适用于判断某行为是不是“盲从模仿行为”。从这个意义上看，该“条款”应当对盲从模仿行为的构成予以明确，以达到可以被直接适用的程度。这一构成实质上是明确的。如本书第三章所述，盲从模仿行为的构成要件包括以下几点：其一，主体上，盲从模仿者与被模仿者之间具有竞争关系；其二，客体（或行为对象)上,被模仿者的“创新差异性”成果不受知识产权特别法保护,且该成果具备一定的市场价值;其三,手段上,盲从模仿者系以营利为目的的无差别再现,并且这种“无差别再现”手段本身不存在“创新差异性”,即盲从模仿者在模仿手段上也不存在创新,所模仿的结果与被模仿品仍处于相同或实质相同的市场;其四,后果上,盲从模仿行为造成被模仿者的市场先行利益损失,这种损失包括“创新成本损失”和“可得利益损失”两部分;其五,该行为不以产生混淆为目的,或者没有证据证明盲从模仿者与被模仿者的相关商品存在混淆。上述五点均应在设置“专门条款”时被纳入其中。

第二,对保护的限制。知识产权是一项有限的垄断权,对盲从模仿行为的规制,事实上也是对那些虽不受知识产权保护,但代表了创新者市场现行利益的创新成果的具有垄断性质的保护,这种保护也应当具备有限性,否则对盲从模仿行为的规制便走向另一个极端,即不合理地压缩公有领域的范围。具体到“专门条款”上,即该“条款”是否借鉴日本《不正当竞争防止法》的做法,给创新成果的反不正当竞争保护设定一个基本的期限(日本《不正当竞争防止法》上规定的是3年)作为创新者市场先行利益的期限?结合本书的前述分析,笔者认为是有必要的,但应当作出一定的调整。一方面,任何一项“创新差异性”成果虽有保护价值,但制度上的保护是为了激励更多类似创新成果的出现,而每一项“创新差异性”成果最终将归入公有领域,这是知识产权的“产权垄断、思想自由”之制度设计本质。另一方面,从所参照的日本《不正当竞争防止法》第2条第1款第3项来看,其所设定的“上市后三年”期限自1993年设立至今已近30年时间,如今产品的更新迭代越来越频繁,3年期限已显然不利于市场的创新与进步效率;况且,作为在同类市场竞争的经营者,创新者将有关成果有意识地投放市场后,应有条件知悉市场竞争状况,如有盲从模仿者进入市场,创新者也有能力快速作出反应,给予其3年的“发现”期限显然过于宽容。有意思的是,学者们也无法确切地解释日本于1993年颁行《不正当竞争防止法》时是如何确定此“三年”期限的。[1] 当然,尽管具体的限制时间有待商榷,但是对在反不正当竞争法规制盲从模仿行为的“专门条款”中设置一个“远小于日本法规定的三年期限”,这一点是应当受到肯定的。

本书第五章曾提出,增加盲从模仿者的法律制度成本,使之高于创新研发成本,则有可能从制度的角度促进“集体理性”的达成,提高市场利益总量及竞争效率。尽管这一思路并不能给出具体的期限,但循此逻辑,笔者认为“专门条款”之期限可以比照专利法和商标法上的“优先权”之期限进行考虑。

我国《专利法》上的“优先权”系指专利申请人在其发明或者实用新型向外国有关部门第一次提出专利申请之日起的12个月内,或者在其外观设计向外国有关部门第一次提起专利申请之日起的6个月内,又在中国国内就同样主体申请专利,如果该外国与中国同为有关公约的缔约国,则在上述期限内申请人可以享有优先权。[2] 优先权的意义在于鼓励申请人积极地就其发明创造、工业设计等申请专利权,而一旦申请人超出了优先权期限或者没有在申请时明确要求优先权,则法律不保护此种优先性,有关技术将因此而失去新颖性,成为某一国家公有领域内的现有技术。从这一逻辑来看,优先权既平衡了专利技术开发者的权利,给予一定的“宽限”以允许其行使自己的权利,也在其不积极行使权利时平衡了公共利益的倾向,视为其放弃此种得以通过专利权以领先技术市场的机会。这一逻辑在盲从模仿行为中似乎可以作为参考,具言之,被模仿者创造“创新差异性”的成果是为获得市场先行利益,考虑到被模仿者对于创新的付出,参照“优先权”的期限给予其6个

---

〔1〕 See Kenneth L. Port, “*Dead Copies*” *under the Japanese Unfair Competition Prevention Act* (*UCPA*): *The New Moral Right*, 51 St. Louis U. L. J. 93 (2006). 参见李艳:《论日本〈不正当竞争防止法〉中的依样模仿条款》,载《电子知识产权》2013年第6期。

〔2〕 参见《专利法》第29~30条。此外,商标法中也有优先权之规定,商标的优先权期限为6个月,参见《商标法》第25~26条。

月至12个月的期间来实现其先行利益是适当的,在该期限内,所有盲从模仿行为均是对被模仿者市场先行利益的侵犯,受反不正当竞争法的调整,而超过这一期限之后,反不正当竞争法就要从对创新者的鼓励转向对公共利益的维护。

至于这一期限是6个月还是12个月的问题,笔者认为,站在公共利益角度予以考量,显然不能给予被模仿者过长的期限,否则此种保护先行利益的制度将异化为对公有领域的侵蚀。然而,站在创新效率的角度进行考量,更短期限的保护将促使经营者更积极地进行创新活动,有利于市场良好的竞争秩序和整体经济发展,由此,上述期限应不超过6个月为宜。

结合前述分析,笔者试图将规制盲从模仿行为之"专门条款"改造成如下符合法律规则逻辑的表述,并认为可以将其置于我国现行《反不正当竞争法》的第2章中:

> 第N条　经营者不得在市场竞争中,对他人通过有关劳动付出或成本投入所获得的、具备明显市场价值的创新劳动成果进行照搬、盗用等盲从模仿行为,除非该成果具有以下情形之一:
>
> (一)该成果的创造者与实施无差别模仿行为者不具有竞争关系;
>
> (二)该成果在投入市场之前已有其他实质性相同的成果存在;
>
> (三)该成果自投入相关市场之日起已超过六个月;
>
> (四)该成果可以从本法或其他法律法规中获得保护;
>
> (五)该成果所投入的市场缺乏自由竞争。

有关盲从模仿者所应当承担的责任方面,违反有关法律义务者,须对其违反义务之行为承担相应责任,故而承担盲从模仿行为之责任的,也即盲从模仿者,这一点无可争议。关键在于,此种责任向谁承担?从盲从模仿行为所造成的利益损失来看,其既包含个体之利益损失,即前述之创新成本损失与可得利益损失,也包括市场竞争秩序的公共利益损失,即市场竞争效率之损失，最终承担这一损失的是市场的所有参与者。不过，该两种损失客观上存在责任轻重之别，质言之，从侵害效果上看，一般盲从模仿行为直接针对的是被模仿者个体，因而更多表现为对个体利益的侵害，所同时引起的竞争效率上的损益相对较小且难以计算，此时仅仅给予被模仿者以一定的救济权利即可回复此种损害。当然，特定盲从模仿行为也可能构成对市场竞争效率显见的破坏，譬如盲从模仿者在同一时期大量地对某一个或特定几个经营者的"创新差异性"成果实施无差别再现，此种破坏将是严重的，在这种情况下，维护市场竞争秩序的公共利益，追究盲从模仿者的公法责任将不可避免。

故而，在涉及对盲从模仿行为的法律责任条款上，笔者试图在现行《反不正当竞争法》的框架内，作如下符合法律规则逻辑的表述，即对于该行为对个体利益的侵害方面，笔者建议可在现行《反不正当竞争法》第 17 条中增加一款作为第 5 款：

> （第 17 条第 5 款）经营者违反本法第 N 条的，应按照被模仿者的创新成本损失和可得利益损失确定赔偿数额；上述损失的赔偿数额难以确定的，由人民法院根据侵权行为的情节判决给予 Z 元[1]以下的赔偿。

对于该行为对公共利益的损害方面，考虑到盲从模仿行为在一般情况下对公共利益损害有限，但在情节严重时将导致市场竞争秩序之效能利益受损，故在此方面，笔者建议可在现行《反不正当竞争法》第 4 章"法律责任"中增加一条：

> 第 M 条　经营者违反本法第 N 条规定从事该盲从模仿行为，

---

〔1〕 此处的"Z 元以下"之表述系笔者出于对现行《反不正当竞争法》第 17 条规定所采取的表述之尊重，至于其酌定的具体数额应确定为多少合适，还需结合所在市场、创新程度以及经营者付出的成本综合考量。

情节严重的,由监督检查部门责令停止违法行为,处 X 元以上 Y 元以下[1]的罚款。

不论是重塑"一般条款"以达到可以对盲从模仿行为作出法律解释的程度,还是修改现行法以增加规制盲从模仿行为的专门条款,皆旨在对盲从模仿行为提供相应规制,只是类似规制分属不同路径而已。相较而言,"一般条款"规制方式能够直接在现行法中得到适用,是由于"一般条款"是源于延展性更强的法律原则,故而相比于制定"专门条款"规制的方式具有更大的法律解释空间。但应当看到,这种"一般条款"是源于对"商业道德"、"商业习惯"或者"诚实信用"等原则的扩大解释,有赖于具体审判中司法机关作出合乎法理的限定。[2] 然而,"专门条款"规制方式相比于前者更具确定性,且"专门条款"所确定的构成要件能够用于判断和解释具体行为是否属于盲从模仿,具体的责任承担也可以按照具体条款予以适用。在足以对盲从模仿行为予以类型化的情况下,"专门条款"规制显然比"一般条款"规制要更具可行性与确定性。

当然,此种"专门条款"目前并不存在于现行《反不正当竞争法》中,其仍停留在学理研究的范围内,但是,该条款不存在于现行法中并不代表其没有被讨论的意义,譬如本书出版之前就有国内外诸多学者在盲从模仿行为的学理探讨中对此进行过反复的探索与论证。[3] 再者,现行《反不正当竞争法》修改于 2019 年,从法律的稳定性角度来看,如无确切而紧迫的必要,不宜频繁地对一部已经颁行的法律进行修改,否则将会影响公众对法律的预

---

〔1〕 与前注相同,此处的"X 元以上 Y 元以下"需要结合所在市场、创新程度以及经营者付出的成本综合考量。

〔2〕 参见蒋舸:《反不正当竞争法一般条款的形式功能与实质功能》,载《法商研究》2014 年第 6 期。

〔3〕 参见郑友德、刘平:《盲从模仿与非专利技术保护初探》,载《中国工商管理研究》1995 年第 11 期;柳福东、朱雪忠:《试论盲从模仿的法律调控》,载《科技与法律》2000 年第 1 期;颜湘蓉:《论不正当竞争中的寄生行为》,入世后知识产权法律服务实务研讨会暨全国律协知识产权专业委员会 2002 年年会论文;何炼红:《盲从模仿行为之反不正当竞争法规制》,载《知识产权》2007 年第 2 期。

期。故而，仅仅为了增加盲从模仿行为的专门规制条款而再行修改现行法并不具备现实性。更何况，对于规制盲从模仿行为而言，直接设置相应专门条款的规制模式尚需进一步理论探讨。

有虑于此，鉴于上述“一般条款”与“专门条款”之两种规制路径并非截然对立，笔者认为，可以考虑二者对盲从模仿行为规制目的的一致性，以现行法的规定为基础形成一种有层次的规制体系。具体而言可以分为两步：第一步，通过对《反不正当竞争法》一般条款的解释，将其作为规制盲从模仿行为的优先进路，但在具体的司法审判分析中，可以结合学理上设置“专门条款”的思路，适用盲从模仿行为的构成要件与相关限制对具体行为进行分析，并对符合前述构成要件的行为予以规制；第二步，当未来的盲从模仿行为已具备相应的司法实践基础，且学术界在对盲从模仿行为类型化的问题上有了更深入的经验时，立法可设立“专门条款”，将盲从模仿行为正式列入《反不正当竞争法》之规制范畴。

第二节　动态平衡：盲从模仿规制条款的实效问题

笔者对盲从模仿行为的上述构建，是基于对法律本身“应当如何设置规制制度”的考察，是一种抽象化、应然化的分析，实现了反不正当竞争法在规制盲从模仿行为问题上的“一般条款”与“专门条款”之平衡。但是对于笔者而言，如果仅仅限于此种“静态考察”，或者说仅仅论证“法律上可以如何禁止盲从模仿行为”，显然不能完成本书的任务。对“盲从模仿行为应当受到何种规制”的回答绝不应仅停留在对有关条文的“抽象研究”和“教义学”考察之中，而是应当深入盲从模仿行为的实际影响之中，从法律的角度探讨此种行为会实际引起何种后果、有何具体损益以及有何应对之法，只有达到这一层面，本书才能被认为是行驶在客观而科学的向度之上，才能形成有实质意义的研究成果。由此,区别于前一节以“适用何种规制”为主导作抽象化的静态考察,笔者在本节中将结合前述内容,以“具有何种影响”为线索作实效性的动态评价。

如前所述,在不同市场条件的个案当中,盲从模仿行为对有关个体和市场将产生不同的影响,在不同市场条件下如何规制或者引导这种影响,使之有利于个体和市场长远发展,是非常值得探讨的问题。具体而言,盲从模仿行为是一种客观存在,在不同的市场状态之下呈现出对个体经营者和市场竞争秩序不一样的影响结果。进而,在具备一定竞争的市场中,盲从模仿行为会对从事创新活动的经营者构成个体利益的侵害,同时也会影响市场竞争秩序的效率性;而在相反情况下,即市场竞争程度足够低,或市场呈现垄断的状态之下,盲从模仿行为的存在有利于快速打破垄断,增加经营者数量,提高市场竞争水平,从而促进市场的整体创新效率。那么,结合前述所构建的规制体系,这两种市场中的盲从模仿行为如何得到相关法律的规制或引导?所据有关规制和引导是否与前述分析适应?为此,我们需要在上一节得出的规制体系之下对其作实效性的考察,看笔者提出的理论是否适当。

除了上述在规制结果上的实效外,另一种需要评估的是与盲从模仿行为规制有关的举证责任问题。质言之,对盲从模仿行为作出何种规制是实体法律问题,上文已经给出了有关回答,但是,该问题事实上是以这样一个问题为前提的,即特定行为是否构成这种“盲从模仿行为”及谁应当对这种“是否构成”的问题进行回答?这一点实乃“证明”问题,有赖于考察涉及盲从模仿行为的具体纠纷中举证责任如何分担,这也是一种“实效”问题。概言之,举证责任设置的合理性与否将很大程度上决定被模仿者事实上是否具有获得救济的机会。

一、不同市场下盲从模仿的规制与功能实效

(一)竞争市场下的盲从模仿行为规制

竞争是市场经济的基本特点,市场经营者及其商品、服务等都以实现自

己的利益最大化为考量，并在竞争中实现优胜劣汰，从而最终达到市场资源配置的最优。[1] 不过就竞争而言，市场达到最优的前提在于竞争手段的合法与正当，否则市场秩序将发生失灵，乃至步入混乱，最终产生的损失将由所有市场参与者共同承担，这是任何一个市场参与者都不愿意看到的。故而，法律被赋予了干预经济的权能，在市场竞争的各项环节中，以反不正当竞争法为代表的经济法制度严格固守着框架与底线。这是反不正当竞争法的调整与保护逻辑，也是处于竞争状态的市场所要遵循的基本规则。

本书第五章曾用博弈论方法论述了一般市场竞争中盲从模仿行为带来的负面影响，具言之，在没有任何法律保护经营者“创新差异性”成果的前提之下，经营者从个人理性出发，将更倾向于从事盲从模仿行为，故而在此种情况下，经营者会共同作出“盲从模仿”的决策选择。但是这种“个人理性”选择最终导致了“集体不理性”的发生：在所有经营者都“理性”地选择盲从模仿时，整个市场将没有人从事创新活动，或者即便有个别经营者创新，其也得不到任何经济利益上的回报，最终形成的结果是所有经营者都不创新，这并非市场竞争和经济发展所需要的结果。故而在上述模型中，笔者认为打破此种“个人理性导致集体不理性”之“囚徒困境”的方法，在于为盲从模仿行为者增加一个变量，即“法律成本”，通过为盲从模仿者增加此种成本，引导其放弃对“盲从模仿”这一决策的选择。

不过，限于分析角度，本书第五章的有关分析并未说明此种“法律成本”具体在制度上表现为何种形式。本章上一节中所设置的“专门条款”之内容应当正是构成此种“法律成本”的法律条款转化，结合此二者作法律规制实效上的评估，有助于明确竞争市场下盲从模仿行为的规制效果。前述有关规制盲从模仿行为的专门条款在设定“法律责任”中体现了上述“法律成本”。

第一，为维护个体权利所设定的“法律成本”体现在笔者所设置的“第17

[1] 参见冯玉军：《法经济学范式》，清华大学出版社2009年版，第226~227页。

条第5款”中，其表述与安排如下：“经营者违反本法第N条的，应按照被模仿者的创新成本损失和可得利益损失确定赔偿数额；上述损失的赔偿数额难以确定的，由人民法院根据侵权行为的情节判决给予Z元以下的赔偿。”在这一设定条款中，“法律成本”即由两方面构成。

其一为经营者的创新成本损失。经营者作出“创新差异性”成果必然付出相关努力、投入适当资金，故而这一部分的损失属于经营者的固定成本，盲从模仿者将他人的“创新差异性”成果付诸使用，相当于避免了此部分固定成本投入，而直接享受了“创新差异性”成果带来的利益，这已被证明是显失公平的，盲从模仿者应当将经营者的此部分成本填平。其二为经营者的可得利益损失，也就是市场先行利益损失。如前所述，笔者在盲从模仿权利义务条款（笔者所设置第N条）中明确阐释了此种“先行利益期”应以6个月为宜，换言之，此种可得利益损失是作出“创新差异性”成果的经营者在该6个月内本应取得的利益和实际取得的利益差值。这一“差值”事实上是难以计算的，经营者应当首先证明在没有任何人对其盲从模仿时可以获得的利益总额，而这一任务几乎是不可能完成的。“创新差异性”成果本身拥有何种价值即难以计算，需要回归市场看对这种成果的需求有几何。但是，这一情况也并非说明此部分损失是“不确定的”，市场需求最终会表现在有关商品或服务的消费量上，换言之，在竞争市场之中，盲从模仿品总会替代原“创新差异性”成果而获利，故而，在无法统计“应获利益”的总额时，笔者认为可以通过计算“盲从模仿品替代了被仿品后，盲从模仿者的获利数额”来说明前述差值，而从理论上看，这部分正是被模仿者所损失的可得利益部分。当然，如果此部分确实难以计算，司法机关也可以仿照《反不正当竞争法》其他条款的形式设置一个赔偿上限额度，并具体结合有关成果的市场价值和经营者投入成本来酌定具体的赔偿数额。

第二，为维护市场秩序的公共利益所设定的“法律成本”，体现在笔者所设置的“第M条”之中，其表述与安排如下：“经营者违反本法第N条规定从事盲从模仿行为，情节严重的，由监督检查部门责令停止违法行为，处 X 元以上 Y 元以下的罚款。”在该条款中，“法律成本”表现为“罚款”，此“罚款”不仅是对盲从模仿者破坏效能竞争的处罚，更是对公共利益的填补——尽管这种填补在数额上不可能是最精确的。

在这一条所表现的法律规制实效中，也有两点值得进一步说明。其一，是否应以“情节严重”为对盲从模仿者科以罚款的前提。在现行《反不正当竞争法》之中，对于其他不正当竞争行为，有关机关均有直接处罚相关经营者的权力，并不需要该行为达到“情节严重”的程度，即便有情节上的要求，也不过是因“情节严重”而附加更高的罚款数额上限，那么笔者所设置的第 M 条为何要作此限定？笔者认为这是对有关规制的“度”和“量”进行综合考量之后得出的现实结果。质言之，有关经营者通过创新努力和投入所得到的“创新差异性”成果只是一种法益，并且这种法益的价值和影响是以市场的实际反映为基础的，如果市场欢迎此种成果，其即存在较高价值，可能被更多人模仿，如此给市场竞争秩序造成的影响更大。反言之，如果市场反响平平，即不存在太高的价值，更少的人会予以模仿，则给市场竞争秩序带来的损耗很小，甚至根本难以计算。况且，倘若对在市场价值客观上存在高低差异的成果都施以同样的利益填平标准，那就意味着市场上“受欢迎”产品与“不受欢迎”产品将享受同等价格，这是违背市场经济规律的。故而，笔者认为，那些“受欢迎”程度更高的成果只有在受到大量的模仿，达到一定程度后，才可允许有关机关额外施加罚款等措施以填平市场效率的损失；没有达到这一程度的盲从模仿行为，只需赋予被模仿者一定的救济权利，则足以制止相关盲从模仿行为的发生。其二，罚款的数额如何确定，即上述第 M 条中的 X 和 Y 值如何确定。这是一个难以回答的问题，如笔者在前一节中所坦言，该数额的确定要考虑到盲从模仿者的投入成本、模仿和使用情节、影响范围和获利多少等，这些都可能对数额产生直接而实在的影响。有虑于此，笔者在一定程度上认可参照现行法其他规定中的数额予以执行，即“十万元以上、五十万元以下”的罚款标准,但如何使具体数值科学且正当,还有赖于更多的相关研究予以考察。

(二)垄断市场下盲从模仿行为功能的实现

另一种需要考量的市场状态为“垄断”,绝对处于“垄断”状态的市场在现代社会中屈指可数,只存在于如下几种可能:其一,法定垄断的市场,此市场中大多涉及国家利益与社会公益,实行国家垄断有利于国计民生;〔1〕其二,实际具有经营者垄断行为的市场,譬如特定少数几个拥有市场支配地位的经营者形成或缔结“托拉斯”或“卡特尔”,限制市场竞争;〔2〕其三,刚刚起步或兴起的新市场,不同于前者,该市场之所以形成垄断是因为客观上竞争者不足或市场准入门槛过高。本部分所述的“垄断状态”之市场,是“本可以形成竞争市场以促进市场、产业或经济发展”的市场。如果一种市场的“垄断”能保护更大、更多的利益,那么这一市场只需要在法律制度的引导下良好运行,显然无须“竞争”。故而,本部分所谈论的“垄断市场”是前述的第二种和第三种处于“垄断”状态下的市场。

根据笔者前述分析,垄断市场之下,盲从模仿行为表现出另外一种功能,在法律不对盲从模仿行为进行规制的情况下,更多的“潜在”经营者将对处于垄断地位的经营者之“创新差异性”成果予以模仿。根据本书第五章所构建的“智猪博弈”模型,处于非垄断地位的经营者比处于垄断地位的经营者显著弱小,此二者在不附加任何法律规制的具体博弈中,处于相对“弱势”的非垄断地位经营者更倾向于“盲从模仿”之决策,而处于“强势”的垄断地位经营者更倾向于“创新活动”之决策,而且双方的此种决策选择不仅达到纳什均衡,更达到经济学上的卡尔多-希克斯均衡,这证明了在垄断市场中,

---

〔1〕 值得说明的是,即便某些行业属国家垄断或自然垄断,但并不代表行业内的一切皆属垄断,譬如电力业务中的各种设备等。参见孟雁北:《我国〈反垄断法〉之于垄断行业适用范围问题研究》,载《法学家》2012年第6期。

〔2〕 参见[日]富田彻男:《市场竞争中的知识产权》,廖正衡等译,商务印书馆2017年版,第111页。

此种决策选择对于各个经营者以及整个市场而言都是最优的。[1] 即便笔者试图为“看起来不正义”的“盲从模仿者”施加“法律成本”，但这种做法只能削减市场的整体利益，没有办法达到比“毫无规制”时更优的市场配置。换言之，在“垄断”状态的市场中，法律没有必要对“盲从模仿”施加额外规制手段，市场本身即会引导经营者作出最有利于市场竞争之公共利益和个体利益的策略选择。

当然，如果以发展的目光在一个足够长远的考量机制范围内来看，在同一个市场中存在的“智猪博弈”模型是不会长久的，终有一天市场的经营者会发生变化。譬如，在该模型中作为“小猪”的非垄断地位经营者因在破除垄断的竞争中不断成长，终究会打破此种博弈模型的根基，即主体的不平衡、不对等性，此时的市场也因盲从模仿行为的作用而发展到正常的“竞争市场”状态。由此可见，即便是在一开始停留在“垄断”状态的市场，经过一定发展，有关状态也将随之改变，盲从模仿行为终将回到《反不正当竞争法》的规制之内，这是市场的客观发展规律使然，此时采取规制措施，是防止“智猪博弈”恶化为“囚徒困境”的必要手段。

此外，还有一个问题值得另行论述，即如何判定市场处于“垄断”状态？尽管笔者认为这一问题并非本书的任务，但完全对其避而不谈也是不现实的，因为市场是否处于“垄断”状态，将直接影响盲从模仿者是否应承担相应的责任。笔者认为，对这一问题的回答可以回到本部分最开始的对“垄断”市场之分类中，即除有利于国计民生的垄断行业之外，具备经营者垄断行为或垄断实质的市场以及刚起步或兴起的新兴市场都可以被认为是“垄断”的市场。

首先，对于具备经营者垄断行为或垄断实质的市场而言，有关经营者已然从事《反垄断法》所禁止的行为，如此将使得或足以使得特定市场处于“垄断”状态之中，特定市场的竞争仍然处于受限状态，此时“潜在”经营者实施

---

〔1〕 参见冯玉军：《法经济学范式》，清华大学出版社 2009 年版，第 218~219 页。

盲从模仿行为可以被视为是对实施垄断行为之经营者的一种"自然反制"。由此,不论从原因上还是结果上来看,盲从模仿行为均属正当。其次,对于刚起步或兴起的新兴市场而言,此时的"垄断"更应被称为"竞争不足","新市场"的开拓对于经济发展而言是一件有益之事,不可避免地会存在"市场需求有限""准入门槛过高"等问题,此种情况下允许盲从模仿行为适度存在,能够刺激市场需求、降低准入门槛,最终有利于市场整体利益。故而,在上述"垄断"市场确实存在时,该特定市场中"潜在"经营者实施盲从模仿行为以增加该市场中的竞争程度的,并不应受到法律的苛责,相反,这是法律的"有意沉默",是法律所有意引导的。当然,在垄断市场中法律的这种"不规制"仅仅针对"盲从模仿行为"而言,如果相关的产品和服务具备其他违法事实——譬如构成假冒伪劣商品对其他市场参与者造成伤害的,或者对知识产权权利人构成侵权的,仍应依其他法律处理。

二、盲从模仿行为规制中的举证责任承担

前述内容专注于有关规制在实体意义上的实效,论证了笔者在本章第一节中设计的"一般条款+专门条款"规制体系之科学性与合理性。不过,拥有实体意义上的实效只是有关规制的必要而非充分条件,而决定这种实体实效能够产生作用的前提,即盲从模仿行为的有关内容能被证明适用于该规制,失去这一前提,上述规制条款无疑会成为一条被"架空"的条款,从而失去规制的意义。不仅如此,这种"证明"同时也是具有实务性质的课题,被模仿者如何证明模仿者的行为应受规制、模仿者如何作出抗辩或排除自己的责任等,都有赖于举证责任的设置,换言之,如何合理地确定规制盲从模仿行为中的举证责任承担,对于有关条款或体系能否起到实质性的规制效果具有重要意义。

结合本书第三章的论述以及前述由笔者设计的盲从模仿行为"专门规制条款",被模仿者根据该条款提起诉讼时,应当举证证明模仿者的行为符合以下构成:其一,模仿者与被模仿者之间存在竞争关系;其二,被模仿者创造的有关成果具备"创新差异性";其三,模仿者实施的"模仿"是一种以营利为目的的"无差别再现"行为;其四,该行为对被模仿者或者其所在市场的竞争秩序造成了实质损害;其五,模仿者不构成有关条款中的"除外"情形。鉴于盲从模仿行为的特殊之处,笔者将上述五个构成分成三个类别,包括"行为基本构成"、"除外条款"以及"赔偿数额或违法数额",笔者经研究认为,为个体之间的利益平衡考量,各主体在这三个方面上似应具备不同的举证责任分担。以下,笔者将从这三个方面作详细考察。

(一)行为基本构成的举证责任分担

盲从模仿是"模仿者对被模仿者创造的创新差异性成果进行无差别再现",从举证责任的角度来看,只有特定行为被证明符合盲从模仿行为的基本构成,相关规制才得以实现。通常而言,被模仿者是提起盲从模仿行为之不正当竞争诉讼之主体,作为要求模仿者承担相应的民事法律责任的"原告",他们根据民事诉讼中"谁主张、谁举证"的一般规则,理应承担初步证明模仿者构成盲从模仿行为之举证责任;而同样根据民事诉讼规则,作为"被告"一方的模仿者有权举出相关乃至相反的证据以作抗辩。[1] 就此意义上来看,被模仿者进行的"初步举证"即对"存在盲从模仿行为"这一客观事实进行举证。

结合前述的五个方面,被模仿者需要完成对盲从模仿的存在之举证,至少需要证明特定行为满足前四个方面的要件。

1. 主体间的"竞争关系":以"市场先行利益"为评价

盲从模仿者与被模仿者之间存在"竞争关系"是构成盲从模仿行为的最重要前提之一。换言之,如果两个主体之间不处于相同或类似的市场之中,不存在因争夺市场份额而产生此消彼长的结果,那么二者之间有关"市场先行利益"的争夺即失去可能,而对被模仿者"市场先行利益"的保护是盲从模

---

〔1〕 参见胡东海:《"谁主张谁举证"规则的历史变迁与现代运用》,载《法学研究》2017 年第 3 期;吴泽勇:《中国法上的民事诉讼证明标准》,载《清华法学》2013 年第 1 期。

仿行为规制的直接意义所在。

从举证责任的角度看,有关行为主体的构成要件证明中,被模仿者需要举证的是模仿者主体地位之适格。不过需要指出的是,此种“适格”绝非要求模仿者和被模仿者在经营范围上属于同一市场,而是应当对模仿者的特定行为进行考察,质言之,即以该行为所形成的模仿品是否与被模仿者的涉案成果处于同一市场来判断二者之间是否存在实质的“竞争关系”。举例而言,同样生产服装的两家公司甲与乙,甲生产出某种不属于知识产权特别法保护,但又具有创新要素的服饰,乙完全照搬甲生产的服饰之创新要素,但将其用在宠物服装之上,在此情况下,乙的特定行为并不对被模仿者的“市场先行利益”构成侵害,即便二者都属于生产服装之企业,但在盲从模仿行为的视角下,二者不存在竞争关系。换言之,在举证证明主体适格时,被模仿者应当以模仿者的被控行为是否具有侵害被模仿者“市场先行利益”之可能为考量。

2. 客体的“创新差异性”:盲从模仿对象的核心价值

模仿者之所以实施盲从模仿行为,在于被模仿者所创造的有关成果能够引起市场先行价值,而模仿者希望通过盲从模仿的方式坐享其成,对该价值进行攫夺。对于被模仿者而言,这是规制盲从模仿行为的原因所在。

关于是否要求被模仿者对此客体要件进行举证,似有两种思路:其一,不需要被模仿者进行举证,被模仿者只需在诉讼中明确何种创新成果需要寻求司法保护即可,至于其是否真正具备“创新差异性”,则由模仿者自行提出反证;其二,需要被模仿者进行初步举证,即被模仿者在寻求司法救济时,应初步证明其所创造的“成果”相比于现有技术、作品等具备何种“创新差异性”。笔者倾向于采纳第二种思路,即认为被模仿者主张对盲从模仿行为进行规制时应当作初步举证。被模仿者创造的“创新差异性”成果并不属于何种权利的客体,只是一种法益,规制盲从模仿行为采用的是反不正当竞争法,该法的调整逻辑在于针对不正当竞争行为进行约束,从而达到对法益的补充保护之作用,故而作为法益的享有者,被模仿者应当首先举证证明该些利益的存在及范围。况且,作为创造此“创新差异性”成果的被模仿者,其相比于模仿者更易于明确其创造有关成果的过程及有关成果相比于现有技术或作品更具创新之处,譬如——专门条款中最为关键的——被模仿者“创新差异性”成果的上市日期。如果令作为被告的模仿者进行举证,即实行举证责任倒置,则模仿者将在范围不明的情况下证明相关成果不具备“创新差异性”,事实上这为模仿者在诉讼中施加了过高的举证义务,不符合正当程序之法理。故而笔者认为,令被模仿者作初步举证以明确其成果的“创新差异性”更符合利益平衡之考量。

3. 手段上的“无差别再现”:区别于具有实质性的改动

根据前述,盲从模仿行为的表现方式为模仿者对“创新差异性”成果在同一市场中作“无差别再现”,模仿者实施这一手段是显见的,最终将表现在无差别的模仿品上,故而令被模仿者遵循民事诉讼规则对此予以举证并无不当,笔者在此无须强调这一方面的举证责任,在这一点上,有关“如何达到证明目的”的问题才是笔者需要在此处论述的。

仅从文义看,“无差别再现”似乎指的是“完全照搬”——甚至笔者在本书伊始亦采取了这一表述。但被模仿者必须证明有关成果与模仿品之间“丝毫不差”才能达到对“无差别再现”的举证吗?答案显然是否定的。盲从模仿者虽然出于节省创新成本和投入的考量,鲜有在模仿品上附加更多改动,但这并不意味着有关的“无差别再现”不包含任何形式的变动。现实中,由于盲从模仿行为毕竟区别于以“混淆”为目的的仿冒行为,总有一种差异因素足以使相关公众区分和识别盲从模仿中的“原成果”和“模仿品”,譬如模仿者与被模仿者之间不同的商业标识,或者是模仿品在有关成果的基础上增加了些许不妨碍其创新性显现的元素。在此情况下,被模仿者应当如何举证才能达到证明目的,似乎存在一定困难。笔者认为,被模仿者应当在举证证明且明确其“创新差异性”成果的具体范围后,对模仿品在同样范围内进行比对和分析,如与相关成果相比无法寻找到明显的差异,被模仿者即完成了初步的举证。对于模仿者而言,其为应对有关指控而提出抗辩与举证亦有相关途径可循,具言之,其不仅可就上述差异性比对提出意见,还可提供能够证明差异性存在的反证。当然,模仿者亦可以遵循前述,提出被模仿者的“创新差异性”不存在之抗辩,譬如在特定情况下,被告的经营者确有可能投入了相同或近似的创新劳动,从而创造了与原告的成果几乎相同的成果,被告对原告的指控亦可就此提出反证,从而否认其行为构成盲从模仿之不正当竞争。

以日本 Belluna RyuRyu 案为例。原告的商品是一件无袖的女式上衣,被告的涉案商品是一款有袖的女式上衣,二者如图 7-1 所示,原告、被告商品似乎因袖子的差别而几乎完全不同,但事实上,如果将袖子部分完全去除,二者几乎没有任何差别。[1] 如果将本案放在笔者设计的“专门条款”中探讨有关规制,原告所举证的“创新差异性”成果显然在于该服装的“无袖”部分,被告所增加的“袖子”并没有在实质上对原告的成果进行改动。

(a)原告商品

(b)被告商品

图 7-1 Belluna RyuRyu 案原被告商品比对

资料来源:[日]田村善之:《商品形态酷似性模仿的规制动向——从制度宗旨来看法律的修改及对判例的评价》,丁文杰、李高超译,载[日]田村善之:《田村善之论知识产权》,李扬等译,中国人民大学出版社 2013 年版。

---

〔1〕 其为日本东京地判平成 14. 11. 27 判时 1822 号案件。转引自[日]田村善之:《商品形态酷似性模仿的规制动向——从制度宗旨来看法律的修改及对判例的评价》,丁文杰、李高超译,载[日]田村善之:《田村善之论知识产权》,李扬等译,中国人民大学出版社 2013 年版。

4. 实质性损害后果:破坏市场先行价值的现实性

如前所述,被模仿者受到的侵害是模仿者对其市场先行价值的攫夺,被模仿者的可得利益连同创新成本受到了侵害,因此,被模仿者对模仿者的上述行为提出指控时,理应将其所受损失之事实予以证明。但问题在于,盲从模仿行为的侵害后果与知识产权侵权后果类似,损害的结果因知识产权的非物质性和无法具体评估价值之特点而难以计算或统计,因此,如果被模仿者具体地对其所遭受的损失进行举证方能提起相应诉讼,则事实上对被模仿者而言是不公平且无必要的。被模仿者在提起诉讼之时所主张的损失与具体的损失数额并非同一概念,前者可以被理解为一种"定性"的损失,后者则是在"定性"的基础上进行的具体"定量"。盲从模仿行为与知识产权侵权类似,均应当以"损失"的存在为构成要件。该要件要求,提起有关诉讼者只要达到初步证明"损失"系现实存在即可,至于具体的损失数额并不影响侵权行为的成立与否。故而,在盲从模仿的不正当竞争诉讼当中,提起诉讼的被模仿者只要初步证明模仿者的行为使其遭受了有关损失即可,无须苛求其更高的举证义务。

当然,被模仿者所举证的"损失"应当具有现实性,这种现实性表现在模仿者的行为已经构成了对被模仿者市场先行利益的侵害,从而区分那些虽然足以构成侵害,但没有在事实上减损被模仿者利益的情形。譬如存在以下情形,即部分模仿者早在被模仿者的有关成果投入市场之时就已模仿完成,但是模仿品一直不处于市场流通之状态。质言之,后者尽管也是一种对他人创新成果的无差别再现,但这种行为并未侵害被模仿者的市场先行利益,从而在要件上不构成盲从模仿行为。因此,被模仿者应当举证证明有关损失是现实存在的,模仿者的模仿行为已对被模仿者市场先行利益构成侵害。至于具体损失的金额并不影响模仿者行为性质的成立,此之有关问题将在后文予以分析。

(二)"除外条款"的举证责任分担

笔者此处所称之"除外条款",系指前述的"专门条款第 N 条"中对于被模仿者"创新差异性"成果的五种排除情形:其一,该成果的创造者与实施无差别模仿行为者不具有竞争关系;其二,该成果在投入市场之前已有其他实质性相同的成果存在;其三,该成果自投入相关市场之日起已超过 6 个月;其四,该成果可以从《反不正当竞争法》或其他法律法规中获得保护;其五,该成果所投入的市场缺乏自由竞争。

从性质上看,上述五种情形均系相关成果的创造者获得其主张之利益的排除,特定情形构成五种情形之一的,被控模仿者即不承担构成相应不正当竞争行为之责任,即便其完成了盲从模仿行为。然而从诉讼角度来看,上述五种"除外情形"实质上有利于模仿者,即相关诉讼中的被告,故而,将"除外情形"的举证责任交由被指控的模仿者承担,不仅符合客观境况,还符合举证责任分担的公平性。以下试分点分析。

第一种情形的实质即对被模仿者与模仿者之间是否具备竞争关系进行举证,这一点只要遵循现行法对竞争关系的认定即可,此不赘述。

第二种情形时,被模仿者的有关成果"在投入市场之前已有其他实质性相同的成果存在",这种"已经存在"可以是他人已然将其作为知识产权客体予以公示,也可以是其他国家的类似市场对该成果已经使用多年。实质上看,这一情形所揭示的是被模仿者有关成果在"创新差异性"上的缺乏,故而,被控模仿者可以参照专利侵权诉讼中较为成熟的"现有技术"抗辩,就被模仿者的相关成果不具备"创新差异性"进行举证。[1]

第三种情形也是相对较好举证的。具体而言,被模仿者在提起诉讼时提交的初步证据中,即应包含其成果的上市时间,从该上市时间之日起 6 个月内,是法律——确切来说是前述"第 N 条"——给予被模仿者获得其市场

---

〔1〕 参见曹新明:《现有技术抗辩研究》,载《法商研究》2010 年第 6 期。

先行利益的保护期限，超出这一保护期的，任何人对其在同一市场中作无差别再现均不构成任何意义上的侵权，这非常类似于知识产权"保护期"之制度设计。故而在此情形下，被控模仿者可以举证证明其模仿品的上市时间距离被模仿者有关成果的上市时间已超过6个月，此时，法律给予被模仿者的市场先行利益之机会已然成就，被控模仿者的行为便是合理的。

第四种情形对于规制盲从模仿行为具有两重功能，其一，明确这一规制的范围限于现行知识产权特别法所不保护的对象；其二，防止权利人滥用知识产权权利或不合理地压缩公有领域的空间，譬如，已超过保护期的知识产权客体即应进入公有领域，但"权利人"为最大限度地获得利益，可能试图采用盲从模仿行为的规制条款来变相延长该"客体"的保护期限。被控模仿者得通过举证说明被模仿者的所据以起诉之请求权基础存在错误。

第五种情形是市场状态之证明，即被控模仿者应当举证证明在其作出某种行为时，有关市场是否处于非自由竞争，即垄断状态。如果存在垄断状态，则被控模仿者无须承担法律责任，反之不然。这一情形的排除缘由已在前述章节中论述过，此处笔者需要说明的是被模仿者"垄断"之状态如何被举证证明。关于市场的垄断，我国法律并未对如何判断这一状态进行规定，甚至市场的"垄断"状态本身并不违法。我国《反垄断法》列举了若干"垄断行为"，其指的是在特定情况下，相关经营者为扩张规模和达到利益最大，而采取违反法律规定的手段使自己达到垄断状态，不当地限制他人对自己的竞争的行为。[1] 既然如此，那么我们是否可以理解为，只有在被指控模仿者有证据证明市场中存在此类"垄断行为"时，才不承担相应责任呢？笔者认为还应回归到盲从模仿行为在市场垄断中的作用来考察。如前所述，处于垄断地位的经营者的盲从模仿行为之所以不应受到规制，是由于该种情形下的盲从模仿行为具有打破垄断、提高竞争的作用，更多的"潜在经营者"

〔1〕 参见《反垄断法》第3条。

通过盲从模仿行为成为现实的经营者,从而达到活化市场、提高消费者福利等有利于公共利益之目的。显然,在这一意义上的“垄断”并不仅指经营者实施的垄断行为,它还包括客观上的“垄断”状态,譬如新市场出现时的竞争不足导致只有少量经营者竞争,或者由于技术问题致使有关市场的准入门槛过高而鲜有经营者进入。可见,相比于“人为”形成的“垄断”,“客观”的“垄断”同样限制竞争,而盲从模仿行为将在这些“垄断”的市场下为打破垄断、增加竞争发挥相应作用。回到举证的问题上来,被控模仿者在这一情形下的举证实质在于证明其所实施盲从模仿行为的市场处于“垄断”之状态,而这种“垄断”事实上不限于是由经营者实施垄断行为造成的,还包括因新市场的出现或准入门槛的过高而客观形成的,只要被控模仿者能够证明被模仿者的“垄断”达到了使市场缺乏有效竞争的程度,其行为即符合盲从模仿之构成,亦无须承担相应责任。

（三）责任数额的举证责任分担

从法律的角度看,责任数额的多少并不影响责任的构成,模仿者只要客观上造成被模仿者在市场先行利益上的现实损失,即构成盲从模仿之不正当竞争。但是,从诉讼现实的角度看,责任数额往往是当事人——尤其是经济案件中的当事人——关注的重点之一,其一方面决定了当事人在实际赔偿中的经济负担,另一方面则体现了模仿者行为的情节轻重。

根据前述,盲从模仿行为对被模仿者在经济上的损害主要包含两个方面,即“创新成本损失”与“可得利益损失”。其中“创新成本”属于固定成本,相对而言较为容易被证明,被模仿者在创造“创新差异性”成果的过程中付出的智力劳动、经济投入等均需要计算在内,这一方面并无争议。值得深入分析和探讨的是“可得利益”。在盲从模仿行为之中,模仿者对被模仿者利益的损害在于一定时间内的市场先行利益损失,因为按照专门条款的设定,在没有其他模仿者进入同一市场时,被模仿者在理论上享有“独家地”获得这些利益的可能,因此,这一部分的利益可以被认定为是被模仿者的“可得利益”，且这一利益也应当受到法律的保护。相比于“创新成本”，“可得利益”不论在范围上还是在数额上，不论对于作为原告的被模仿者还是作为被告的模仿者而言，均在具体举证中存在困难，质言之，这种困难体现在可得利益损失的具体数额难以确定之上。一般而言，由于盲从模仿行为之不正当竞争可类比于知识产权侵权行为，故而参照乃至类推适用知识产权侵权责任中有关的损害赔偿方式似是最优选择。知识产权侵权责任属一般民事侵权责任的特别规定，故而相关赔偿在适用“填平原则”的基础上，难以计算的损失部分则以侵权人的获利数额为准，如果此种获利数额也无法确认，实践中司法机关往往结合涉案的知识产权客体的研发成本、权利人的投入、相关市场实际以及侵权人的侵权情节予以酌定，甚至适用“惩罚性赔偿”。[1]不过，这一做法在“可得利益”的视角下值得商榷。质言之，侵权责任中的赔偿在于“弥补损失”，这种损失在理论上是确定的、范围固定的，因此才有“填平原则”需要遵循。然而，盲从模仿行为规制中的“可得利益”却与之有所不同，这种利益的“可得性”只是源于被模仿者“创新差异性”成果具备的市场价值，至于其最终在实际上可以获得多少利益取决于市场需求，这是无法确定的，也是无法固定范围的，故而“填平”一说只能用于被模仿者对“创新成本”损失的追索，而不能用于对“可得利益”损失的主张。

对此，笔者认为被模仿者对于“可得利益”损失之主张，应当以盲从模仿者凭借模仿品在相应时间内获得多少利益为限度。质言之，盲从模仿者所生产的、几无差别的模仿品构成对被模仿者相关成果的替代，这种“替代性”体现在市场需求之上，即体现在相关消费者（或其他需求者）对模仿品的选择之上，而消费者的此种选择事实上与被模仿者的成果相关联，即“如果没有模仿者的模仿品出现，则相关需求仍然集中在被模仿者的成果之上”，故

---

〔1〕 参见詹映、张弘：《我国知识产权侵权司法判例实证研究——以维权成本和侵权代价为中心》，载《科研管理》2015年第7期；蒋舸：《知识产权法定赔偿向传统损害赔偿方式的回归》，载《法商研究》2019年第2期。

而可以认为盲从模仿者所获得的价值与被模仿者所损失的价值相当。[1]因此,笔者认为在考虑“可得利益”损失的具体数额时,司法机关应当优先考察模仿者的获利程度,在这种考察无以成就时,再采取相应的酌定方式。

根据上述分析,从举证责任的角度来看,如下安排是合理的:被模仿者作为原告应当先行证明自己基于“创新差异性”成果所应得的“市场先行利益”遭受了损失,且应当初步地对“创新成本损失”和“可得利益损失”两部分加以证明,特别是前者之事实,被模仿者应当具体而清楚地予以举证。模仿者作为被告,在初步明确其有关行为构成盲从模仿之不正当竞争的前提下,司法机关应要求模仿者承担对自己获利数额的举证,譬如提供相应的账册、销售记录或银行流水账单等,以此确定其应当承担的、被模仿者之“可得利益”的范围。在模仿者拒绝提供或难以提供相关获利数额的证据之时,司法机关需要结合模仿者的行为性质、销售价格、模仿品数量、市场实际以及其他有关因素等,对此“可得利益”之具体责任数额予以酌定。

[1] 当然,笔者论证下的此种“相当”绝非“相等”,有许多其他的因素会被考虑在内,譬如,模仿者自己的商标、商号或其他经营性标记可能对有关模仿品的销售构成增益或损益;又如,模仿者的模仿品由于不需要研发成本和创新投入,故而在相同条件下所销售的价格可能低于被模仿者产品的价格等。笔者认为这种“相当”是在合理范围之内的,故而可以用于作为盲从模仿之不正当竞争行为责任中有关可得利益损害之计算依据。

结　论

在前述所有章节中,本书从历史脉络、总体范畴、应受规制性到法律约束路径等各层面对盲从模仿行为进行了深入的分析与饶有成效的探讨。从上述的分析与探讨之中,本书在四个层面上分别得出如下四项结论。

一、学理意义上的结论

在学理意义上,本书明确了盲从模仿行为的定义,厘清了盲从模仿行为的具体构成要件,同时从法律哲学和法经济学的角度对盲从模仿行为的应受规制性进行了学理证成。

第一,本书认为,盲从模仿行为在学理上可以定义如下:市场竞争关系中的一方经营者(被模仿者)将其通过付出和投入相关成本后创造的、具备"创新差异性"的商品投入市场,获得了在市场竞争中的优势,另一方经营者(模仿者)以营利为目的将这种具备"创新差异性"的商品向市场进行无差别再现,使被模仿者与市场竞争秩序共同因此承受了损失。同时,模仿者的上述行为不引起,或无法被证明引起各自商品在市场来源上的混淆。由上述模仿者所作的这种"无差别再现"即是盲从模仿行为。

第二,本书认为,盲从模仿行为具有如下五个构成要件:其一,模仿者与被模仿者在同一市场中具有竞争关系;其二,被模仿的对象是为被模仿者所创造的、具备"创新差异性"的智力劳动成果,且这种成果不受现行知识产权特别法或竞争法保护;其三,模仿者的手段为以营利为目的的"无差别再现";其四,损害后果包括对个体利益的损害和对公共利益的损害,其中,个体利益是被模仿者的"市场先行利益",包括"创新成本"和"可得利益",公共利益是市场竞争秩序中的"效率价值";其五,无论从主观还是客观角度来考察,模仿者行为并不以构成对被模仿者成果之"混淆"为目的,模仿品与"创新差异性"成果之间不能被证明存在"混淆"。

第三,本书证明了盲从模仿行为是应当受到规制的一种不正当竞争行为。一方面,从法哲学角度的"正义"出发,盲从模仿行为所内含的"劳有所得""坐享其成"之观念已然违背基本的商业伦理道德,这种"违背"已然超出了市场竞争中"自由"与"平等"的限度,事实上构成了对他人付出辛劳而获取劳动成果的攫取。不仅如此,个体作出的盲从模仿行为也会给市场竞争效率带来沉重负担。市场秩序维系的是以"效率"为主旨的公共利益,这种"效率"显然包括经营者的"创新效率",允许盲从模仿行为的存在无异于阻却了市场、法律以及商业伦理对这种"效率"的支持。另一方面,通过法经济学中博弈论方法的分析,在一个正常竞争的市场之中,盲从模仿行为如果成为经营者的一种策略选择,在没有其他因素影响的情况下,盲从模仿行为将成为经营者个体的一种"理性选择",然而这种"个体理性"将导致整个市场的"集体不理性",随着所有个体选择"盲从模仿"这一不致任何创新的策略,市场总体价值将因创新活动的减少(或创新效率的降低)而下降,而这种市场总体价值的损失最终将由所有市场参与者承担。但是,当这种情况存在于一个缺乏竞争且事实上处于"垄断"的市场之中时,一些"潜在经营者"选择对处于"垄断"地位的经营者进行盲从模仿并不会给市场总体价值和竞争效率带来损害，在这种情况下，盲从模仿行为反而具有打破垄断、增加竞争、提高市场效率的功能，故而，这种特殊情况下的盲从模仿行为应当被排除在规制范围之外。

二、实践意义上的结论

在实践意义上，本书深入论证了现行法律制度对盲从模仿行为的规制的有限性，同时遵循反不正当竞争法的规制逻辑，设计了一种专门针对盲从模仿行为的规制条款，并且，这种规制能够现实地被用于保护若干成果。

本书分析了我国现行的诸项可能规制盲从模仿行为的法律制度，包括知识产权特别法、民法典以及反不正当竞争法，遗憾的是，上述制度均无法将对盲从模仿行为的规制纳入其中。首先，知识产权特别法的保护客体与盲从模仿行为所针对的"不受知识产权特别法保护的成果"在逻辑上具有本质冲突。个别法律存在漏洞而使一部分本应受到知识产权特别法保护的客体被排除在外，而通过对有关的法律进行解释或修改，虽然可以达到一定的规制盲从模仿行为的目的，但随着知识产权特别法的逐步完善，此种情况存在的可能性极其微小。其次，民法中的合同法制度、不当得利制度以及一般民事侵权制度尽管具有可探讨性，但细论之下，其各有其制度上的本质限制，譬如合同法只能在合同当事人之间约定盲从模仿行为违约时方能提供规制，不当得利制度则在构成要件上与盲从模仿行为存在差异，且其无法解释利益的返还问题，而一般侵权不能回应盲从模仿行为对于公共利益的损害问题。

反不正当竞争法的立法主旨决定了它应当具有规制盲从模仿行为的功能，将盲从模仿作为一种不正当竞争行为进行规制是可行的路径，但是我国的该现行法既没有专门条款直接对盲从模仿行为进行规制，也无法通过对一般条款进行解释以提供相应规制。由此，在现行法无法为盲从模仿行为提供可行的规制时，本书即提出，应遵循反不正当竞争法的思路构建专门规制盲从模仿行为的条款。该有关条款已在第七章中明确提出,此处不再赘述。此外,本书还认为,在不适宜修改现行《反不正当竞争法》的情况下,可以通过"一般条款+专门条款"的方式来实现对盲从模仿行为的规制。质言之,即先行将《反不正当竞争法》第2条第1~2款合并解释为该法的"一般条款",并循上述"专门条款"之思路将盲从模仿行为解释为"不正当竞争行为",从而对其施以法律上的约束。

现实地看,本书可以用于为以下若干具有市场价值的成果提供保护,这些成果尚不能为知识产权特别法所保护,但具有本书所述的"创新差异性":[1]

第一,具有时效性特征的成果。具体而言,这些成果包括但不限于时尚快消品、实时资讯或信息、热点新闻等。这些成果的价值与时间有关,即在特定的时间段内具有极高的价值。当然,我们不能排除对部分成果本身可以适用其他法律进行保护,譬如快消品中以时尚、潮流为核心价值的时装服饰等或可通过申请外观设计专利权方式对其进行保护,但是对比时装服饰的快消特性和专利申请的相对较长期限,要求有关经营者将其申请外观设计专利的方式是不现实且不经济的。况且,时尚品有其各自的生命周期,若外观设计专利权的保护周期过长,或许不符合时尚品自身的销售规律。由此,对盲从模仿行为的规制适于对具有时效性特征的成果予以保护,当然,这些成果应当具备"创新差异性"。至于对实时资讯或信息、热点新闻等的保护适当性,本书已在前述NBA诉摩托罗拉案和国际新闻社案中作出相关论述。

第二,具备实用性的纯粹商业方法,包括但不限于经营模式。纯粹的商业方法因不属于"技术方案"的特征,从而不能受专利法保护,而由于其具有显见性特征,故而也不适于作为商业秘密受到保护。但是,具有实用性的相

[1] 当然,适用规制盲从模仿行为保护的成果不限于此几种情况,此仅为方便说明而列举。

比现有方法更具创新性和进步性的商业方法本身之价值不能被否认，这符合约瑟夫·熊彼特创新理论中的表述，此种商业方法是有关市场经营者通过付出相当的智力劳动或经济投入而得到的，具有正当性特征，从法理上看应当受到法律的适当保护。然而，商业方法的使用对于市场革新具有重要意义，如果允许一种商业方法长时间地被某一个或少数几个经营者控制，则不利于市场的发展，甚至会引起经营者在商业方法层面上的垄断。故而，通过规制盲从模仿行为的条款来保护纯粹的商业方法，使开发或创造此种纯粹商业方法的人享有较短期限的保护，既平衡了创新者的正当利益，也兼顾了市场公共利益。当然，这种商业方法必须是具有实用性的，此处的实用性是指应当能被实际使用于市场竞争且具有客观的效果，而不只停留在经验、理论甚至仅仅是思想“创意”上。

第三，数据库的保护及“数据爬虫”行为。数据库的保护问题历来是学者讨论的重点。将数据库解释为“汇编作品”并将其纳入著作权法保护的观点已被诸多学者驳斥。[1] 此外，数据库也不能被解释为专利法的保护客体，而采用反不正当竞争法保护商业秘密的方式来保护数据库或其相关数据内容很可能异化为“数据垄断”。[2] 采用对盲从模仿行为规制的方式可以适当地对数据库进行保护，如在 Facebook，Inc. v. ConnectU LLC. 案中，美国法院即以规制盲从模仿（盗用行为）之思路来处理本案。[3] 但是坦率而言，本书所称的盲从模仿行为规制与美国的禁止盗用行为有所不同。本书提供的规制模式只能在一定程度上对数据库提供兜底性的保护，甚至是“辅助性保护”，这种保护的辅助性和不足性已有相关法律制度的实践证明，[4]

---

〔1〕 参见李扬：《数据库特殊权利保护制度的缺陷及立法完善》，载《法商研究》2003 年第 4 期；王迁：《论汇编作品的著作权保护》，载《法学》2015 年第 2 期。

〔2〕 参见徐实：《企业数据保护的知识产权路径及其突破》，载《东方法学》2018 年第 5 期。

〔3〕 See Facebook，Inc. v. ConnectU LLC.，489 F. 2d 1087（N. D. Cal. 2007）.

〔4〕 譬如韩国对数据库的保护即是构建了类似的反不正当竞争规制，但有学者认为这种规制是不足的，还是应当考虑特别法保护的范式。See Sang Jo Jong & Junu Park, *Property Versus Misappropriation：Legal Protection for Databases in Korea*，8 Wash. U. J. L. & Pol'y 75（2002）.

如何完善对数据库的法律保护制度,有待于进一步研究。此外,近年来有关网络数据抓取、"数据爬虫"行为也成为学术界和实务界探讨的反不正当竞争法热点,遵循盲从模仿行为的规制思路,或许可站在反不正当竞争法的角度对规制"数据爬虫"行为提供有益借鉴。〔1〕

第四,纯粹依靠人工智能(或类人工智能等技术)生成的成果。这里所称的"成果"并不包括人工智能所生成的具备独创性的作品(包括属邻接权保护的客体)或者将具备可专利性的产品或方案——这些客体可能为知识产权特别法所保护,许多学者已然对此问题进行了探讨。〔2〕 此处的"成果"仅指尚且达不到可被知识产权特别法保护的高度,但有关经营者投入了相应成本的生成物。司法实践中已有相关的案例发生,但有关保护并不理想。〔3〕 此时,若适用盲从模仿行为的规制进路,可更好地保护经营者对相关成果的投入,维护其借此种投入而应当获得的市场先行利益。

三、制度意义上的结论

如果说,前述两种结论性意见是显而易见的,是本书各章节均有直接探

---

〔1〕 参见刘源:《数据爬取行为规控的法解释路径》,载《法律方法》2021 年第 4 期;张倩雯、吴少华:《企业数据爬取的反不正当竞争法规制——基于中美案例的比较研究》,载《科技与法律(中英文)》2022 年第 1 期;刘沛畇、沈瞿和:《涉数据竞争行为正当性的判定标准分析》,载《电子知识产权》2022 年第 1 期。

〔2〕 参见吴汉东、张平、张晓津:《人工智能对知识产权法律保护的挑战》,载《中国法律评论》2018 年第 2 期;吴汉东:《人工智能生成发明的专利法之问》,载《当代法学》2019 年第 4 期;廖斯:《论人工智能创作物的独创性构成与权利归属》,载《西北民族大学学报(哲学社会科学版)》2020 年第 2 期;刘鑫:《人工智能生成技术方案的专利法规制——理论争议、实践难题与法律对策》,载《法律科学(西北政法大学学报)》2019 年第 5 期。

〔3〕 如"北京菲林律师事务所诉百度案",被认为是"人工智能作品第一案"。该案中,原告认为被告未经许可使用了其通过人工智能生成的内容,故而向法院诉请著作权保护。法院否认了人工智能生成物是"作品",但认为"虽然分析报告不构成作品,但不意味着其进入公有领域,可以被公众自由使用。分析报告的产生既凝结了软件研发者(所有者)的投入,也凝结了软件使用者的投入,具备传播价值。如果不赋予投入者一定的权益保护,将不利于对投入成果(分析报告)的传播,无法发挥其效用"。故最终仍判令被告构成著作权侵权。事实上,法院是对"投入"进行保护,这与著作权保护具有"独创性表达"的作品有一定差距。参见北京互联网法院民事判决书,(2018)京 0491 民初 239 号;北京知识产权法院民事判决书,(2019)京 73 民终 2030 号。

讨的，那么后两种结论更多是引申意义上的结论。对此，笔者亦希望在此作相关阐述。

在制度意义上，本书指出现今对盲从模仿行为的法律问题探讨正当其时，对盲从模仿行为的有效规制将成为填补知识产权法律制度空缺的“最后一块拼图”。

已有相关学者敏锐地指出，中国虽然仍属于发展中国家，但随着经济、科技和文化水平的不断提升，中国已经事实上成为世界第二大经济体，并且在某些科学技术领域已然占据全世界领先地位。客观来看，中国已经站在传统的发达国家和一般发展中国家之间的位置，不能再简单地以“发展中国家”来作自我定位。在愈加重要的国际知识产权秩序体系的构建过程中，中国应当充分发挥和善用自身在国际中的影响力，成为积极的协调者。〔1〕这种影响力当然地包括制度的影响力。目前，中国已然从改革开放初期市场和技术处于“受制于他国”的阶段，逐渐成长为如今拥有较好的市场竞争条件、部分技术处于世界领先的态势。综观中国这一段经济发展的历史，并比较19世纪中期到20世纪初期的德国、20世纪初期到中期的美国，以及“二战”之后到20世纪80年代的日本，我们会发现，尽管中国走出了一条具有自身特色的发展路径，但在“模仿—创新”这一经济与技术发展路径上与前述国家别无二致，甚至越南、印度等国也一如中国当初的思路正在谋求发展与出路。〔2〕如今，考量中国自身所处之阶段，更应当对知识产权制度予以夯实，具言之，进入21世纪以来，中国的知识产权制度已逐渐实现从“逼我所用”向“为我所用”转变，各项知识产权法律在逐渐完善的事实已证明此点。〔3〕在此之下，“规制盲从模仿行为”作为知识产权的边缘制度，绝不意

〔1〕参见徐元：《我国参与国际知识产权秩序构建的角色定位与立场选择》，载《太平洋学报》2019年第1期。

〔2〕参见［越］NGUYEN THE KIEN、［中］张惠东：《TPP给越南带来的机遇、挑战及应对策略》，载《现代经济信息》2016年第20期。

〔3〕参见吴汉东：《实施知识产权战略 建设创新型国家》，载吴汉东：《我为知识产权事业鼓与呼》，中国人民大学出版社2014年版。

味着它不具重要性,恰恰相反,中国的经营者纯粹学习、借鉴乃至盲从模仿他人的时代已经过去,市场的激烈竞争已然为中国的市场参与者提出“高效率”之要求,规制盲从模仿行为已经成为“必选项”,这是中国从“激烈竞争”向“效能竞争”迈进的必由之路,这既是中国国情所要求的,也是中国作为国际知识产权秩序的积极协调者所应展示的。

此外,构建对盲从模仿行为的规制还能解决新成果、新技术或知识产权新客体的保护问题。此处所言之“新”指客体种类上的“新”,人类的创新无数次打破了思维之壁障,结合人工智能时代的到来,我们可以预见在未来会有层出不穷的新种类之客体出现。反不正当竞争法既然被赋予了补充保护知识产权之功能,那么这种补充保护功能就要切实具备其法律实效,对此,对盲从模仿行为的规制正好为知识产权特别法设置了一片“缓冲区域”:在知识产权特别法无法保护但又有必要调整的领域,通过盲从模仿行为规制条款向付出创新劳动的经营者示以法律上的人文关怀。从此意义上讲,规制盲从模仿行为是完善中国知识产权法制度的“最后一块拼图”。

四、人权意义上的结论

人权意义上,规制盲从模仿行为的“度”是其中的重要衡量,从盲从模仿行为对于破除垄断、增加竞争的功能来看,相对落后的发展中国家乃至不发达国家似可对其加以利用,实现“智猪博弈”中的突破。

放眼国际社会,发达国家毕竟在经济和技术竞争中占据极大的优势,甚至可以断言,某些发达国家基于其自身利益,鼓励其本国企业(甚至是控制的企业)利用经济和技术优势在一些发展中国家制造“垄断”、设置市场准入“壁垒”,甚至以此操纵东道国市场的情况是必然存在的。当这些发展中国家(东道国)属于知识产权国际条约的缔约方时,基于条约义务,他们并不能因其相对落后的国情而摒弃国际法的精神。然而,此种对知识产权的保护将显见地产生一种事实上的不平等,对于东道国本国企业的发展而言是一个重大的挑战——这一点对于中国而言并不陌生,甚至因受其他国家企业的垄断而使东道国自身的发展受限,对于东道国而言,这无疑是一种对人权之发展权的压制与挑战。由此,盲从模仿行为破除垄断、增加竞争的功能为东道国的发展提供一种重要的思路,即在东道国坚持知识产权保护的国际法义务之前提下,放开对于本国企业在一些非知识产权特别法保护领域对事实上处于垄断地位的经营者(尤其是外国经营者)的模仿乃至盲从模仿,充分发挥"智猪博弈"的策略运用,保障本国人民和企业的发展权,活化东道国自身的市场,形成良性的市场竞争与经济发展循环,兼而在合理限度内谋求本国的国际竞争力。概言之,引导盲从模仿行为在垄断市场中发挥其破除垄断、增加竞争的功能,将在一定程度上平衡知识产权与人权之间的利益。[1]

此外,亦有学者从保护原住民遗产、生物资源和民间文化艺术的角度,认为规制盲从模仿行为对一些古老的部族、部落等原住民文化知识能产生正向作用,这无疑是一个具有重要人权意义的课题。不过本书并没有对此进行深入研究,或许有其他研究能够为此提供有关结论或说明有关意义。[2]

五、总结陈述

至此,笔者愿对本书作如下总结陈述。

"盲从模仿行为"是一个涉及范围虽然有限但亟待深入探究的对象,这一点是笔者在对这一课题进行研究与分析的过程中所反复感知的。在本书即将完成之时,笔者欣喜地看到越来越多国内学者已经事实上开始了对这

---

〔1〕 参见[美]罗伯特·库特、[德]汉斯-柏恩特·谢弗:《所罗门之结——法律能为战胜贫困做什么?》,张巍、许可译,北京大学出版社 2014 年版,第 88~94 页。

〔2〕 See Edson Beas Rodrigues Jr., *Using the TRIPS Agreement's Unfair Competition Clause to Curb the Misappropriation of Biological Resources, Traditional Knowledge and Expressions of Folklore in User Countries*, 4 Queen Mary J. Intell. Prop. 139 (2014).

一领域的研究,譬如对反不正当竞争法一般条款的反思、对竞争者市场先行利益的保护等,这些研究对于解决盲从模仿行为的法律问题而言必是有所裨益的。

由此,笔者不得不承认这样一个事实,即本书纵使具备煌煌二十万字左右之篇幅,但在某些交叉学科领域,特别是经济学相关的学科领域,本书的论述过程、所据论据,以及上述所列述之四点结论性意见在某种程度上不可避免地存在局限。不过,在我国对盲从模仿行为的法律问题进行专门研究仍然较少的当下,笔者还是认为,本书所呈现的内容是具有显著重要的意义和价值的,它不仅有利于维护中国知识产权制度的完整性、科学性与合理性,亦有益于人们对知识产权制度与创新发展之间的关系进行进一步思考。

最后,笔者愿引用英国著名哲学家乔治·贝克莱(George Berkeley)在其《人类知识原理》开篇的一段话作为本书正文之终。

> 我在这里所发表的理论是我在仔细思考了好久以后所认为显然真实的,而且人在知道了它以后,也不是没有用的;……事实究竟是否如此,那就让读者公平地考察好了。因为我觉得,只要我的作品符合于真理,那就算是成功,此外我就不关心了。[1]

---

〔1〕 [英]乔治·贝克莱:《人类知识原理》,关文运译,商务印书馆2010年版,第2页。

参考文献

一、中文文献

（一）中文译著

1.［德］黑格尔：《法哲学原理》，范扬、张企泰译，商务印书馆1961年版。

2.［德］卡尔·拉伦茨：《德国民法通论》（上、下册），王晓晔等译，法律出版社2013年版。

3.［德］康德：《法的形而上学原理——权利的科学》，沈叔平译，林荣远校，商务印书馆1991年版。

4.［俄］克鲁泡特金：《互助论》，李平沤译，商务印书馆1963年版。

5.［古希腊］亚里士多德：《尼各马可伦理学》，廖申白译注，商务印书馆2017年版。

6.［美］E.博登海默：《法理学：法律哲学与法律方法》，邓正来译，中国政法大学出版社2004年版。

7.［美］埃里克·冯·希普尔：《创新的源泉——追循创新公司的足迹》，柳卸林、陈道斌等译，知识产权出版社2005年版。

8. [美]查尔斯·R. 麦克马尼斯:《不公平贸易行为概论》,陈宗胜、王利华、侯利宏译,陆震纶校,中国社会科学出版社 1997 年版。

9. [美]兰斯·E. 戴维斯、[美]道格拉斯·C. 诺斯:《制度变迁与美国经济增长》,张志华译,格致出版社、上海人民出版社 2019 年版。

10. [美]理查德·A. 波斯纳:《道德和法律理论的疑问》,苏力译,中国政法大学出版社 2001 年版。

11. [美]理查德·A. 波斯纳:《法律的经济分析》,蒋兆康译,中国大百科全书出版社 1997 年版。

12. [美]理查德·波斯纳:《论剽窃》,沈明译,北京大学出版社 2010 年版。

13. [美]理查德·A. 波斯纳:《正义/司法的经济学》,苏力译,中国政法大学出版社 2002 年版。

14. [美]理查德·R. 尼尔森编著:《国家(地区)创新体系:比较分析》,曾国屏等译,知识产权出版社 2012 年版。

15. [美]罗伯特·考特、[美]托马斯·尤伦:《法和经济学》(第 5 版),史晋川、董雪兵等译,格致出版社、上海三联书店、上海人民出版社 2010 年版。

16. [美]罗伯特·库特、[德]汉斯-柏恩特·谢弗:《所罗门之结——法律能为战胜贫困做什么?》,张巍、许可译,北京大学出版社 2014 年版。

17. [美]罗纳德·哈里·科斯:《企业、市场与法律》,盛洪、陈郁译校,格致出版社、上海三联书店、上海人民出版社 2009 年版。

18. [美]泰勒·考恩:《创造性破坏——全球化与文化多样性》,王志毅译,世纪出版集团、上海人民出版社 2007 年版。

19. [美]威廉·M. 兰德斯、[美]理查德·A. 波斯纳:《知识产权法的经济结构》,金海军译,北京大学出版社 2005 年版。

20. [美]约瑟夫·熊彼特:《经济发展理论——对于利润、资本、信贷、利息和经济周期的考察》,何畏等译,商务印书馆 1990 年版。

21. [美]朱·弗登博格、[法]让·梯若尔:《博弈论》,黄涛等译,姚洋校,中国人民大学出版社 2010 年版。
22. [日]富田彻男:《市场竞争中的知识产权》,廖正衡等译,商务印书馆 2017 年版。
23. [日]田村善之:《田村善之论知识产权》,李扬等译,中国人民大学出版社 2013 年版。
24. [英]大卫·李嘉图:《政治经济学及赋税原理》,郭大力、王亚南译,译林出版社 2011 年版。
25. [英]弗里德里希·冯·哈耶克:《经济、科学与政治——哈耶克思想精粹》,冯克利译,江苏人民出版社 2000 年版。
26. [英]乔治·贝克莱:《人类知识原理》,关文运译,商务印书馆 2010 年版。
27. [英]斯坦利·杰文斯:《政治经济学理论》,郭大力译,商务印书馆 1984 年版。
28. [英]托马斯·罗伯特·马尔萨斯:《人口原理》,王惠惠译,陕西师范大学出版社 2008 年版。
29. [英]亚当·斯密:《国富论》,陈星译,陕西师范大学出版社 2006 年版。
30. [英]洛克著、刘晓根编译:《政府论》,北京出版集团公司、北京出版社 2012 年版。

(二)中文著作

1. 冯希叶主编:《信息技术类专业知识理论》,电子科技大学出版社 2016 年版。
2. 高其才:《法理学》(第 4 版),清华大学出版社 2021 年版。
3. 韩赤风:《德国知识产权与竞争法经典案例评析》,法律出版社 2014 年版。
4. 孔祥俊:《商标与不正当竞争法:原理和判例》,法律出版社 2009 年版。
5. 李明德:《美国知识产权法》(第 2 版),法律出版社 2014 年版。
6. 刘春田主编:《中国知识产权评论》(第 2 卷),商务印书馆 2006 年版。
7. 刘孔中:《解构知识产权法及其与竞争法的冲突与调和》,中国法制出版社

2015 年版。
8. 卢现祥、刘大洪主编:《法经济学》,北京大学出版社 2007 年版。
9. 人民教育出版社历史室编著:《世界近代现代史》,人民教育出版社 2003 年版。
10. 任寿根:《模仿经济学》,中国财政经济出版社 2003 年版。
11. 邵建东:《德国反不正当竞争法研究》,中国人民大学出版社 2001 年版。
12. 王迁:《知识产权法教程》(第 7 版),中国人民大学出版社 2021 年版。
13. 王泽鉴:《债法原理(二)·不当得利》,中国政法大学出版社 2002 年版。
14. 魏振瀛主编:《民法》(第 8 版),北京大学出版社 2021 年版。
15. 吴汉东:《我为知识产权事业鼓与呼》,中国人民大学出版社 2014 年版。
16. 吴汉东:《无形财产权基本问题研究》(第 4 版),中国人民大学出版社 2020 年版。
17. 吴汉东:《知识产权多维度学理解读》,中国人民大学出版社 2015 年版。
18. 吴汉东:《知识产权精要——制度创新与知识创新》,法律出版社 2017 年版。
19. 吴汉东:《知识产权中国化应用研究》,中国人民大学出版社 2014 年版。
20. 谢晓尧:《竞争秩序的道德解读:反不正当竞争法研究》,法律出版社 2005 年版。
21. 谢晓尧:《在经验与制度之间:不正当司法案例类型化研究》,法律出版社 2010 年版。
22. 姚海鑫:《经济政策的博弈论分析》,经济管理出版社 2001 年版。
23. 叶若思:《商业外观权研究》,法律出版社 2010 年版。
24. 张乃根:《法经济学:经济学视野里的法律现象》,上海人民出版社 2014 年版。
25. 赵海峰主编、卢建平等编:《欧洲法通讯》(第 1 辑),法律出版社 2001 年版。

26. 郑成思:《知识产权论》(第3版),法律出版社2007年版。
27. 郑友德:《知识产权与公平竞争的博弈:以多维创新为坐标》,法律出版社2011年版。
28. 种明钊主编:《竞争法》(第3版),法律出版社2016年版。
29. 周晓虹主编:《社会心理学》,高等教育出版社2008年版。
30. 朱谢群:《创新性智力成果与知识产权》,法律出版社2004年版。

(三)中文论文

1. 毕文轩:《互联网不正当竞争行为规制的类型化分析》,载《广西社会科学》2020年第6期。
2. 曹希敬、胡维佳:《熊彼特及其新熊彼特主义学派关于创新——经济周期研究的述评》,载《中国科技论坛》2014年第11期。
3. 曹险峰:《我国侵权责任法的侵权构成模式——以"民事权益"的定位与功能分析为中心》,载《法学研究》2013年第6期。
4. 曹新明:《现有技术抗辩研究》,载《法商研究》2010年第6期。
5. 陈磊:《论商业方法专利的"技术性"标准——以欧洲专利审查实践为研究对象》,载《科技与法律》2012年第3期。
6. 陈学宇:《全球视野下的反不正当竞争法修订——基于模仿自由原则的探讨》,载《苏州大学学报(法学版)》2018年第1期。
7. 陈谊:《论知识产权法和反不正当竞争法对模仿行为的规整——兼论"两法"的联系与区别》,载《重庆工学院学报》2004年第6期。
8. 崔国斌:《知识产权法官造法批判》,载《中国法学》2006年第1期。
9. 崔友平:《经济周期理论及其现实意义》,载《当代经济研究》2003年第1期。
10. 段忠桥:《马克思和恩格斯的公平观》,载《哲学研究》2000年第8期。
11. 范进学:《定义"公共利益"的方法论及概念诠释》,载《法学论坛》2005年第1期。

12. 冯术杰:《"搭便车"的竞争法规制》,载《清华法学》2019 年第 1 期。
13. 冯晓青:《知识产权法的公共领域理论》,载《知识产权》2007 年第 3 期。
14. 冯媛媛:《世界主要国家和地区的外观设计法和不正当竞争法》,载《中国发明与专利》2007 年第 12 期。
15. 冯昭奎:《战后 70 年日本科技发展的轨迹与特点》,载《日本学刊》2015 年第 5 期。
16. 高富平:《竞争法视野下创新和竞争行为调整的体系化思考》,载《法商研究》2015 年第 3 期。
17. 关中翔:《论可得利益损失的赔偿》,载《法律科学》1989 年第 5 期。
18. 郝敏:《网络游戏要素的知识产权保护》,载《知识产权》2016 年第 1 期。
19. 何炼红:《盲从模仿行为之反不正当竞争法规制》,载《知识产权》2007 年第 2 期。
20. 胡东海:《"谁主张谁举证"规则的历史变迁与现代运用》,载《法学研究》2017 年第 3 期。
21. 黄汇:《"山寨"诉求与中国知识产权建设的未来》,载《法学评论》2015 年第 3 期。
22. 黄琪轩:《巴西"经济奇迹"为何中断》,载《国家行政学院学报》2013 年第 1 期。
23. 黄武双、谭宇航:《不正当竞争判断标准研究》,载《知识产权》2020 年第 10 期。
24. 蒋舸:《反不正当竞争法一般条款的形式功能与实质功能》,载《法商研究》2014 年第 6 期。
25. 蒋舸:《关于竞争行为正当性评判泛道德化之反思》,载《现代法学》2013 年第 6 期。
26. 焦海涛:《不正当竞争行为认定中的实用主义批判》,载《中国法学》2017 年第 1 期。

27. 金缀桥、杨逢珉等:《知识产权保护、创新路径选择与出口扩展边际研究——以中国高技术产品对西亚十七国出口为例》,载《中国发明与专利》2022 年第 4 期。

28. 孔庆峰:《TPP 中的发展中国家——对其加入动机和潜在利弊的考察》,载《山东师范大学学报(人文社会科学版)》2016 年第 4 期。

29. 孔祥俊:《〈民法总则〉新视域下的反不正当竞争法》,载《比较法研究》2018 年第 2 期。

30. 孔祥俊:《反不正当竞争法的司法创新和发展——为〈反不正当竞争法〉施行 20 周年而作(上)》,载《知识产权》2013 年第 11 期。

31. 孔祥俊:《论反不正当竞争法的现代化》,载《比较法研究》2017 年第 3 期。

32. 孔祥俊:《论反不正当竞争法的新定位》,载《中外法学》2017 年第 3 期。

33. 李昌麟、应飞虎:《论经济法的独立性——基于对市场失灵最佳克服的视角》,载《山西大学学报(哲学社会科学版)》2001 年第 3 期。

34. 李明德:《关于反不正当竞争法的几点思考》,载《知识产权》2015 年第 10 期。

35. 李宁娟、高山行:《印度仿制药发展的制度因素分析及对我国的借鉴》,载《科技进步与对策》2016 年第 19 期。

36. 李胜利:《反不正当竞争法的现代化及本土化——〈反不正当竞争法〉修订的若干意见》,载《安徽大学学报(哲学社会科学版)》2017 年第 6 期。

37. 李艳:《论日本〈不正当竞争防止法〉中的依样模仿条款》,载《电子知识产权》2013 年第 6 期。

38. 李永波、朱方明:《企业技术创新理论研究的回顾与展望》,载《西南民族学院学报(哲学社会科学版)》2002 年第 3 期。

39. 李语湘:《比较法视野下英美不当得利制度历史演进研究》,载《湖南科技大学学报(社会科学版)》2016 年第 4 期。

40. 梁桥:《俄罗斯知识产权立法的民法典化演变及其对我国的启示》,载《黑龙江省政法管理干部学院学报》2018 年第 5 期。

41. 廖斯:《论人工智能创作物的独创性构成与权利归属》,载《西北民族大学学报(哲学社会科学版)》2020 年第 2 期。

42. 廖斯:《盲从模仿行为的知识产权法规制研究》,中南财经政法大学 2018 年硕士学位论文。

43. 林健、范佳凤:《集群企业协同创新的智猪博弈恶化及治理》,载《系统工程》2006 年第 4 期。

44. 林燕平:《德国反不正当竞争法的发展与启示》,载《法学》1996 年第 9 期。

45. 刘沛昀、沈瞿和:《涉数据竞争行为正当性的判定标准分析》,载《电子知识产权》2022 年第 1 期。

46. 刘太刚:《公共利益法治论——基于需求溢出理论的分析》,载《法学家》2011 年第 6 期。

47. 刘伟、范欣:《现代经济增长理论的内在逻辑与实践路径》,载《北京大学学报(哲学社会科学版)》2019 年第 3 期。

48. 刘鑫:《人工智能生成技术方案的专利法规制——理论争议、实践难题与法律对策》,载《法律科学(西北政法大学学报)》2019 年第 5 期。

49. 刘源:《数据爬取行为规控的法解释路径》,载《法律方法》2021 年第 4 期。

50. 柳福东、朱雪忠:《试论盲从模仿的法律调控》,载《科技与法律》2000 年第 1 期。

51. 卢纯昕:《反不正当竞争法一般条款在知识产权保护中的适用定位》,载《知识产权》2017 年第 1 期。

52. 卢海君:《网络游戏规则的著作权法地位》,载《经贸法律评论》2020 年第 1 期。

53. 毛凯军:《技术创新:理论回顾与探讨》,载《科学学与科学技术管理》2005年第10期。
54. 史艳玲、王佩:《战后日本中小企业技术提升机制及启示》,载《日本问题研究》2013年第2期。
55. 田韶华:《论侵权责任法上可得利益损失之赔偿》,载《法商研究》2013年第1期。
56. 王博文:《德国反不正当竞争法私法属性的历史和理论建构(下)》,载《竞争政策研究》2016年第5期。
57. 王红霞、李国海:《"竞争权"驳论——兼论竞争法的利益保护观》,载《法学评论》2012年第4期。
58. 王磊:《法律未列举的竞争行为的正当性如何评定——一种利益衡量的新进路》,载《法学论坛》2018年第5期。
59. 王利明:《论公序良俗原则与诚实信用原则的界分》,载《江汉论坛》2019年第3期。
60. 王迁:《论汇编作品的著作权保护》,载《法学》2015年第2期。
61. 王迁:《论作品类型法定——兼评"音乐喷泉案"》,载《法学评论》2019年第3期。
62. 王文敏:《反不正当竞争法中的禁止盗用规则及其适用》,载《现代法学》2021年第1期。
63. 王艳芳:《商业道德在反不正当竞争法中的价值与标准二重构造》,载《知识产权》2020年第6期。
64. 魏枫:《模仿陷阱、自主创新与经济赶超》,载《中国软科学》2014年第5期。
65. 吴汉东、张平、张晓津:《人工智能对知识产权法律保护的挑战》,载《中国法律评论》2018年第2期。
66. 吴汉东:《人工智能生成发明的专利法之问》,载《当代法学》2019年第4期。

67. 吴汉东:《知识产权法的平衡精神与平衡理论——冯晓青教授〈知识产权法利益平衡理论〉评析》,载《法商研究》2007 年第 5 期。

68. 吴汉东:《知识产权法价值的中国语境解读》,载《中国法学》2013 年第 4 期。

69. 吴伟光:《商业外观的法律保护——以保护来源标识功能为原则》,载《清华法学》2009 年第 6 期。

70. 吴泽勇:《中国法上的民事诉讼证明标准》,载《清华法学》2013 年第 1 期。

71. 徐实:《企业数据保护的知识产权路径及其突破》,载《东方法学》2018 年第 5 期。

72. 徐元:《我国参与国际知识产权秩序构建的角色定位与立场选择》,载《太平洋学报》2019 年第 1 期。

73. 闫文锋、王福涛:《新科技革命对我国三种专利保护客体模式的挑战》,载《知识产权》2017 年第 12 期。

74. 阳东辉:《论科技法的理论体系构架——以克服科技创新市场失灵为视角》,载《法学论坛》2015 年第 4 期。

75. 杨翱宇:《论比例原则在民法中的地位》,载《河北法学》2017 年第 12 期。

76. 杨海生、陈少凌等:《政策不稳定性与经济增长——来自中国地方官员变更的经验证据》,载《管理世界》2014 年第 9 期。

77. 杨林、张艳涛:《马克思自由与平等关系思想及其当代价值》,载《理论与现代化》2021 年第 1 期。

78. 叶陈云、叶陈毅、张凤元:《基于价值创新驱动的企业社会责任及核心竞争力联动效应与提升路径研究》,载《当代经济管理》2018 年第 6 期。

79. 易小明:《分配正义的两个基本原则》,载《中国社会科学》2015 年第 3 期。

80. 尹翔硕、尹翔康:《资本积累、模仿与创新——从美国和日本的经济发展看落后国家如何赶超》,载《复旦学报(社会科学版)》2001 年第 4 期。
81. 游文亭:《发展中国家药品专利权与公民健康权的博弈与平衡——以巴西和印度为例》,载《电子知识产权》2018 年第 7 期。
82. 于韫珩:《违约责任中的信赖利益赔偿》,载《环球法律评论》2015 年第 3 期。
83. 詹映、张弘:《我国知识产权侵权司法判例实证研究——以维权成本和侵权代价为中心》,载《科研管理》2015 年第 7 期。
84. 张东:《法治如何促进大众创新创业——基于专车服务微观样本的分析》,载《法学》2016 年第 3 期。
85. 张建文:《俄罗斯知识产权立法完全法典化的进程与特点》,载《科技与法律》2009 年第 1 期。
86. 张倩雯、吴少华:《企业数据爬取的反不正当竞争法规制——基于中美案例的比较研究》,载《科技与法律(中英文)》2022 年第 1 期。
87. 张永忠、沈玩辉:《我国不正当竞争行为的规制路径及其优化》,载《法治社会》2019 年第 5 期。
88. 张占江:《不正当竞争行为认定范式的嬗变　从“保护竞争者”到“保护竞争”》,载《中外法学》2019 年第 1 期。
89. 郑友德、刘平:《盲从模仿与非专利技术保护初探》,载《中国工商管理研究》1995 年第 11 期。
90. 郑友德、杨国云:《现代反不正当竞争法中“竞争关系”之界定》,载《法商研究》2002 年第 6 期。
91. 郑友德:《论德国反不正当竞争法对模仿行为的规制》,载《知识产权》1997 年第 4 期。
92. 周樨平:《不正当竞争法对“商业抄袭行为”的规范》,载《法学》2012 年第 6 期。
93. 周樨平:《竞争法视野中互联网不当干扰行为的判断标准——兼评“非公

益必要不干扰原则”》，载《法学》2015 年第 5 期。

94. 朱锦强：《经济高质量发展的国际经验与启示——基于二战后日本经济发展历程的研究》，载《渭南师范学院学报》2020 年第 7 期。

二、外文文献

1. Andrew Terry, *Unfair Competition and the Misappropriation of a Competitior's Trade Values*, 51 Mod. L. Rev. 296 (1988).

2. Annand E. Ruth, *Lookalikes Under the New United Kingdom Trade Marks Act 1994*, 86 Trademark Rep. 142 (1996).

3. Anselm Kamperman Sanders, *Unfair Competition Law – Some Economic Considerations*, in Adrian Sterling ed., Intellectual Property and Market Freedom, Sweet & Maxwell, 1997.

4. Ansgar Ohly, *The Freedom of Imitation and Its Limits: A European Perspective*, 41 International Review of Intellectual Property and Competition Law 506 (2010).

5. Arthur R. Miller, *Common Law Protection for Products of the Mind: An "Idea" Whose Time Has Come*, 3 Harvard Law Review 119 (2006).

6. Bruce E. Boyden, *Games and Other Uncopyrightable Systems*, 18 Geo. Mason L. Rev. 439 (2011).

7. Bruce P. Keller, *Condemned to Repeat the Past: The Reemergence of Misappropriation and Other Common Law Theories of Protection for Intellectual Property*, 11 Harv. J. Law & Tec. 401 (1997).

8. Bryan A. Garner ed., *Black's Law Dictionary*, 10th ed., Thomson Reuters 2014.

9. Caleb Nelson, *A Critical Guide to Erie Railroad Co. v. Tompkins*, 54 William & Mary Law View 921 (2013).

10. Claudia Werner, *NBA v. Motorola & Stats, Inc.* : *Real-Time Basketball Scores-News or Property*, 7 DePaul J. Art, Tech. & Intell. Prop. L. 288 (1997).

11. Corina I. Cacovean, *Is Free Riding Aided by Parody to Sneak between the Cracks of the Trademark Dilution Revision Act?*, 31 Hastings Comm. & Ent L. J. 441 (2008).

12. David Lange, *Recognizing the Public Domain*, 44 Law and Contemporary Problems 147 (1981).

13. Edson Beas Rodrigues Jr., *Using the TRIPS Agreement's Unfair Competition Clause to Curb the Misappropriation of Biological Resources, Traditional Knowledge and Expressions of Folklore in User Countries*, 4 Queen Mary J. Intell. Prop. 139 (2014).

14. Heather Richtarcsik, *Misappropriation in Massachusetts and Around the Country*: *How Technology will Utilize this Tort*, 35 New Eng. L. Rev. 717 (2001).

15. Henry E. Smith, *Intellectual Property as Property*: *Delineating Entitlements in Information*, 116 Yale Law Journal 1742 (2007).

16. Jennifer Davis, *Why the United Kingdom Should Have a Law against Misappropriation*, 69 Cambridge L. J. 561 (2010).

17. John Tessensohn, *The Devil' s in the Details*: *The Quest for Legal Protection of Computer Databases and the Collections of Information Act H. R. 2652*, 38 Idea 439 (1998).

18. Kal Raustiala & Chritopher Springman, *The Knockoff Economy*: *How Imitation Spark Innovation?*, Oxford University Press, 2012.

19. Keith Aoki, *Authors, Inventors and Trademark Owners*: *Private Intellectual Property and the Public Domain (Part I)*, 18 Columbia J. Law Arts 11 (1993).

20. Ken M. Peterson & Tim J. Moore, *Idea Litigation: The Next "Hot" Commercial Tort*, 10 Causes of Action 2d 217 (2020).

21. Kevin Janus, *Defending the Public Domain in Copyright Law: A Tactical Approach (Part Ⅰ)*, 14 Intellectual Property Journal 58 (1999).

22. Larry Schoenbrun, *Trade-marks and Trade-names and Unfair Competition: Patent - likelihood of Confusion Resulting from Imitation of Functional Features of A Product Unprotected by Patent Constitutes Unfair Competition*, 42 Tex. L. Rev. 268 (1963).

23. Mary LaFrance, *Passing off and Unfair Competition: Conflict and Convergence in Competition Law*, 5 Michigan State Law Review 1413 (2011).

24. Michael H. Ahrens, *The Misappropriation Doctrine after Sears-Compco*, 2 U. S. F. L. Rev. 292 (1968).

25. Nari Lee et al., *Unfair-competition, Intellectual Property or Protection Sui Generis*, Edward Elgar Publishing Limited, 2014.

26. Paul McDonald & Daniel J. Murphy, *Recovery of Lost Profits Damages: All Is not Lost*, Maine Bar Journal Summer, 2009.

27. Ralph S. Brown & Denicola C. Robert, *Copyright, Unfair Competition, and Related Topics Bearing on the Protection of Works of Authorship*, 10th ed., Foundation Press, 2009.

28. Raymond A. Be, *Dead or Alive: The Misappropriation Doctrine Resurrected in Texas*, 33 Hous. L. Rev. 447 (1996).

29. Richard A. Posner, *Misappropriation: A Dirge*, 40 Houston Law Review 621 (2003).

30. Shyamkrishna Balganesh, *Quasi-Property: Like, But Not Quite Property*, 160 U. Pa. L. Rev. 1889 (2012).

31. Sonali D. Maitra, *It' s How You Play the Game*: *Why Videogame Rules are Not Expression Protected by Copyright Law*, 7 No. 4 Landslide 34 (2015).

三、数据库资料

各国家和地区知识产权立法，可参见 WIPO Lex 数据库，https://wipolex.wipo.int/zh/legislation/results? countryOrgs=BR&last=false。

后　记

本书付梓之际，思绪将我带回了12年前的夏天，我与知识产权正是从那时结缘。彼时，我开始了人生中第一份正式工作，成为深圳市中级人民法院知识产权庭（彼时称"民三庭"）的一名法官助理，有幸亲身经历了知识产权"三审合一"改革的全过程。为了得到更好的锻炼，我又来到了律所从事律师业务，有幸与团队一同成为腾讯公司漫画、游戏维权的代理人，这是我律师生涯的高光时刻之一；后为了学习更多的专业知识，我决意重回校园，并有幸拜入我国知识产权法学界泰斗吴汉东教授门下，攻读知识产权法研究生并从事知识产权研究工作，先后获得知识产权法学硕士和博士学位。12个春秋已然过去，如今，知识产权已成为我最熟悉的那条大道，即便偶有荆棘，却是一路星光。

一路走来，有太多的人值得我感谢，每每回望，戚戚于心。我愿借此机会，在此将谢意一一表达！

我要将感谢首先献予我的导师——吴汉东教授。自6年前拜入师门时起，我便一直受恩师的悉心教导与鼓励，本书正是在恩师的指导下完成的。于知识,恩师倾囊相授,助我夯实基础、掌握范式;于学术,恩师言传身教,嘱我端正态度、规范治学;于做人,恩师身先垂范,令我肃然起敬,奉其为楷模。2019 年,在我成家之际,恩师更携师母钱锦芬不远千里前来为我与妻子证婚、贺喜。师恩之重,泰山弗如,学生毕生不忘!

感谢澳门科技大学庞川副校长。庞校长德高望重、为人师表,虽公务繁忙,但仍常常给予我帮助与支持,尤其是在我迷茫之时为我的未来道路作悉心指点。庞校长的谆谆教诲,学生牢记在心!

感谢复旦大学杨洪兰教授。杨老师是我国经济与管理学领域的资深专家,也是我父亲的研究生导师。本书所涉诸多经济学背景知识均承杨老师的指点,年逾八旬的杨老师甚至亲手为我书写了极为详细的修正意见。杨老师此等授业之恩,学生铭感五内!

感谢华南师范大学刘笋教授。刘老师是我国国际经济法领域的资深教授,他治学严谨却又不失风趣,多年来一直待我如其亲传弟子一般,不仅常常与我分享学术知识,更时时鼓励我自信前行。刘老师的句句教导,学生念念不忘!

感谢澳门科技大学法学院方泉院长及诸位老师。感谢方泉院长的教导令我明晰了未来道路与奋斗方向;感谢易在成副教授、王传辉副教授、沈云樵副教授在我博士论文开题时所提出的宝贵意见;感谢黎晓平教授、毕经纬助理教授、谢耿亮助理教授等各学科老师传授的知识与分享的方法;感谢博士论文答辩时林志军副校长、清华大学崔国斌教授和西南政法大学黄汇教授给予的指点;感谢赵筝博士给予的启发。同时,母校澳门科技大学对我的关怀与支持,让我有机会在学术道路上自信前行。母校与各位老师之传授,我必学以致用,以承所馈!

感谢中南财经政法大学知识产权学院、知识产权研究中心的诸位老师与同学。攻读硕士研究生的 3 年是迄今为止令我人生改变最大的时光,感谢彭学龙教授、胡开忠教授、黄玉烨教授、詹映教授、赵家仪教授、肖志远教授、何华教授、徐小奔副教授等各位老师的言传身教;同时要感谢 2015 级知识产权硕士研究生同班同学。无法想象如果这 3 年缺少母校的关怀和各位老师及各位同学的陪伴,我这一路上会有多少遗憾!

感谢深圳大学社会科学部和法学院的各位领导、老师及各位伙伴。感谢深圳大学丽湖校区阮彬主任自我就读本科至今 16 年来不间断的关怀与栽培;感谢深圳大学社会科学部田启波主任给予我的大力支持;感谢周琍教授在历史学研究上给予我无可替代的帮助,给我的学术道路增添了一道他人所难以拥有的光彩;感谢曾坤才老师、李艳凌老师给予我的暖心帮助。同时,感谢深圳大学法学院黄亚英教授、朱谢群教授、叶卫平教授、张淑钿教授、王千华教授等各位老师对我的教导与鼓励。母校与各位老师的关怀,正是指引我前进的灿烂星河!

感谢深圳市中级人民法院知识产权审判庭诸位领导、法官和前同事们,感谢他们为我打开了知识产权的兴趣之门,让我拥有一生都可以回味的审判工作经历。感谢德恒律师事务所辛焕平律师、肖黄鹤律师及其团队,浩天律师事务所王凯律师及其团队,以及广和律师事务所童新主任、任松岭律师、刘雪莹律师、林山律师和他们的团队等,是他们让我能自信地走上知识产权法律实务的最前线,并全力支持我追寻更高的目标。一路虽有风雨,幸得各位理解与支持,不胜感激!

感谢所有同门师兄师姐、师弟师妹,办公室里的声声探讨,晓南湖畔的句句关怀,举杯之间的款款笑语,微信群中的点点牵挂,无一不萦绕在我的耳畔与心头。每逢欢喜之时,都有他们与我一同分享;每遇难题之际,都凭他们助我一臂之力。学术之路并不平坦,幸而有各位同门相伴,让我知道自己并不孤单。

此外,还要感谢给我诸多支持的朋友。感谢多年挚友王琼颢女士阖家、麦洲平先生阖家、王庚先生阖家、古文雅女士阖家和李建航女士阖家,谢谢他们不遗余力地支持我奋发前进。感谢英国伦敦国王学院 Shouyu Chong 博士,这位来自新加坡的学术同仁给予了我不间断的鼓励。还要感谢澳门科技大学法学院 2018 级全体博士生同学,尤其是刘凯博士、陈婷博士和陈倩文博士,感谢他们在我攻读博士学位期间在研究和生活上给予我的关心与支持。

特别感谢法律出版社青年法学学术著作出版基金的慷慨资助!本书有关论题的研究是我自硕士研究生时起便着手进行的,是我迄今为止最为重视的研究工作之一,本书能得到这家享誉国内外法学界的出版社给予的宝贵机会,令其付梓面世,对我而言实在意义非凡!由此,我要感谢本书责任编辑老师给予的中肯建议、耐心解答与鼎力支持,二位老师无比认真负责的态度令我心生敬佩!

我要将最恳切的爱和感谢敬献给我的父亲廖镜华先生、母亲廖美红女士、岳父宋传根先生和岳母刘琍女士,四位至亲的恩情既如江海之涌,又如点滴之润,鼓励和鞭策我向人生更高的舞台迈进,我无比地感激他们对我毫无保留的爱、无可比拟的信任以及对我所倾注的所有心血,感念他们在任何方面都给予我无条件的支持,感恩他们对我一如既往的关心、支持、信任与理解。同时,我还要感谢所有的家人、亲友在我身边默默支持和鼓励着我。我会将你们的这份爱与信任深深地烙印在心底,并永远地传承下去!

最后,我要将特别的爱意与感谢送给我的爱妻,宋倩博士。在我攻读博士学位与本书写作期间,我曾无数次遇到挫折和困难,每当压力来临,都是她在我身边温柔地鼓励我、帮助我与支持我,让我可以专心致志地投身于研究与工作之中。没有她的默默支持与奉献,本书将不可能完成。这一份成果,我希望能与爱妻一同分享!

这 12 年充满了挑战、充满了困难,但也让我充满了力量、充满了期待。

12 年前的今天是一个开始,12 年后的今天却远非结束。纵然知识产权法学研究这条路上还有诸多坎坷,但我仍将坚定不移地走下去,因为这就是我的选择、我的信念和我的热爱,我从不后悔走上这条充满芬芳且满溢星光的康庄大道！我会带着所有的感恩和支持,向更灿烂的明天坚定前行！

廖　斯

2022 年 6 月于深圳